Erzählungen aus dem Sudetenland

Karl Krikawa: Unter-Gerspitzer Basel mit der Butte

Erzählungen aus dem Sudetenland

Herausgegeben und vorgestellt von Josef Mühlberger

Genehmigte Lizenzausgabe für Weltbild Verlag GmbH, Augsburg 1990

ISBN 3-7711-0342-8
Gesamtherstellung: Wiener Verlag, Himberg bei Wien

Inhalt

Einführung

»Es ist kein Ende des Erzählens. Das Land ist alt und hat viel erlebt.«

Dieses von *R. M. Rilke* zitierte Wort kennzeichnet die ehedem deutschen Landschaften innerhalb der Länder der Sankt-Wenzels-Krone: Böhmen, Mähren und Österreichisch-Schlesien. Sie waren seit 1526 ein Teil der Habsburgischen Monarchie, die, wie es im Geographielehrbuch hieß, in die Alpen-, Sudeten- und Karpatenländer zerfiel. Die Sudetenländer legen sich wie ein Kranz um das ebene Innenland und waren von Deutschen verschiedener Stämme bewohnt. Die stammliche Vielfalt bedingte ihren volkstümlichen und dichterischen Reichtum.

Bestand und Gedeihen der Sudetenländer waren im Rahmen der alten, sie prägenden österreichischen Monarchie bis 1918 gesichert. Nachher waren sie, gegen ihren Willen der neugegründeten Tschechoslowakischen Republik einverleibt, den politischen und geschichtlichen Auseinandersetzungen ausgeliefert, die 1945 mit der Vertreibung der deutschen Bevölkerung ein gewaltsames Ende fanden.

Der Name der von den sudetischen Gebirgen umschlossenen und abgeschlossenen, nach dem slawischen Binnenland offenen Sudetenländer änderte sich vielfach. Von den Böhmischen Wäldern spricht zum erstenmal die altrussische Nestor-Chronik um 1095. Als Länder hinter den Böhmischen Wäldern wurden sie oft bezeichnet, wenngleich sie vom rauhen Riesengebirge, das auch Schneegebirge genannt wurde, bis zu den mährischen Weinbergen reichen.

Die Kunst des Erzählens ist den Menschen der Sudetenländer eigentümlich; in der bildenden Kunst entspricht ihr die Begabung fürs Graphische. Die Geschichten um Rübezahl sind dafür ein frühes Zeugnis, und diese Geschichten haben die sudetendeutschen Graphiker bis in die Gegenwart zur bildlichen Darstellung angeregt, so *Josef Hegenbarth* und *Alfred Kubin.*

Die sudetendeutsche Erzählkunst geht vielfach von der alltäglichen Wirklichkeit und Umwelt aus; ihr Grundzug ist, soviel Raum auch für den Humor bleibt, ernst. Nicht nur für *Adalbert Stifters* Witiko gilt die Feststellung *Erich Fechners:* »Er ist nur in seiner Nüchternheit ein Ganzer. Das ist seine Grenze und ein Stück seiner Echtheit.« Die meisten Liebesgeschichten sind von »einer schweigenden und einfachen, einer deutschen Leidenschaft ohne lärmendes Gehaben und heiße Versicherungen« *(Balzac),* also spröd und zurückhaltend. So der Grundton bei mancherlei Zwischentönen. Dazu tritt ein mundwarmes Erzählen, das *Josef Hofmiller* an *Marie von Ebner-Eschenbach* gerühmt hat. Für die sudetendeutsche Prosa gilt, was *R. M. Rilke* an *Adalbert Stifters* Werk hervorhob: »Zuweilen ist es so hausgemacht, daß es schon beinahe gestrickt ist, und dann wieder führt diese Gelassenheit zu so großartig ausgearbeiteten Herrlichkeiten, daß man meint, das eigene Herz müßte einem darüber zu etwas Berühmtem und Unvergeßlichem werden.« – Die sudetendeutschen Erzähler kommen aus Landschaften mit vielen Gewerken der Hand, des Webens, der Glasmacherei, des Spitzenklöppelns, des Figurenschnitzens, des Bauens von Musikinstrumenten, der Papier- und Tuchmacherei.

Die umsichtig geformte, zurückhaltende epische Kunst wächst über das Provinzielle hinaus, was *Thomas Mann* an dem lange verkannten und mißverstandenen *Adalbert Stifter* hervorhob, den er »den merkwürdigsten, hintergründigsten, heimlich kühnsten und wunderlich packendsten Erzähler der

Weltliteratur« nannte. Oft enthält die scheinbar nur vordergründige Erzählung das Hintergründige, Hintersinnige, das auch die Graphiker kennzeichnet – das, was *Alfred Kubin* »Die andere Seite« nannte.

Die Abgeschlossenheit durch Grenzgebirge und Sprachgrenzen, auch die Wald- und Bergeinsamkeit mancher sudetendeutscher Landschaften bedingten ein langsames, jedoch festes Wachstum und einen Zug zur Besinnlichkeit des Erzählens, aber sie verhinderten nicht den Weg ins Weltweite; der aus Südböhmen stammende *Robert Michel* erschloß dem deutschen Schrifttum Umwelt und Menschenwelt Bosniens und der Herzegovina, die damals noch österreichisch waren, der nach Amerika geflohene Mähre *Karl Postl* schuf als *Charles Sealsfield* in seinem epischen Werk die Grundlage für die Prosa der Neuen Welt.

So stark war die Bindung ans Heimatliche, daß der Sprach- und Kulturphilosoph *Fritz Mauthner* die nationalen Auseinandersetzungen seiner böhmischen Heimat in vorausschauenden Romanen darstellte und der ebenfalls jüdische *J. J. David* der Dichter der mährischen Felderlandschaft der Hanna wurde. Wie sehr das deutsche Schrifttum in den böhmisch-mährischen Ländern von Juden mitgetragen wurde, zeigt sich vor allem in Prag, das eine deutschsprachige Literatur böhmischer und Prager Prägung schuf. Sie ist so umfangreich und eigenartig, daß ihr ein besonderer Band gewidmet werden müßte.

Auch bei Männern als Trägern des Sozialismus und bei den Arbeiterdichtern war das Heimatliche der Wurzelgrund ihres Schaffens, so bei *Nikolaus Krauss* in seiner Romantrilogie des Egerlandes und bei *Franz Grundmann* in seinen Erzählungen aus der Welt der isergebirgischen Glasarbeiter. Die Kunst des Erzählens wurde in allen Schichten vom Adel bis zum Bauern und Arbeiter gepflegt; bedeutsam ist der Anteil der Frauen.

Das Ringen um die Erhaltung des Volkstums hatte Auseinandersetzungen zur Folge, die auch in der Dichtung ihren Niederschlag fanden. Die vorherrschende Haltung aber huldigte dem Humanen, das seit dem Werk der *Marie von Ebner-Eschenbach* vorbildlich blieb.

Auch das ist kennzeichnend, daß Männer, die weit in geistige Bereiche vordrangen, dem Heimatlichen verbunden blieben, wofür *Rudolf Kassner* ein hervorstechendes Beispiel ist. Bildende Künstler wurden zum Schreiben verlockt, vielfach zum Beschreiben ihrer Heimat, so *Josef Führich, Alfred Kubin* und *Walther Klemm*, die ihre gemeinsame nordböhmische Heimat in Erinnerungen und Berichten festhielten.

Das Jahrhundert sudetendeutscher Erzählkunst bis 1945 bildet eine Einheit, die dieser Band spiegeln soll. Seine Erzählungen führen von *Adalbert Stifter* bis zum Verlust der Landschaften, die die Erzählungen schildern und gestalten. Ein Schatten liegt über ihnen, wodurch das Verlorene auf besondere Weise deutlich wird. Daß einige Erinnerungen, vor allem an die Kindheit, aufgenommen wurden, ist selbstverständlich; sie sollten aber nicht vorherrschen. Es galt, die Landschaften, die Städte und Dörfer durch den Mund ihrer Dichter sprechen zu lassen, aus ihren Menschen als Bürger, Bauern und Arbeiter, aus der Geschichte und Gegenwart, aus Kriegen und Frieden, aus Freuden und Nöten und Bedrängnissen, aus schweren Schicksalen und Beglückungen, aus Brauchtum, Arbeit und Festen, aus rüstig Tätigen und Sonderlingen, aus den verschiedenen Mundarten, schließlich aus dem Zusammenleben mit dem anderen Volk. Das Heimatliche sollte das Wort behalten, die Heimattümelei vermieden werden. Verlust und verklärende Erinnerung dürfen nicht darüber hinwegtäuschen, daß es in der alten Heimat nicht nur Sonntag gab, sondern auch Mühe und Not des Alltags; ohne sie würde sich nur ein schöngefärbtes, also falsches Bild ergeben.

Jeder Beitrag, dessen Autor zuweilen für einen anderen mitspricht, der hier nicht vertreten ist, weil der Auswahl ein Rahmen gesetzt wurde, ist ein Zeugnis für die Gestaltungskraft seiner vielen Erzähler, zugleich eine Gabe an die Hausgötter eines einst und noch immer geliebten, nun verlorenen Lebensraumes.

Weil diese Auswahl sudetendeutscher Erzählungen keine literarische Anthologie, sondern ein Lesebuch sein will, soll der bibliographische Anhang nur kurz orientieren. Auskunft über die Autoren und ihre Werke gibt das von *Erhard J. Knobloch* in der Europa-Buchhandlung in München herausgegebene »Kleine Handlexikon Deutscher Literatur in Böhmen, Mähren, Schlesien von den Anfängen bis heute«.

Als Illustration der Dichtungen wurden Blätter sudetendeutscher Graphiker gewählt, die den organischen Zusammenhang von bildenden Künstlern und Dichtern erweisen. Die Auswahl der Bilder wurde mit Herrn *Dr. Ernst Schremmer* getroffen; die Blätter stellte zum größten Teil die Ostdeutsche Galerie in Regensburg zur Verfügung. Ihr wie Herrn Dr. Ernst Schremmer gebührt unser Dank, auch Herrn Erhard J. Knobloch, der schwer erreichbare Bücher zur Verfügung stellte.

Josef Mühlberger

Adalbert Stifter

In meiner Erinnerung ist lauter Sommer

Weit zurück in dem leeren Nichts ist etwas wie Wonne und Entzücken, das gewaltig fassend, fast vernichtend in mein Wesen drang und dem nichts mehr in meinem künftigen Leben glich. Die Merkmale, die festgehalten wurden, sind: es war Glanz, es war Gewühl, es war unten. Dies muß sehr früh gewesen sein; denn mir ist, als liege eine sehr weite Finsternis des Nichts um das Ding herum.

Dann war etwas anderes, das sanft und lindernd durch mein Inneres ging. Das Merkmal ist: es waren Klänge.

Dann schwamm ich in etwas Fächelndem, ich schwamm hin und wider, es wurde immer weicher und weicher in mir, dann wurde ich wie trunken, dann war nichts mehr.

Diese drei Inseln liegen wie feen- und sagenhaft in dem Schleiermeere der Vergangenheit, wie Urerinnerungen eines Volkes.

Die folgenden Spitzen werden immer bestimmter. Klingen von Glocken, ein breiter Schein, eine rote Dämmerung.

Ganz klar war etwas, das sich immer wiederholte. Eine Stimme, die zu mir sprach, Augen, die mich anschauten, und Arme, die alles milderten. Ich schrie nach diesen Dingen.

Dann war Jammervolles, Unleidliches, dann Süßes, Stillendes. Ich erinnere mich an Strebungen, die nichts erreichten, und an das Aufhören von Entsetzlichem und Zugrunderichtendem. Ich erinnere mich an Glanz und Farben, die in meinen Augen, an Töne, die in meinen Ohren, und an Holdseligkeiten, die in meinem Wesen waren.

Immer mehr fühlte ich die Augen, die mich anschauten,

die Stimme, die zu mir sprach, und die Arme, die alles milderten. Ich erinnere mich, daß ich das ›Mam‹ nannte.

Diese Arme fühlte ich mich einmal tragen. Es waren dunkle Flecke in mir. Die Erinnerung sagte mir später, daß es Wälder gewesen sind, die außerhalb mir waren. Dann war eine Empfindung wie die erste meines Lebens, Glanz und Gewühl, dann war nichts mehr.

Nach dieser Empfindung ist wieder eine große Lücke. Zustände, die gewesen sind, mußten vergessen worden sein.

Hierauf erhob sich die Außenwelt vor mir, da bisher nur Empfindungen wahrgenommen worden waren. Selbst Mam, Augen, Stimme, Arme, waren nur als Empfindung in mir gewesen, sogar auch Wälder, wie ich eben gesagt habe. Merkwürdig ist es, daß in der allerersten Empfindung meines Lebens etwas Äußerliches war, und zwar etwas, das meist schwierig und erst spät in das Vorstellungsvermögen gelangt, etwas Räumliches, ein Unten. Das ist ein Zeichen, wie gewaltig die Einwirkung gewesen sein muß, die jene Empfindung hervorgebracht hat. Mam, was ich jetzt Mutter nannte, stand nun als Gestalt vor mir auf, und ich unterschied ihre Bewegungen, dann der Vater, der Großvater, die Großmutter, die Tante. Ich hieß sie mit diesen Namen, empfand Holdes von ihnen, erinnere mich aber keines Unterschiedes ihrer Gestalten. Selbst andere Dinge mußte ich schon haben nennen können, ohne daß ich mich später einer Gestalt oder eines Unterschiedes erinnern konnte. Dies beweist eine Begebenheit, die in jene Zeit gefallen sein mußte. Ich fand mich einmal wieder in dem Entsetzlichen, Zugrunderichtenden, von dem ich oben gesagt habe. Dann war Klingen, Verwirrung, Schmerz in meinen Händen und Blut daran, die Mutter verband mich, und dann war ein Bild, das so klar vor mir jetzt dasteht, als wäre es in reinlichen Farben auf Porzellan gemalt. Ich stand in dem Garten, der von damals zuerst in meiner Einbildungs-

Ferdinand Staeger: Der junge Adalbert Stifter

kraft ist, die Mutter war da, dann die andere Großmutter, deren Gestalt in jenem Augenblicke auch zum ersten Male in mein Gedächtnis kam, in mir war die Erleichterung, die alle Male auf das Weichen des Entsetzlichen und Zugrunderichtenden folgte, und ich sagte: ›Mutter, da wächst ein Kornhalm.‹

Die Großmutter antwortete darauf: ›Mit einem Knaben, der die Fenster zerschlagen hat, redet man nicht.‹

Ich verstand zwar den Zusammenhang nicht; aber das Außerordentliche, das eben von mir gewichen war, kam sogleich wieder, die Mutter sprach wirklich kein Wort, und ich erinnere mich, daß ein ganz Ungeheures auf meiner Seele lag. Das mag der Grund sein, daß jener Vorgang noch jetzt in meinem Innern lebt. Ich sehe den hohen schlanken Kornhalm so deutlich, als ob er neben meinem Schreibtische stände, ich sehe die Gestalten der Mutter und Großmutter, wie sie in dem Garten herum arbeiteten, die Gewächse des Gartens sehe ich nur als unbestimmten grünen Schmelz vor mir; aber der Sonnenschein, der uns umgab, ist ganz klar da.

Nach dieser Begebenheit ist abermals Dunkel.

Dann aber zeichnet sich deutlich und bleibend die Stube ab, in der ich mich befand. Ganz vorzüglich sind es die großen dunkelbraunen Tragebalken der Diele, die vor meinen Augen sind und an denen allerlei Dinge hingen. Dann war der große grüne Ofen, der hervorspringt und um den eine Bank ist. Dann sagte die Mutter, der Zimmersepp wird uns einen Tisch machen, auf dem das Osterlämmlein ist. Der Tisch wurde fertig und bildete meine große Freude. Dessen, der früher gewesen war, erinnere ich mich nicht mehr. Der Tisch war genau viereckig, weiß und groß und hatte in der Mitte das rötliche Osterlämmlein mit einem Fähnchen, was meine außerordentlichste Bewunderung erregte. An der Dickseite des Tisches waren die Fugen der Bohlen, aus denen er gefügt war, damit sie nicht klaffend werden konnten, mit Doppelkeilen gehalten, deren Spitzen gegeneinander gingen. Jeder Doppelkeil war aus einem Stück Holz, und das Holz war rötlich wie das Osterlamm. Mir gefielen diese roten Gestalten in der lichten Decke des Tisches gar sehr. Als dazumal sehr oft das Wort ›Conscription‹ ausgesprochen wurde, dachte ich, diese roten Gestalten seien die Conscription. Noch ein anderes Ding der Stube war mir äußerst anmutig und schwebt lieblich und fast leuchtend in meiner Erinnerung. Es war das erste Fenster an der Eingangstür. Die Fenster der Stube hatten sehr breite Fensterbretter, und auf dem Brette dieses Fensters saß ich sehr oft und fühlte den Sonnenschein, und daher mag das Leuchtende der Erinnerung rühren. Auf diesem Fensterbrette war es auch allein, wenn ich zu lesen anhob. Ich nahm ein Buch, machte es auf, hielt es vor mich und las: ›Burgen, Nagelein, böhmisch Haidel.‹ Diese Worte las ich jedes Mal, ich weiß es, ob zuweilen noch andere dabei waren, dessen erinnere ich mich nicht mehr. Auf diesem Fensterbrett sah ich auch, was draußen vorging, und ich sagte sehr oft: ›Da geht ein Mann nach Schwarzbach, da fährt ein Mann nach Schwarzbach, da geht ein Weib nach Schwarzbach, da geht ein Hund nach Schwarzbach, da geht eine Gans nach Schwarzbach.‹ Auf diesem Fensterbrette legte ich auch Kienspäne ihrer Länge nach aneinander hin, verband sie wohl auch durch Querspäne, und sagte: ›Ich mache Schwarzbach!‹ In meiner Erinnerung ist lauter Sommer, den ich durch das Fenster sah, von einem Winter ist von damals gar nichts in meiner Einbildungskraft.

R. M. Rilke

Böhmische Schlendertage

I.

Versprach ich nicht einmal etwas aus Böhmen zu erzählen?

Erwarten Sie nichts Politisches. – Bei uns in Böhmen liegt ja sozusagen die Politik auf der Straße, und ich habe doch viel zu viel Hochachtung vor Ihnen, um Ihnen das zu bieten, was ich vom Wege auflese.

Ich will Ihnen erzählen von dem uralten Schlosse eines alten Adelshauses – von seinen Sälen und Gängen, Galerien und Kemenaten. Das klingt ja gar romantisch.

Nun Sie werden ja sehen.

Wenn einmal ein Zufall, müßige Reiselust oder der Tod Ihrer verehrten Frau Erbtante – der ich übrigens noch ein recht ausgiebiges Leben wünsche – Sie, geschätzte Leser, nach Südböhmen führt, lassen Sie sich es nicht verdrießen, einen Tag in dem malerisch gelegenen Städtchen Krummau Aufenthalt zu nehmen.

Die kleinen, hochgegiebelten Häuser, deren viele noch die Rose – das Wappen der alten ausgestorbenen Rosenberge – tragen, werden beherrscht von der zu Seiten der jungen Moldau auf steilem Felsen thronenden uralten Burg. – Diese, ein weiter massiger Bau, der sich wie alle ähnlichen oft umgemodelten Schlösser ehrwürdiger Stillosigkeit rühmen kann, macht auf den Beschauer einen schier überwältigenden Eindruck. Zumal, als ich sie sah, an einem klaren, prangenden Märztage. Da hob sich das gelbe Riesengemäuer so grell von dem lichtblauen Himmel ab, und die dreifach aufeinandergehäuften Bogengänge, welche den Haupttrakt mit der Reit-

Oskar Kreibich: Krummau

schule und dem Parke verbinden, schienen an der Rückseite mit himmelfarbenem Atlas verhangen.

Auf einer Schloßstiege mit erträglichen Stufen steigen Sie hinan. – Sie treten in den ersten Burghof. Treten Sie so in Gedanken ein wie ich, so werden Sie zerstreut nach dem Vatermörder und der Riesenhalsbinde am eigenen Halse greifen, Sie werden mit Erstaunen wahrnehmen, daß Sie nicht die Kniestrümpfe und Schnallenschuhe tragen, wie sie im ersten Halb unseres Jahrhunderts gang und gäbe gewesen sind. – Was mich zu dieser sonderbaren Untersuchung verleitet hat? –

Die Leibwache von Grenadieren, die – ein Überbleibsel alter Zeit – hinter blau-weißen (Farben des Hauses Schwarzenberg) Schranken aufgezogen ist. – Sie tragen dunkle Uniform mit blauen Aufschlägen und Schnüren, weißes über der Brust gekreuztes Lederzeug und – man höre – Ladstockgewehre! Die Stärke dieser kleinen Heermacht, welche Vergünstigung, wenn ich nicht irre, in Österreich außerdem nur noch dem Hause Clam-Gallas eignet – beträgt in Krieg und Frieden genau 22 Mann. Ein verdienter österreichischer Offizier steht an ihrer Spitze. – Gehen wir an den riesigen, alten Zwölfpfündern, denen zur Seite unglaubliche Kugelhaufen kauern, kaltblütig vorüber, so müssen wir durch einen berganführenden, eingedachten, lebhaft an einen Hühnersteig erinnernden Schwellenweg aufwärtssteigen in den zweiten Hof. –

Von da führt eine breite Treppe zu den Gemächern. Die Wandung des Treppenhauses ist mit den ziemlich handwerksmäßig gemalten Wappen sämtlicher bisherigen Besitzer geziert. – Die Feste Krummau war zuerst im Besitze der Rosenberge. Später ging sie (unter Rudolf II.) in die Hände der Habsburger über und kam nach mannigfachen Wechselfällen an das Haus Schwarzenberg. –

Im Halbstocke interessieren uns vor allem die niedrigen in

strengstem Empire eingerichteten Zimmer, die einen süßen intimen Duft auszuströmen scheinen. Im ersten Stockwerke sind die eigentlichen Prachtgemächer. Die großen Säle mit schwerfälligen, goldstrotzenden Stühlen und behäbigen, selbstgefälligen, prächtig ausgelegten Tischen. Unendliche japanesische Vasen und wandhohe Spiegel, in die die heimliche Dämmerung der lichtgedämpften Räume schaut. Reichgeschnitzte Speisetische mit Silber- und Zinngeschirr. – Dann die Bildergalerie.

Der führende Diener hetzte mich mit dringlicher Höflichkeit hindurch. Kaum daß ich Johann den Starken, der Hand Dürers entstammend, und das Bildnis der zu Paris beim Krönungsfeste Napoleons verbrannten Fürstin von Schwarzenberg ins Auge fassen konnte. –

Zwei Treppen hoch liegen die sogenannten Julius Caesar-Zimmer. Hier wohnte der natürliche Sohn Rudolfs II. dieses Namens. – Hier sann und vollführte er seine Greueltaten, von denen heute noch die Krummauer alten Bürger beim Bier gern erzählen. – In diesen Räumen fällt auch ein Fenster auf, das vermauert wurde, weil durch dasselbe eine Baderstochter, den Händen des Wüstlings zu entfliehen, in die Tiefe sprang. –

Vor allem ist aber der Maskensaal von Bedeutung. Er ist einzig in seiner Art. Die ganzen Wände sind mit überlebensgroßen voll heiterer Ironie gemalten Figuren bedeckt. Da sieht man Ritter und Herren, edle Frauen und würdige Matronen, Zwerge und Riesen, Harlekins und Zauberer in buntem Gewimmel. Musikanten spielen auf den Galerien, Damen blicken aus den Logen, und an der Tür halten zwei riesige stramme Grenadiere strenge Wacht. – Die Fülle der Personen und die wunderbare naive Plastik derselben machen einen geradezu betäubenden Eindruck.

Gegen die altehrwürdige, staubige und durch den Hauch

der Jahrhunderte geweihte Pracht wird Ihnen der frische Reichtum des neuen, nördlicher gelegenen Schlosses Frauenberg nicht angenehm auffallen. – Es herrscht da jene schimmernde und glastende Fülle, wie wir ihr in den Schlössern unserer Fabrikanten und Bankiers begegnen.

Mich däucht aber gerade, daß jene durch Ahnen geweihten Räume das einzige ist, was der wirkliche Adel im Äußeren vor dem frisch geritterten oder eben mit der Freiherrlichkeit verherrlichten Emporkömmling mit dem österreichischen unmöglichen Namen und dem mühsam dazu gezimmerten ›–fels‹, ›–wald‹, ›–burg‹ oder ›–see‹ voraus hat. Denn nur wenigen von unserem Hochadel sieht man, was adelt, an den Zügen an. – Wenngleich sich nicht leugnen läßt, daß der und jener Aristokrat auch im Bettlerkittel seine Abstammung verraten würde.

Einen solchen Mann lernte ich in Budweis kennen. Es ist Baron M.... Er ist als Sonderling und Altertumssammler bekannt – und alle Welt erschrak, als ich meine Absicht laut werden ließ, den weltscheuen Freiherrn in seiner schätzereichen Behausung aufzusuchen. – Ich wagte es dennoch, ließ mich melden und – wurde empfangen. Der Hausherr war eine große, hagere Gestalt mit feinen, leicht gefalteten Zügen, in denen maßloser Hochmut und feine Liebenswürdigkeit sich überraschend vereinten. Der dünne, schüttere, unterhalb des Kinns entspringende Bart fiel schneeweiß auf die schneeweiße Halskrause herab. – Er war von großer, würdevoller Zuvorkommenheit, die sich mehr in seinem Handeln als in seinen Worten äußerte. Er geleitete mich selbst durch sein ganzes Haus – ja sogar durch den Garten und erwies mir die Ehre, mich nach Zurückweisung des Bedienten bis zu dem auf die Straße führenden Tor seines Hauses zu führen – entweder aus Wohlwollen oder in der Absicht, sich zu vergewissern, daß ich wirklich – draußen sei.

Mit dem bittern Geschmack eines Hundes, der unerreichbare Leckerbissen gerochen hat, verließ ich, selbst Altertumssammler, das Haus des Mäcen. Ich hatte dort neben andern Kostbarkeiten einen David Tenier – ich weiß nicht Vater oder Sohn – gesehen.

Dieser Tenier fiel mir auf einmal unversehens wieder bei, als ich wenige Wochen später in der Jahres-Kunstausstellung des Prager ›Rudolfinum‹ stand. Und zwar – erschrecken Sie nicht, lieber Leser – vor einem Bilde Ludwig von Hoffmanns.

Bei dem frohsinnigen Niederländer diese ängstliche, wirklich naive Genauigkeit, diese peinliche Sorgalt – hier dieser große, nachlässige, müde, naiv scheinende Zug von träumerischer Verschwommenheit. Nein, ich kann diesem Farbensalat keinen Gefallen abringen. Trotz aller Müh nicht. Gleichwohl kann ich seine Berechtigung nicht ganz in Abrede stellen.

Wenn ich die Historienmalerei dem Drama und dem Epos gleichstelle, das Genre mit der Novelle vergleiche (die Landschaft ist wegen der Verschiedenheit beider Künste im vorhinein für eine Zusammenstellung unbrauchbar), so kann ich nicht anders, als diese Art der Malerei, die bloß durch die Farben wirken soll, die also eine Tonharmonie (beziehentlich auch Disharmonie), ein Farbencarmen darstellt, der Lyrik nahezubringen.

Da aber Gegenstand der Malerei schon nach Lessings Laokoon das Gegenständliche ist, die Lyrik aber sich gerade dieses Gegenständlichen ganz und gar enthält, glaube ich hinlänglich den Irrtum dieser Richtung angedeutet zu haben. –

Und deshalb, lieber, freundlicher Leser, möchte ich Sie ersuchen, falls Ihnen Ihre Frau Erbtante, der ich übrigens, wie gesagt, noch ein langes Leben wünsche, eine gar überreichliche Summe zugedacht hat, diese nicht für ein Gemälde Ludwig von Hoffmanns mit grünen Menschen, roten Bäumen und violetten Schatten auszugeben – sondern sich – was auch billiger kommt, dafür eine Reisekarte ins äußerste Nordböhmen zu versorgen, wohin ich Sie demnächst zu führen gedenke. –

II.

Draußen tanzen gelbe Blätter. Der Wind heult in meinem Ofen und pfeift den Takt dazu. Ein lustig Lied! Und ich sitze beim Schreibtisch mit heißem Kopf und kalten Füßen. Von Zeit zu Zeit werfe ich einen flüchtigen Blick hinaus in den bunten Blätterkarneval. Mich friert. Bei mir ist Aschermittwochstimmung.

Ja, Aschermittwoch nach den hellen, sonnigen Sommertagen, die, eine ununterbrochene Reihe fröhlicher Feste, an mir vorübergezogen sind. Der Sturm kam, ein eifriger Bußprediger, und riß den bunten Schmuck von den Wänden des Ballsaales ›Natur‹ und zog den Wolkenvorhang vor die Sonnenlampe. Und die Blüten alle legen die farbigen Maskengewänder ab; nur hier und da noch hat eine Georgine den roten Turban auf. Aber die Festfreude ist nun einmal fort. Der Wind haßt dich und ballt eine Staubwolke um dich, so daß es dir über die Stirn rieselt – wie Asche.

Ich gehöre zu jener Gruppe von Menschen, die Nietzsche die ›historischen‹ nennt. – So kehre ich denn, weil mich die Gegenwart frieren macht, den Blick zu einer sonnenwarmen Vergangenheit zurück. Der Schauplatz dieser Vergangenheit ist Nordböhmen. Und – richtig – jetzt fällt mir bei – dorthin versprach ich dich, lieber Leser, zu führen.

Es sei. – Hast du mich das letzte Mal in ein prächtiges Schloß begleitet, so will ich dir heute ehrwürdige Ruinen zeigen, die auf steilen Bergkuppen thronen und aus hohlen Fensterhöhlen erstaunt in die fremde Zeit niederschauen. Will dich in eine Gegend versetzen, wo mächtige Felsenriesen ihre grauen Gigantenhäupter aus dem schwarzen Tannenwald strecken und blumengeschmückte Wiesen zu Seiten des raunenden Baches lehnen und träumen.

Liegt da im Tale, umrahmt von dunklen Wäldern, das reizende Dittersbach mit seiner weißen Kirche und seinen halb aus Holz, halb aus Stein erbauten Häuschen. Ringsum locken tausend Wege in die geheimnisvolle Wildnis hinein. Wie oft stieg ich den Pfad zum Marienfelsen, einem schroffen, turmartigen Kegel, hinan, wie oft stand ich auf der Spitze des Falkensteines, wo man noch die Reste einer Stube vorfindet, in deren kühlen Schatten der bekannte Hynko von Duba nach heißen Kämpfen geruht haben mag. Denn, wahrlich, zu süßem, sorglosen Ruhen ladet dort alles ein – auch heute noch. Die weiten Matten mit moosigem Grunde, von Erika übersäet, schauen wie violette Kissen aus, die Bäume bilden einen prächtigen Baldachin, und die hohen Farren fächern wohlige Kühle. Auch eine Mahlzeit ist gedeckt: Schwarzbeeren und die andern Beeren, die der Waldboden erzeugt, sind in überreicher Fülle da. Besonders bei Regenwetter, wenn ein weiterer Spaziergang verleidet ist, pflückt man gern diese kleinen, süßen Früchte; denn die Wipfel des Hochwaldes bilden ein schier undurchdringliches Dach, so daß man trockenen Fußes stundenlang im Gesträuche herumsuchen kann.

An solch einem Regentage – es gab deren nicht allzu viele – machte ich einen Besuch im Pfarrhause. Ich fand den Seelensorger, einen noch jüngeren Mann mit markigen, freundlichen Zügen, in seinem Gärtchen beschäftigt. Es machte mir Freude, zuzusehen, mit welch inniger, verständnisvoller Sorgfalt er sich um die zarten Blütenkinder bemühte, den Schwächlichen einen Stab zu Hilfe gab und die Übermütigen mit Bindfaden und Schere in die erlaubten Grenzen zurückwies. – Später führte er mich in sein Haus; sein Arbeitszimmer, seine Schlafstube und alle anderen Räume zeugten von mäßigem Wohlstand und übermäßiger Ordnungsliebe. Ein hastiger Kanari und eine Kuckucksuhr schrien in das Schweigen des Studierstübchens hinein. – Als ich durch das blank gescheuerte Vorhaus ging, öffnete sich die Küchentür, und die Wirtschafterin, ein hübsches, rotwangiges Mädchen, grüßte mich mit freundlicher Derbheit. Zugleich aber schlich ein Dunst heraus von gar guten Dingen, die da drinnen brodelten ... Ja, es war ein Idyll, dieses Pfarrhaus. Ein wahrhaftiges Idyll – und wie mich däucht ein besseres als des seligen Voßens ›Luise‹; denn dort hab ich nie Langweile empfunden, während ...

Aber was sag ich denn da! Nicht den Geist des ehrlichen, alten Voß will ich heraufbeschwören, sondern die Geister, die umgehen sollen auf der Ruine – ›Tollenstein‹! – Von der Station Schönfeld aus erreicht man am besten diese längstzerfallene Raubritterburg. Ein Wartturm und die äußerste Umfassungsmauer stehen noch, während alles übrige Bauwerk teils von der Zeit, teils von den Bauern niedergerissen wurde, die aus diesen Trümmern ihre armseligen Hütten aufschlichteten. So lange, bis endlich ein Mann, der ein bißchen Schwärmerei und ein klein bißchen mehr Berechnung besaß, den jetzigen Besitzer Fürsten von Lichtenstein aufmerksam machte, dieser pietätlosen Zerstörung nicht länger zuzusehen und ihm zu erlauben, in den Trümmern sein Hüttchen zu bauen und – eine Restauration zu eröffnen.

So geschah's. Den Steindieben ward das Handwerk gelegt, und auf den Tollenstein hinauf wurden Säcke Kaffee getragen und Fäßchen guten Kamnitzer Bieres gerollt. Ein paar Holztische wurden vor dem Häuschen da oben festgezimmert, just vor dem Platze, von wo aus Swanhilde ihre nächtige Wanderung beginnen soll. Swanhilde ist eine der vielen Ahnfrauen, die durch Böhmens alte Burgen wallen und die bald auf den

Namen Eva, bald auf Berechta (Bertha) hören – oder, besser gesagt, zur Beruhigung guter Christenmenschen – *nicht* hören...

Die Geschichte dieser ruhelosen Swanhilde ist, in aller Kürze, folgende:
Berechta, Ehgemahl irgendeines ›Herrn auf Tollenstein‹, trug in ihrem Herzen eine Neigung zu dem Knappen ihres Gebieters. Diese Neigung wuchs und zugleich die Begier, frei zu sein und den blondlockigen Geliebten offen minnen zu dürfen. In einem Augenblicke der Verzweiflung vergiftete Swanhilde ihrem Gatten – nicht wie die Frauen in ähnlichen Fällen heutzutage das Leben – sondern den Wein. Er trank, merkte aber die Absicht – und zwang sein Weib in seiner begreiflichen ›Verstimmung‹ auch zu trinken. So fanden beide den Tod. Swanhilde aber findet keine Ruhe im Grabe. Sie wallt in hellen Vollmondnächten durch die Ruinen hin und sucht den Knappen. – Der aber scheint sich alles überlegt zu haben und ein noch besseres Versteck zu besitzen, als in unseren Zeiten – der Freiherr von Hammerstein.

Herr Johann Josef Münzberg, jener Restaurateur der restaurierten Ruine – er hört sich gerne Ritter Münzberg nennen – ist bereit, jedem ernstdenkenden Gaste diese und andere Sagen zu erzählen; jedem Ernstdenkenden – sage ich; denn nichts verträgt er weniger, als irgendeinen Zweifel an der Wahrhaftigkeit dieser Historien.

»Sie glauben das nicht!?« schreit er dann wütend. Und sein braunes, markantes Raubrittergesicht mit der feinen Nase und dem langen, schwarzen Schnurrbart droht aus dem Leim zu gehen. Und sein Auge, ein wahrhaft edles, großes Auge, loht hell auf.

Ich glaub ihm vollauf; sogar die andere Sage von dem Ahnherrn, der seit Jahrhunderten, in einen Raben verwandelt, die Zinnen von Tollenstein umflattert, obwohl der Förster mir versicherte, den Kerl hätte er schon längst »über den Haufen gepulvert«.

Wie dem auch sei. Das Schicksal der armen Swanhilde konnte mich seinerzeit zu einer Ballade begeistern. In der Tat. Denn nicht immer gelingt es dem fahrenden Sänger, der Begeisterung, die der Zauber irgendeiner Gegend in ihm entfacht, Ausdruck zu leihen. –

Ein Beispiel: Ich durchwanderte von Dittersbach aus auch den ›Bielgrund‹ gegen Herrnskretschen zu. Da sah ich in dem lauschigen Tale, an einen Felsen geklebt, eine überaus malerische kleine Mühle. Das Rad dreht sich langsam, und das Wasser plätschert melodisch im grünumrandeten Bachbett. Dunkle Wipfel neigen sich eitel über den klaren Spiegel. Kurz: ein Bild wert eines Gedichtes. Und ich ziehe das Merkbuch und den Stift aus der Tasche und setze mich auf einen weichen Moosblock und lasse meinen Blick noch einmal den Gesamteindruck erfassen – da fällt mir auf, daß über dem Mühlrad eine Inschrift prangt. Ich sehe besser hin, und wer beschreibt mein Erstaunen; ich lese: »... In einem kühlen Grunde ...«

Wütend steckte ich, und beschämt zugleich, mein Schreibzeug ein. Ich murmelte etwas von »Epigonenfluch«. –

Wenn ich von Epigonen spreche, da fällt mir unwillkürlich bei, daß ich auf dem Tollenstein auch ein Paar unserer ältesten Altvorderen (nach Darwin) getroffen habe. Herr Münzberg hat sich zum Vergnügen zwei Äffchen angeschafft, die sich in der ernsten Umgebung höchst drollig ausnehmen. – Sie sprangen an den ehrwürdigen Mauern ohne alle Scheu auf und nieder und kauerten sich in den Ecken mit malerischer Pose hin, als wären sie Gabriel Max zu seiner letzten ›Nemesis‹ Modell gesessen. Übrigens ist mir der ganze Maxsche Affenkultus lieber als seine großäugigen, fremd dreinschauenden Mädchengestalten.

An diesen Traumfiguren ist alles wesenlos und unheimlich eintönig. – Da lob ich mir das Bild, das mir jüngst im Atelier eines der ersten böhmischen Maler, des Prof. Franz Zenisek, zu sehen vergönnt war.

Es ist ein Selbstporträt des Meisters, das an Frische der Farbengebung und kecker Kühnheit der Auffassung an Rubens erinnert. Das Auge loht das Siegesfeuer der Begeisterung, und das Antlitz mit den leicht aufgeworfenen Lippen sieht zum Beschauer, voll des edlen Stolzes, hin.

Der liebenswürdige Meister stand neben mir. Ich weiß nicht, ob er bemerkte, welch mächtigen Eindruck das Bild auf mich machte. Dann plauderten wir von – Nordböhmen. Auch er wußte die landschaftlichen Reize jener Gegend, von der ich heute erzählt, zu schätzen. Unsere Erinnerungen berührten sich in vielen Punkten, und wir hatten in anregendem Gespräche ganz vergessen, daß es draußen – Herbst war. Und so ging es mir auch eben jetzt, während ich diese Zeilen niederschrieb.

Ruhig sah ich hinaus in das bunte Blättergetriebe. Ich fühle, es wird wieder ein Sommer voll Licht und Lust kommen, ich werde die trauten Stätten durchträumter Stunden wieder aufsuchen und – was mich am meisten freuen würde – vielleicht Dir dort begegnen, lieber, freundlicher Leser.

Josef Gangl

Allermanns Lies

Das schwarze Geäst des nächtigenden Tannes hob sich wie ein wunderliches Spitzengewebe von dem roten Abendhimmel ab. Diese Malerei hatte mitten in dem alten Bergforste einen weitklaffenden Riß: das war der neue Holzschlag. Auf das bloßgelegte Stück des Waldbodens warf eine hoch oben schwebende, zarte Federwolke ihren Widerschein. Das rosige Dämmerlicht wob um den Unterschlupf, welchen sich die Holzknechte für diesen Sommer geschaffen hatten. Es gab mancherlei Vieh im Walde, welches künstlichere Bauten herstellte. Aber die zwölf Männer fanden es in der tausendlukigen Reisighütte gerade wohnlich genug. Und Allermanns Lies, die ihnen die Wirtschaft führte, war das Hausen unter schlechten Dächern gewöhnt. Allermanns Lies, das war ein Spottname. Den brachte eine giftzüngige Alte dem Mädchen auf, als es mit den Holzknechten in den Wald zog. Die Menschen im Tale sagten so ein Wort lieber als ein ehrendes. Viele von ihnen dachten niedrig und verdorben genug, um es gar nicht für möglich zu halten, daß ein rechtschaffenes Mädchen wie die Lies auch bei Holzknechten im Walde ehrenhaft bleiben könne. Die Lies wußte, gottlob, was sie tat. Weil ihr die Holzknechte für einen Sommer mehr Lohn boten als die Bergbauern für ein Jahr, ging sie zu den ersteren. Sie wollte etwas für ihr einsames Alter sparen. Daß dieses wirklich einsam werden würde, hielt sie jetzt, in ihrem fünfundzwanzigsten Jahre, für ausgemacht. Was sie sich bei ihrem Dienstantritte von den Holzknechten versprechen ließ, erfüllten diese nun mannbar. Die benahmen sich, daß sich das Weib bei ihnen nicht schämen brauchte. Mancher mußte dabei seinem

Wesen einen ungewöhnlichen Zwang anlegen. Es gab ein paar wild übermütige, ruppige Burschen unter den Zwölfen. Aber ein jeder sah, daß er bei dem Pakt mit der Lies auf seine Rechnung kam. In besserer leiblicher Verpflegung als jetzt hatte sich noch keiner von ihnen befunden. Lies verstand es, bei ihrem Wirtschaften förmlich aus wenigem viel und aus Schlechtem Gutes zu machen. Sie hatte eine gute Lehrmeisterin gehabt – die Not. Aber heute geschah ihr etwas Unvorhergesehenes. Sie sah sich plötzlich gerade von jenem einzigen Unglücke bedroht, welches sie nicht mehr fürchten zu müssen glaubte. Da war nämlich ein junger Bursche unter den Zwölfen, der Heinl. Dem konnte sie gleich von Anfang nicht in die schwarzen Brandaugen sehen, ohne einen seltsamen Schrecken dabei zu spüren. Bei ihrer vielen Arbeit konnte sie ihm aber ausweichen und alle Gedanken an ihn zerstreuen.

Heute morgen schürften ihm die Zweige eines fallenden Baumes ganz jämmerlich das rechte Bein. Da lag er nun in der Hütte – und mit dem Ausweichen war es vorbei. Sie hatte ihn zu betreuen. Ehedem würde sie ihm leichter in die Augen gesehen haben als jetzt, wo er so heiß und hilfesuchend an den ihren hing. Jetzt mußte sie seinen Blicken standhalten, ob ihr diese das Herz noch so unbeschreiblich zurichteten. Wegschielen wie ein Spitzbube durfte sie doch nicht, wenn sie den Jammernden zu trösten hatte. Heben und legen mußte sie ihn wie ein kleines Kind. Wie ihr dabei war, das konnte sie nur stumm ihrem Gott klagen; Worte gab es dafür nicht. – Sie sah gleich, daß alles Wehren gegen solche Liebe vergeblich sei. So nahm sie sich denn vor, in Geduld zu tragen, was sich nicht abwehren ließ. Wie sie sich aber im übrigen zu benehmen hatte, das wußte sie auch. Sie wartete bloß auf die Heimkehr der Holzknechte, um dann das zu tun, was sie für recht hielt. Nach dem Abendessen pflegten die Männer noch bei Tisch zu rauchen. Lies unterhielt ihnen dazu auf der steinernen Herdstelle ein Leuchtfeuer. Als sich die Holzknechte heute erheben wollten, um zur Ruhe zu gehen, legte Lies noch einen Kienspan auf und sagte: »Wir haben noch was zu reden.« Da setzten sich alle erwartungsvoll hin. An der Stimme des Mädchens erkannten sie, daß nun etwas Ungewöhnliches kommen mußte. Lies setzte sich auf ein Bankende zu den Männern hin. Sie ließ erst ihre großen klaren Augen den Kreis der Versammelten abgehen, dann sagte sie mit leis wehmütigem Lächeln: »Scheiden heißt's wieder. Ich kann nicht bei euch bleiben. Morgen muß ich mir wieder einen Bauerndienst suchen. Es kommt mir schwer an. Aber ich kann euch nit helfen und mir auch nit. Es ist mir was geschehen da bei euch, ein Malheur, das ich gar nicht für möglich gehalten hab. Sonst wär ich ja gleich nit zu euch gegangen. Der Mensch kann halt auf dem geradesten Weg nit gehen, wenn es Gott nit gefällt. Darum greint nit mit mir. Verzeiht mir um Gottes willen, daß ich nit kann, wie ich will. Ich bin ein armer Teufel, dem nichts übrigbleibt als Davonrennen, wenn er nit das Beste verlieren will, was er hat – seine Achtung vor ihm selber. Ihr wollt wissen, was mir bei euch widerfahren ist. Gut. Verliebt hab ich mich in einen von euch. So höllentief verliebt, daß mir all mein Lebtag nimmer zu helfen ist. Wer derjenige ist, das werdet ihr nie erfahren. Es brächte euch Verdruß. Es soll keiner unter euch umgehen und Schuld tragen, daß euch die gute Wirtschafterin davongegangen ist. Wenn ich die feste, starke, unerschütterliche Lies wär, für die ich mich die längste Zeit gehalten hab, blieb ich aller Welt zum Trotz gerne mein Lebtag bei euch. Aber weil ich zu schwach bin für den Posten, weil ich mich darauf verliebt hab, muß ich gehen. Den Schädel könnt ich mir wegreißen vor Gall über mich selber, glaubt mir's. Aber deswegen käme ich mit keinem gereinigten Herzen in die Gruben. So. Jetzt wißt ihr, was notwendig ist. Laßt mich in Frieden gehen. Quält mich mit keiner Widerrede. Es wär umsonst. Und jetzt gute Nacht.«

Sie wollte aufstehen, aber ihr Nebensitzender, der älteste unter den Holzknechten, hielt sie an der Rockfalte fest. „Wart Lies. Ich weiß dir einen anderen Rat. Warum solltest du denn auf den verzichten, den du gerne hast? Das wäre ja ein Unsinn. Es kann ein jeder glücklich werden mit dir.« Die Lies lachte hell auf. »Wenn ich jetzt einem von euch in das Gesicht sagen tät, du bist der, den ich so gern hab – wer weiß, ob ich dem nit doch mehr Gausen als Freude machte.« Der vorige Sprecher schüttelte den Kopf. »Du könntest ja warten, bis dich der Rechte fragt, ob er's ist –.«

»Ich danke«, sagte sie. »Ich will mir grad in dem Dienst da keinen Mann erhaust haben. Deswegen bin ich nit kommen. Wenn ich woanders einen gefunden hätt – dann vielleicht, ja. Aber da – wo ich mir meinen Spottnamen erworben hab, muß ich's beweisen, daß ich das am allerwenigsten bin, was mich die Leut schimpfen. Und wißt ihr, warum ich's euch noch gestanden hab, daß ich in einen von euch verliebt bin? Nit? Na, seht – ich hab damit einer Gefahr vorgebeugt. Der Gewisse kann es von mir jetzt nimmer erfahren, daß er es ist. Davor schützt mich mein Lebtag meine Scham. Das weiß ich gewiß.«

Den Holzknechten blieb nichts übrig, sie mußten das sonderbare Weib am anderen Tag ziehen lassen. Sie rieten und stritten viel hin und her, wer der Gewisse sei. Und einer ganz besonders – der Gewisse selber.

Er sehnte sich auf seinem Schmerzenslager unsäglich nach ihr, die ihn einen Tag lang so wundergut betreut hatte. Zuweilen glaubte er fast daran, daß sie seinetwegen davongelaufen sei. Dann zweifelte er doch wieder daran. Jedenfalls nahm er sich vor, sie trotz allem zu befragen, sobald er ihr nachgehen konnte. Aber diese Zeit sollte für ihn nicht kommen. Er hatte bei seinem Unfalle einen inneren Schaden erlitten und stand von dem Bette nicht mehr auf.

In drei Wochen nach dem Scheiden der Lies trugen sie das junge Blut zu Tal. Einer der Holzknechte hatte vor dem Begräbnisse zwei Tage lang herumlaufen müssen, ehe er die Lies fand. Denn daß man sie ohne Nachricht ließ, daß einer von ihnen gestorben war, ging doch der guten Achtung willen nicht an. Lies war unterdessen tief drinnen in der Wild bei einem Bergbauern untergekommen. In einer Gegend und bei einer Arbeit, so recht geschaffen für einen, der in der Welt nichts mehr sucht und gerne viel vergessen täte. Selbstverständlich zog sie nun ihren guten schwarzen Spenzer an und ging in das Kirchdorf zu dem Begräbnisse.

Sie stand mit einem recht ruhigen, aber ebenso bleichen Gesichte vor der Grube, als der Sarg mit ihrem Liebsten hinuntergelassen wurde. Aber aus ihren großen Augen sprach doch ihr ganzes unstillbares Leid.

Sie wäre um den Preis ihres Lebens gerne nach den Dorfleuten ein wenig bei der Grube geblieben. Aber sie war stark genug, darauf zu verzichten.

»Sie brauchen es auch jetzt nicht zu wissen, daß er es war«, sagte sie sich.

Vor der Kirchtür wurde sie von den Holzknechten angehalten. Sie sprachen aber alle kaum etwas dabei. Nur recht viel in die Augen sahen sie ihr. Und da wußten sie das, worauf sie so lange neugierig gewesen waren. Mit dem Munde konnte die Lies vielleicht noch lügen, mit den Augen nimmer. In den meisten der Mannsgesichter malte sich gleich ein tiefes, inniges Erbarmen. Der Älteste nahm endlich die Hand des Mädchens und sagte: »Ich glaub, jetzt kannst du wieder mit uns gehen, Lies – gelt?«

Wozu war nun noch ein Leugnen? Sie nickte und lächelte, daß es einem in das Herz schnitt. »Ja, auf ein neues verliebt sich jetzt Allermanns Lies nimmer. Sie hat wohl für ihr Leben genug an der einzigen Lieb«, sagte sie.

»Allermanns Lies«, wiederholte der Alte nachdenklich. »Allermanns Lies haben sie dich geheißen. Und du bist keines Mannes Lies. Siehst du, wie grundverkehrt die Welt urteilt und richtet? Du sollst nun justament wieder mit uns gehen – jetzt – wo es bei dir doch für immer nach der Liebe ist. Wir geben dir noch einen Zehner über deinen früheren Jahreslohn.«

Er hielt ihr die Hand hin. Sie überlegte eine Weile. Dann schlug sie plötzlich entschlossen ein und sagte: »Nun denn, in Gottes Namen. Jetzt bin ich fest genug für den Dienst bei euch – jetzt ja.«

Sepp Skalitzky

Lerchen im Schnee

Es gibt Hofnamen, die sind so alt und grau, daß sich niemand mehr ihres Ursprungs entsinnen kann. Nur der Lerchenbauer in der Böhmerwaldeinöd, der rundum zwar fruchtbare Äcker und saftige Wiesen, auf eine gute halbe Stunde im Umkreis jedoch keinen Nachbarn besaß, so daß er sich sonderlich im Winter mit Weib und Kindern allein auf Erden wähnte, wußte genau um die Entstehung seines Hausnamens. Dieser reichte zurück bis in die ersten Ehejahre des Urgroßvaters, und die Geschichte davon vererbte sich von Geschlecht zu Geschlecht wie die bunt bemalte Wiege und der eichene Bauerntisch. Jeder, der sie weitertrug, freute sich darüber, und es ergötzten sich daran mit einem leisen Gefühl der Rührung alle, die sie vernahmen...

In einem der zwanziger Jahre des vorigen Säkulums war der Winter derart kurz und milde gewesen, daß Ende des Eismonds schon die Haselnußstauden stäubten, zu Lichtmeß der Seidelbast duftete und in der ersten Märzwoche der Hängbauer auf seiner südseitigen Einöde bereits den Haber säte. Es sah ganz danach aus, als habe sich der himmlische Wettermacher ein Endlein in der Zeit geirrt oder als wäre die Erde ein bißchen aus ihrer streng vorgezeichneten Bahn geraten; denn die Sonne meinte es besser mit den Leuten als sonst im Mai, und die Mücken spielten Ringelreihen bis tief in den Abend hinein, was dem Hängbauer freilich nicht recht gefallen wollte. Als gar das Gras lustig zu wachsen begann, stimmte ihn das gar nicht fröhlich, und er murrte: »Das Gras, das im März aus der Erde kommt, soll der Knecht mit der Drischel wieder hineinschlagen.« Wenn aber der Wind den

Alfred Kubin: Winter im Böhmerwald

Staub von den Straßen fegte, schmunzelte er behaglich: »Märzenstaub ist Gold und Silber wert.«

Die Leichtgläubigen, die sich von jedem Lächeln betören lassen, waren davon überzeugt, daß es nun weiterhin so schön bleiben werde, und die Kinder hofften auf eine frühe Kirschenreife. Alle aber meinten, der Winter habe für heuer ausgetanzt, räumten die Pudelmütze in die Truhe wie auch die Fäustlinge, und zur Fastnacht liefen die Buben in greulicher Vermummung, jedoch schon barfuß, den furchtsamen Mädchen nach.

Der Hängbauer aber traute der Vorfrühlingswärme nicht. Er sagte, sie sei eine sehr scheinheilige Angelegenheit, und wenn der Winter schon nicht im großen und im kleinen Horner geknurrt habe, so werde er dafür zu Ostern beißen oder gar erst im Mai, und es habe sich solches schon öfter denn einmal ereignet.

Die Osterwoche nahte, der Winter aber blieb aus. Die Buben aber trugen lauter goldblühende Palmbuschen zur Weihe, denen die Immen bis in die Kirche hinein nachschwärmten. Die Stare pfiffen sich heiser vor Lust, Busch und Wald widerhallten von Amselliedern, Pfauenauge und Zitronenfalter gaukelten selig, und die edelblaue Himmelsglocke war ein einziges großes Lerchenzelt.

Die ganze Woche hielt es so an, und an den Kartagen beteten die Bauern um Regen für das ausgedörrte Land.

Als sie aber am Samstagabend hinter der goldenen Monstranz her durch das Dorf wandelten, aller Osterfreude voll, das Wunder der Auferstehung, der Erlösung und des ewigen Lebens tief im Herzen spürend, ging die Sonne mattgelb hinter grauen Schleiern unter, die Amseln wurden merkwürdig still, und große Scharen von Krähen zogen krächzend vom Walde her über die Fluren. Am Ostersonntag rieben sich die Kinder, als sie zur Messe eilten, die Hände vor Kälte und klagten nach den Handschuhen. Und während des Hallelujas fing es zu schneien an, zaghaft und in einzelnen lockeren Flaumflocken. Als aber der Hängbauer heimwärts trachtete, da zerflossen sie nicht mehr auf der Erde, und als er, ein wandelnder Schneemann, bei seinem Hofe anlangte, da fiel es wie weiße Tücher vom Himmel, so daß die weite Welt nach Weihnachten aussah und nicht nach Ostern.

Was da bereits aufgeblüht war an Glöcklein und Veilchen, an Bechern und Sternen, begrub unbarmherzig der Schnee, und das Gold der Einödpalmen funkelte nicht mehr. Die Stare hockten mürrisch in ihren Bütten, streckten ab und zu das Köpfchen aus dem Schlupf und fanden sich schließlich damit ab, daß nichts anderes übrigbliebe als hungern und warten.

Wie der Hängbauer so an seiner Scheune vorbeistampfte, bemerkte er, wie an der dem Winde abgekehrten Seite eine Anzahl von Vögeln auf dem schmalen Streifen unbeschneiter Erde saß. Mit aufgeplustertem Gefieder schmiegten sie sich eng an den Sockel, zogen die Köpfe ein, und ihre Augen blickten in trauriger Verwunderung.

»Mein Gott, die Lerchen!« rief der Hängbauer aus, und es überkam ihn ein großes Mitleid mit den armen Geschöpfen. Ihre Not begreifend und den Tod, der in Gestalt des jäh zurückgekehrten Winters über ihnen lauerte, ging er in plötzlicher Eingebung hin und öffnete das Scheunentor, streute Heusamen und das Hintere vom Korn auf die Tenne und überlegte dabei, wie er weiterhin helfen könne, sollte der Schnee hartnäckig sein. Als er in die Stube trat, gebot er der Bäuerin, die beiden Katzen einzusperren, damit sie nicht Verwirrung und Unheil anrichteten. Nach dem Ostermahl aber watete er zum nächsten Gehöft und mahnte dort: »Tut das Scheunentor auf, sonst gehen uns die Lerchen ein!« Ein Einöder sagte es dem andern, und es taten sich überall die Tore auf für die vom Spätwinter überfallenen Lerchen.

Der Schnee fiel in Massen den Tag und die Nacht, und der Emmaustag fand das Land mit einer schier zwei Ellen hohen Decke zugeschlagen. Äste brachen unter der Last, und die Kinder bauten einen Schneemann, dem sie ein rotes und ein grünes Osterei in die kalten Arme drückten.

Eine Woche lang blieb der Schnee, eine Woche lang wohnten die Lerchen in den Scheunen und nährten sich dort. Als aber die Not vorbei war, verließen sie rasch die gastlichen Stätten, flogen in die Felder, stiegen wieder gen Himmel und lobten mit ihren gesegneten Kehlen Gott und die Menschen, ja, diesmal auch die Menschen.

Der Hängbauer aber hieß von jenen weißen Ostertagen an weit und breit nur mehr der Lerchenbauer, und er und seine Nachkommen trugen diesen Namen mit Stolz und in Ehren.

Hans Watzlik

Heilige Saat

Tief im Notwald hatte der Eibenstöcker einen kleinen versteckten Fleck Erde umgebrochen, dort wollte er heuer sein Korn bauen. Jahr für Jahr hatten ihm die Kriegsleute die Ernte verdorben. Diesmal sollten sie seinen Acker nimmer aufspüren.

Er wischte sich den beißenden Schweiß aus der Stirn und half der müden Kuh, die ihm den Pflug durch die unwegsame Gegend heimzog. »Halt dich still, Schelhorn«, warnte er sein Tier, »die Bauernschinder dürfen uns nit hören.«

Wo vormals das Dorf gewesen, lag nur mehr Asche und verkohltes Gebälk. Im vergangenen Herbst hatten durchziehende Kroaten das, was nach langer Kriegszeit noch geblieben war, ausgebrannt und ausgemordet bis auf Wurzel und Stengel. Die letzten Leute waren aus dem unglückseligen Ort geflohen.

Nur der alte Eibenstöcker hielt sich. Von aller Habe besserer Tage hatte er nur die dürre Kuh gerettet, die ihm am Acker half und ihn tröstete mit ihren stillen, geduldigen Augen.

Auf verwildertem Steig zogen Mensch und Tier den Pflug durch ein Dickicht in eine windschiefe, geborstene Scheuer. Dort drin hatten die Bauern während der übeln Jahre ihr Korn verborgen. Jetzt war die Scheuer leer.

Der Alte band die Kuh an einen Pfosten und legte ihr ein Bündel Heu vor. Hernach kroch er auf den Boden hinauf unters Bretterdach. Dort droben lag ein Sack mit Saatgetreide, den öffnete er und wühlte mit dem Arm tief hinein und ließ die Körnlein durch die Finger rieseln und freute sich des Spieles.

Schließlich schnürte er den Sack wieder sorglich zu, ließ sich damit auf die Tenne hinab und lud ihn auf die Schulter. »Heunt schlaf' ich bei euch, meine lieben Körnlein«, redete er. »Ich trau' nimmer. Ein Schuft könnt' euch mir stehlen.«

Auf krummem Rücken schleppte er den Schatz zu seinem Schlupf, einer elenden Holzhütte, sie war den Soldaten zum Anzünden zu schlecht gewesen.

Davor stand ein Kreuz. Der Eibenstöcker hatte es aus dem öden Dorf her verpflanzt: der Hergott hat gern Leute um sich, und auch der Alte war froh, daß er jemand bei der Hand hatte, mit dem er dann und wann reden konnte. Dem Gekreuzigten war der eine Arm abgeschlagen, nicht einmal die bittere Rast am Kreuz hatten sie ihrem Herrgott vergönnt, und so hing er mit wilder Gebärde vom Holz nieder, als wollte er sich davon lösen.

Der Bauer rückte den Hut. »Einen neuen Acker hab' ich aufgerissen, Herrgott. Eine heimliche Stelle ist es, du selber tätest sie nit finden. Und morgen bau' ich das Korn. Die Zeit ist da: der Wiedehopf ist schon kommen, und der Saft steigt aus den Wurzen ins Holz.«

Der am Kreuz droben klapperte traurig im Wind.

»Was greinst du, Herrgott? Sei nit verzagt! Ich bleib' bei dir im Notwald, ich lass' mich nit auswurzeln. Ich nit! Siebzig Jahr schon hause ich da. Und wo in aller Gotteswelt find' ich ein so mildes Wasser und eine so linde Luft wie daheim? Nein, nein, wenn du glaubst, Herrgott, ich renn' davon, da irrst du dich. Ein Bauer, wenn er schon zum Abdürren ist, er schlagt wieder aus wie eine Felberstaude. Das merk dir, Herrgott!«

In der finstern Stube legte er ächzend den Sack ab. Dann stellte er Wasser auf den verfallenen Ofen und brockte in den Topf ein erdschwarzes, steinhartes Brot. Das Feuer lebte auf, und Rauch erfüllte den Raum.

Der Bauer zog eine breite, plumpe Wiege herfür und trat sie, daß sie langsam schaukelte. »Darfst deinen Gang nit vergessen, Wiege«, mahnte er. »Die Zeit kommt, da liegen wieder kleine Bauern drin. Da wachsen die Kinder wieder wie das Grummet. Das Land wird nit leer.«

Er ließ die Wiege gehen und dachte seiner Brut, die einst drin gelegen und nun verdorben war vor lauter Krieg und lauter Krieg und verschollen, und er summte, und um den verwitterten Mund spielte ein halbverlerntes Lächeln. »Ei ja, Flachs will ich auch bauen, den Kindern sollen wieder Hemdlein wachsen«, nickte er.

Da lärmte es draußen. Ein Reiter klirrte vom Gaul herab und stieß das Haus auf. Ungestüme Augen brannten in einem zerfetzten, argen Gesicht.

»Was siedet auf deinem Ofen?« rief der Fremde. »Rupf mir auch eine Henne, Spitzbub!«

Der Alte nahm demütig die Haube ab. »Vergelt dir Gott den Gruß, Herr Schwed!«

»Her mit dem Geld, oder ich hau' dich, daß du elftausend schreist!«

»Bin ich der Talerschmied, Herr Reiter? Kann ich das Geld speiben? Ich hab' nix mehr. Fünfmal schon haben mich die Blutschinder ausgeraubt.«

Der Schwede bog sich den Bart. »He, schiltst du meinesgleichen? Verleugne dein Geld nit! Sonst soll dir das Mark aus dem Schädel rinnen, du Hundsquint!«

Dem Alten flog eine schier schwarze Röte übers Gesicht, und er hob den Hut wie zum Schlag.

Doch der Reiter stand prahlerisch in seiner üppigen Kraft und lachte: »Du machst mich nit blutrünstig, sieben wie dich steck' ich mir um den Hut. Jetzt, Kerl, tritt her und greif mir mein Fleisch und Blut an!« Sein Eisen fauchte durch die Luft. Und er hielt dem Alten den Schwertknauf unter die Nase.

»Da, schmeck! Da hinein sollt ihr Bauern noch beißen, bis euch die Zähne brechen!«

Der Eibenstöcker setzte sich schweigend zur Wiege hin.

Der Soldat aber riß den Topf vom Feuer und roch daran. »Bauernfraß!« sagte er und spie darein.

Hernach warf er sich in die Wiege, daß sie krachte.

»Wieg mich, Alter! Säum dich nit, runzel nit das Hirn. Wieg mich und sing!«

Da trat der Alte die Wiege. Sie bewegte sich knarrend unter der ungewohnten Last, und er sang eintönig dazu:

»Ist allweil wie g'wesen,
wird wieder wie sein,
ist alles vergangen,
wird das auch vergehn.«

Der Reiter in der Wiege lachte so unbändig, daß er um den Atem kam. »Du Narrentanz«, schrie er, »ist das ein seltsam Wiegenlied! Aber die Bauernzeit kommt nimmer, der Soldat ist ein ewiges Ding. Und nit ein Zaunstecken darf stehenbleiben in Deutschland.«

»Deutschland?« fragte der Alte. »Was für eine Gegend ist das?«

»Haha, du dummer Schelm, das ist das Land, das jetzt unter dir verbrennt.«

Mitten im Wiegen fuhr der Bauer auf und lauschte starr wie in etwas Furchtbares. Dann rannte er davon.

Draußen lockten und plärrten und muhten rauhe Soldatenkehlen in den hallenden Wald hinein, und des Eibenstöckers Kuh erwiderte in Heimweh nach Geschöpfen ihrer Art und verriet ihr Versteck.

Der Bauer kam gerade recht, zu schauen, wie die Schweden das Tier mit sich trieben. »Ihr Kriegsleut, ihr guten Kriegsleut«, bettelte er, »die eine Kuh laßt mir! Wie kann ich sonst leben?!«

»Friß Erde, wenn dich hungert!«

»Eggen muß ich mit ihr, Korn eineggen! Bitt euch, laßt mir das Viehlein!«

»Spann Wölfe vor die Egge!« entgegnete einer, legte auf den Alten an und schoß.

Aufheulend vor Leid und Wut, entrann der Bauer. Die Näherin war ihm genommen, die Helferin, an deren warmen Leib er sich oft trostsuchend gelehnt hatte im schweren Winter!

Der Abend sank. Raben durchstöberten den Wald, darüber der Mond wie ein goldenes Kuhhörnlein leuchtete.

Durch die Wildnis glomm ein roter, wilder Schein, Rauch wehte durch das Dämmer. Den Mann ergriff eine namenlos schreckliche Ahnung. Er keuchte heimzu.

Er hörte es prasseln und knallen. Seine Hütte brannte lichterloh.

Er sprang hinein, die brennende Wiege riß er heraus.

Hinter ihm brach das Dach sprühend ein, die Wände neigten sich. Das Haus sank in Glut.

Mit verwirrtem Blick folgte der Mann den Gebärden des Feuers. Die Hände hingen ihm müd. »Jetzt hab' ich kein Dach mehr, muß schlafen auf unserm Herrgott seinem Laub und Gras.«

Eine jähe Erkenntnis überrannte ihn. »Ach weh und überweh, mein Getreid' verbrennt, meine gelben Saatkörnlein!« Verzweifelt drang er gegen das Haus vor. Glut und zuckendes Licht wiesen ihn zurück.

»Das letzte Brot haben sie mir vom Maul gerissen«, winselte er. »Oh, meine guten Saatkörnlein! Jetzt ist es aus mit mir.«

An das hohe Kreuz trat er, den einarmigen Heiland riß er

herunter, reckte ihn gen das Feuer. »Da, schau her, Herrgott, das ist deine Ordnung!«

Aber er erschrak vor seinem Wort, er legte den Gekreuzigten auf den Rasen, warf sich hin und betete wirr und heftig. Die zerschundenen, geplagten Hände, die Hände mit den wilden Aderstriemen hob er gefaltet empor, als hielte er sein Gebet weit von sich.

»Herr, verzeih mir die Sünd'! Aber ich trag' viel. Sechsmal im Feuer! Das letzte Korn hin! Ich trag' es nimmer.«

Der Wind hob ihm das graue Haar. Die Flammen trieben ihr grausames Spiel.

»Hätt' ich die Saat in den Schnee gestreut, der harte Winter hätt' sich erbarmt und hätt' sie aufgehen lassen! O weh um die liebe Saat!«

Er legte den grauen Kopf auf das Heilandsholz und schluchzte.

»Irgendwann hat es Korn geregnet. Aber das geschieht nimmer, die Welt hat die Wunder verscheucht mit ihren blutigen Waffen. Waldauf, waldab ist das Land öd, und keinen Nachbar hab' ich mehr. Wer soll mir denn helfen?«

Er richtete sich auf. Die Sterne begannen den hellen, stillen Wandel.

Er murmelte: »Es ist allweil etwas, was den Himmel hält. Vor Zeiten, wie der Tod im roten Mantel sich hat über die Moldau fahren lassen und die Pestilenz mitgebracht hat in den Wald, da hat mancher gemeint, die Welt hört auf. Sie steht heut noch. Aber mir hilft nix mehr. Ich muß davonrennen aus dem Notwald.«

Sterne kreisten, Wald sauste, und der Bauer saß die lange Nacht vor dem schwelenden Haus.

Doch als der Morgen im Gewölk glühte, sprang er von der Erde auf, wie eine gebogene Rute aufschnellt. Die alte Scheuer suchte er heim.

Drin kniete er hin und tastete und spähte. Da lag ein Körnlein auf der Tenne, dort ein zweites, ein drittes. Er legte sie in seinen Hut. Dort barg sich eins in jener Fuge, unter einem grauen Brett fand er ein vergessenes Häuflein. Auf allen vieren kroch er herum und sammelte. Er kletterte auf den Boden und holte aus allen Ritzen die kärglich verstreuten Reste alter Ernten, und als es Abend wurde, war der Hut fast voll.

Und dann kniete er im Notwald auf dem aufgetanen Feld, er stach mit dem Finger kleine Löcher in den Grund, legte in jedes zärtlich ein Korn und deckte es sanft und sorgsam mit Erde. Der Frost sollte keines davon töten, kein Vogel eines finden, kein Wind eines verwehen.

Zwei rauhe Tage kniete er gebückt über das mühselige Werk, und da er es vollbracht hatte, sagte er: »Herrgott, ich dank' dir, daß du mir langsamem Mann die Geduld gibst. Und so soll es nit unter mir verderben, mein Flecklein Deutschland.«

Aus dem Gewölk fuhr ein lichter, starker Sonnenstrahl und berührte den Bauer, und ihm war, Gott senkte ein starkes Samenkorn in seine Seele, und ihn schauderte.

ROBERT MICHEL

Der Maulwurf

Franz Hager war ein menschenscheuer Sonderling, der, obwohl er normal gewachsen war, den Eindruck erweckte, als hinke er oder als sei er verkrüppelt. Er schaute ungepflegt aus und trug seine Kleider wie ein Schneckenhaus, in das er sich verkriechen wollte. Zum Wohnen hatte er ein finsteres Parterrezimmer gemietet, und es hieß, daß er ein Gelehrter sei, aber niemand wußte, welcher Wissenschaft er oblag, denn es interessierte sich niemand dafür. Alle Leute, die ihn kannten, nannten ihn einen »Maulwurf«; und damit war alles abgetan. Umgang mit ihm suchte keiner. Seine Hausfrau war wohl der einzige Mensch, mit dem er manchmal sprach, allerdings nur, um ihr bei jeder Begegnung in kurz ausgestoßenen Sätzen irgendwelche Vorwürfe zu machen, denn er hatte außerordentlich empfindsame Nerven und fand deshalb täglich Ursachen zu Beschwerden. Die Frau war eine gutmütige Person und ließ ihn gewähren, solange er seine Miete in Ordnung zahlte.

Eines Tages aber hatte Hager die dickliche Frau doch mehr als sonst aus der Fassung gebracht; sie antwortete ihm scharf, und als er noch nicht nachgab, schrie sie ihn an: »Sie Maulwurf!« Hager wurde rot vor Zorn und blickte sie mit stechenden Augen an, als überlege er, wie er sich rächen könne. Da bekam sie plötzlich Angst, und wie zu ihrer Entschuldigung setzte sie ihm auseinander, daß sie ihn nicht kränken wollte und daß doch alle Leute von ihm sagten, er sei ein Maulwurf. Damit hatte sie aber Öl ins Feuer gegossen. Er begann zu schnauben und zu zischen, drohte mit der Klage und wollte die Namen aller jener erfahren, die es gewagt hatten, ihn einen

Maulwurf zu nennen. Er gebärdete sich wie ein Irrsinniger. Der niederschmetternde Eindruck, den der Ausspruch der Frau bei ihm hervorgebracht hatte, hielt auch die nächsten Tage an. Er hatte als echter Großstädter keine richtige Vorstellung von dem Tier, mit dem man ihn gewissermaßen gleichstellte, sondern das Wort rief nur eine sehr unbestimmte Ahnung in ihm wach von einem kläglichen, rattenartigen Geschöpf, das sich immer in der schmutzigen Erde verkriecht. Dann fand er in einem naturwissenschaftlichen Werk: daß der Maulwurf in seiner unterirdischen Behausung, in der ihm weder großartig und weitläufig entwickelte Ohren noch Augen viel nützen könnten, im Gegenteil eher schaden würden, die leiseste Bewegung eines Regenwurmes oder einer Insektenlarve dank seiner empfindsamen Nerven als Bodenerschütterung wahrnehme. Er schlug das Buch entsetzt zu. Er selbst hörte schlecht, sah schlecht und sein Nervensystem war wie ein Seismograph.

Am nächsten Tag machte er nochmals einen Versuch, in dem Buch zu lesen. Er fand: daß es etwa zwanzig Arten von Maulwürfen gebe, daß aber trotzdem in großen Ländergebieten dieses Tier nicht vorkomme, wie in Südamerika, in Afrika, in Australien, auf den Papua-Inseln, auf Neu-Guinea und in Polynesien. Da empfand Hager eine gewisse Erleichterung: es blieb ihm die Möglichkeit, in ein Land auszuwandern, in dem es keine Maulwürfe gibt. Er unterrichtete sich nun mit etwas mehr Ruhe weiter aus diesem Buch, und mit einem gewissen Ingrimm las er die Schilderung, wie dieses Tier mit den Regenwürmern umgeht: es lege sich tief in der Erde – geschützt vor dem Frost des Winters und der Trockenheit des Sommers – Regenwürmermagazine an, in die es die unglücklichen Würmer aufspeichere, nachdem es sie vorher in solcher Art zerbissen hat, daß sie weder leben noch sterben, am allerwenigsten aber entfliehen können. So wäre er selbst gern auch mit den Menschen verfahren, die so bösartig waren, ihm diesen Spottnamen beizulegen.

Indessen genügten ihm die Aufklärungen der Bücher bald nicht mehr; er hatte das Verlangen, einen Maulwurf aus der Nähe kennenzulernen. Er fragte in einigen Tierhandlungen nach, aber erst in einem kleinen Laden in der Vorstadt fand er, was er suchte, doch war er nicht dazu zu bewegen, das Tier selbst in einer kleinen Schachtel mitzunehmen. Mit allerlei Ausflüchten brachte er den Händler dahin, daß er ihm den Maulwurf am nächsten Tag in die Wohnung zustelle.

Ein Terrarium mit blanken Glaswänden, zum großen Teil mit Erde angefüllt, stand schon bereit. Als nun das Tierchen in den Käfig gesetzt worden war und sich ängstlich auf der Erde hin und her warf, wobei es hohe, kreischende Töne ausstieß, flüchtete Hager in die entfernteste Zimmerecke. Erst nachdem sich der Maulwurf einigermaßen beruhigt hatte, kam Hager vorsichtig heran; er selbst aber war immer noch so erregt, daß er das kleine Geschöpf wie in einem verzerrenden trüben Spiegel sah. Da überkam ihn eine teuflische Lust, den armen Wicht zu töten, zu zerschmettern, ganz aus dem Dasein zu tilgen. Das hätte ihm unsäglich wohlgetan, aber der Mut hiezu fehlte ihm.

Allmählich legte sich Hagers Erregung, und je länger er seinen neuen Hausgenossen beobachtete, desto größer wurde die Verwunderung in ihm: wie wunderbar schön war eigentlich dieses Tier. Das Fell war sauber und von glänzendem lebendigen Schwarz, und nimmer wäre es Hager eingefallen, einen Vergleich dieses zauberhaften Naturpelzes mit einem leblosen Samtstoff anzustellen, wie er ihn in einem Buche gefunden hatte. Die winzigen Augen und Ohren, das überaus zarte, rosige Rüsselchen und auch die kurzen Pfoten mit den feinen spitzigen Krallen, das alles war von einer phantastischen und doch lieblichen Schönheit. Auch als der Maulwurf sich in die Erde eingrub, wirkte dieses Tun nicht abstoßend, und wie er dann wieder hervorkroch, war er von seiner wühlenden Arbeit im Dunkeln nicht beschmutzt. Hager konnte sich von dem Terrarium gar nicht mehr abwenden. Alles, was er da zu sehen bekam, wirkte auf ihn wie eine Erlösung. Sein Groll gegen die Menschen machte einem wohligen Selbstgefühl Platz, das von Stunde zu Stunde wuchs.

Am nächsten Morgen machte er sorgfältig Toilette; er bestellte bei einem guten Schneider einen neuen Anzug, besorgte sich Wäsche und Krawatten und überdies einen glänzenden dunklen Hut.

Nachmittags nahm er den kleinen Maulwurf in eine Schachtel und wanderte mit ihm aus der Stadt hinaus. Bei einem Weingarten öffnete er die Schachtel, und nachdem er das Tierchen lange und liebevoll gestreichelt hatte, gab er es frei.

Von diesem Tage an war Hager nicht wieder zu erkennen. Er war gut angezogen, sah wohlgepflegt aus und hatte eine heitere Miene. Und bald dachte niemand mehr daran, ihn einen Maulwurf zu nennen, obwohl er doch seiner Ansicht nach erst jetzt ein richtiger Maulwurf geworden war.

Marie von Ebner-Eschenbach

Er laßt die Hand küssen

»So reden Sie denn in Gottes Namen«, sprach die Gräfin, »ich werde Ihnen zuhören; glauben aber nicht ein Wort.«

Der Graf lehnte sich behaglich zurück in seinen großen Lehnsessel: »Und warum nicht?« fragte er.

Sie zuckte leise mit den Achseln: »Vermutlich erfinden Sie nicht überzeugend genug.«

»Ich erfinde gar nicht, ich erinnere mich. Das Gedächtnis ist meine Muse.«

»Eine einseitige, wohldienerische Muse! Sie erinnert sich nur der Dinge, die Ihnen in den Kram passen. Und doch gibt es auf Erden noch manches Interessante und Schöne, außer dem – Nihilismus.« Sie hatte ihre Häkelnadel erhoben und das letzte Wort wie einen Schuß gegen ihren alten Verehrer abgefeuert.

Er vernahm es ohne Zucken, strich behaglich seinen weißen Bart und sah die Gräfin beinahe dankbar aus seinen klugen Augen an. »Ich wollte Ihnen etwas von meiner Großmutter erzählen«, sprach er. »Auf dem Wege hierher, mitten im Walde ist es mir eingefallen.«

Die Gräfin beugte den Kopf über ihre Arbeit und murmelte: »Wird eine Räubergeschichte sein.«

»O nichts weniger! So friedlich wie das Wesen, durch dessen Anblick jene Erinnerung in mir wachgerufen wurde, Mischka IV. nämlich, ein Urenkel des ersten Mischka, der meiner Großmutter Anlaß zu einer kleinen Übereilung gab, die ihr später leid getan haben soll«, sagte der Graf mit etwas affektierter Nachlässigkeit und fuhr dann wieder eifrig fort: »Ein sauberer Heger, mein Mischka, das muß man ihm lassen!

Er kriegte aber auch keinen geringen Schrecken, als ich ihm unvermutet in den Weg trat – hatte ihn vorher schon eine Weile beobachtet... Wie ein Käfersammler schlich er umher, die Augen auf den Boden geheftet, und was hatte er im Laufe seines Gewehres stecken? Denken Sie: – ein Büschel Erdbeeren!«

»Sehr hübsch!« versetzte die Gräfin. »Machen Sie sich darauf gefaßt – in Bälde wandern Sie zu mir herüber durch die Steppe, weil man Ihnen den Wald fortgetragen haben wird.«

»Der Mischka wenigstens verhindert's nicht.«

»Und Sie sehen zu?«

»Und ich sehe zu. Ja, ja, es ist schrecklich. Die Schwäche liegt mir im Blut – von meinen Vorfahren her.« Er seufzte ironisch und sah die Gräfin mit einer gewissen Tücke von der Seite an.

Sie verschluckte ihre Ungeduld, zwang sich zu lächeln und suchte ihrer Stimme einen möglichst gleichgültigen Ton zu geben, indem sie sprach: »Wie wär's, wenn Sie noch eine Tasse Tee trinken und die Schatten Ihrer Ahnen heute einmal ungeschoren lassen würden? Ich hätte mit Ihnen vor meiner Abreise noch etwas zu besprechen.«

»Ihren Prozeß mit der Gemeinde? – Sie werden ihn gewinnen.«

»Weil ich recht habe.«

»Weil Sie vollkommen recht haben.«

»Machen Sie das den Bauern begreiflich. Raten Sie ihnen, die Klage zurückzuziehen.«

»Das tun sie nicht.«

»Verbluten sich lieber, tragen lieber den letzten Gulden zum Advokaten. Und zu welchem Advokaten, guter Gott! ... ein ruchloser Rabulist. Dem glauben sie, mir nicht, und wie mir scheint, Ihnen auch nicht, trotz all Ihrer Popularitätshascherei!«

Die Gräfin richtete die hohe Gestalt empor und holte tief Atem. »Gestehen Sie, daß es für diese Leute, die so töricht vertrauen und mißtrauen, besser wäre, wenn ihnen die Wahl ihrer Ratgeber nicht freistände.«

»Besser wär's natürlich! Ein bestellter Ratgeber, und – auch bestellt – der Glaube an ihn.«

»Torheit!« zürnte die Gräfin.

»Wieso? Sie meinen vielleicht, der Glaube lasse sich nicht bestellen? ... Ich sage Ihnen, wenn ich vor vierzig Jahren meinem Diener eine Anweisung auf ein Dutzend Stockprügel gab und dann den Rat, aufs Amt zu gehen, um sie einzukassieren, nicht einmal im Rausch wäre es ihm eingefallen, daß er etwas Besseres tun könnte, als diesen meinen Rat befolgen.«

»Ach, Ihre alten Schnurren! – Und ich, die gehofft hatte, Sie heute ausnahmsweise zu einem vernünftigen Gespräch zu bringen!«

Der alte Herr ergötzte sich eine Weile an ihrem Ärger und sprach dann: »Verzeihen Sie, liebe Freundin. Ich bekenne, Unsinn geschwatzt zu haben. Nein, der Glaube läßt sich nicht bestellen; aber leider der Gehorsam ohne Glauben. Das eben war das Unglück des armen Mischka und so mancher anderer, und deshalb bestehen heutzutage die Leute darauf, wenigstens auf ihre eigene Fasson ins Elend zu kommen.«

Die Gräfin erhob ihre nachtschwarzen, noch immer schönen Augen gegen den Himmel, bevor sie dieselben wieder auf ihre Arbeit senkte und mit einem Seufzer der Resignation sagte: »Die Geschichte Mischkas also!«

»Ich will sie so kurz machen wie möglich«, versetzte der Graf, »und mit dem Augenblick beginnen, in dem meine Großmutter zum erstenmal auf ihn aufmerksam wurde. Ein hübscher Bursche muß er gewesen sein; ich besinne mich eines Bildes von ihm, das ein Künstler, der sich einst im Schlosse aufhielt, gezeichnet hatte. Zu meinem Bedauern fand ich es nicht im Nachlaß meines Vaters und weiß doch, daß er es lange aufbewahrt hat, zum Andenken an die Zeiten, in denen wir noch das *jus gladii*[1] ausübten.«

»O Gott!« unterbrach ihn die Gräfin, »spielt das *jus gladii* eine Rolle in Ihrer Geschichte?«

Der Erzähler machte eine Bewegung der höflichen Abwehr und fuhr fort: »Es war bei einem Erntefest und Mischka einer der Kranzträger, und er überreichte den seinen schweigend, aber nicht mit gesenkten Augen, sah vielmehr die hohe Gebieterin ernsthaft und unbefangen an, während ein Aufseher im Namen der Feldarbeiter die übliche Ansprache herunterleierte.

Meine Großmutter erkundigte sich nach dem Jungen und hörte, er sei ein Häuslersohn, zwanzig Jahre alt, ziemlich brav, ziemlich fleißig und so still, daß er als Kind für stumm gegolten hatte, für dummlich galt er noch jetzt. – Warum? wollte die Herrin wissen; warum galt er für dummlich?... Die befragten Dorfweisen senkten die Köpfe, blinzelten einander verstohlen zu und mehr als: ›So – ja eben so‹, und – ›je nun, wie's schon ist‹, war aus ihnen nicht herauszubringen.

Nun hatte meine Großmutter einen Kammerdiener, eine wahre Perle von einem Menschen. Wenn er mit einem Vornehmen sprach, verklärte sich sein Gesicht dergestalt vor Freude, daß es beinahe leuchtete. Den schickte meine Großmutter anderen Tages zu den Eltern Mischkas mit der Botschaft, ihr Sohn sei vom Feldarbeiter zum Gartenarbeiter avanciert und habe morgen den neuen Dienst anzutreten.

Der eifrigste von allen Dienern flog hin und her und stand bald wieder vor seiner Gebieterin. ›Nun‹, fragte diese – ›was

[1] Zur Zeit der Leibeigenschaft Gerichtsbarkeit über Leben und Tod der Untertanen.

sagen die Alten?‹ Der Kammerdiener schob das rechte, auswärts gedrehte Bein weit vor ...«

»Waren Sie dabei?« fiel die Gräfin ihrem Gaste ins Wort.

»Bei dieser Referenz gerade nicht, aber bei späteren des edlen Fritz«, erwiderte der Graf, ohne sich irremachen zu lassen. »Er schob das Bein vor, sank aus Ehrfurcht völlig in sich zusammen und meldete, die Alten schwämmen in Tränen der Dankbarkeit.

›Und der Mischka?‹

›O der‹ – lautete die devote Antwort, und nun rutschte das linke Bein mit anmutigem Schwunge vor – ›o der – der laßt die Hand küssen.‹

Daß es einer Tracht väterlicher Prügel bedurft hatte, um den Burschen zu diesem Handkuß in Gedanken zu bewegen, verschwieg Fritz. Die Darlegung der Gründe, die Mischka hatte, die Arbeit im freien Felde der im Garten vorzuziehen, würde sich für Damenohren nicht geschickt haben. – Genug, Mischka trat die neue Beschäftigung an und versah sie schlecht und recht. ›Wenn er fleißiger wäre, könnt's nicht schaden‹, sagte der Gärtner. Dieselbe Bemerkung machte meine Großmutter, als sie einmal vom Balkon aus zusah, wie die Wiese vor dem Schlosse gemäht wurde. Was ihr noch auffiel, war, daß alle andern Mäher von Zeit zu Zeit einen Schluck aus einem Fläschchen taten, das sie unter einem Haufen abgelegter Kleider hervorzogen und wieder darin verbargen. Mischka war der einzige, der diesen Quell der Labung verschmähend sich aus einem irdenen, im Schatten des Gebüsches aufgestellten Krüglein erquickte. Meine Großmutter rief den Kammerdiener. ›Was haben die Mäher in der Flasche?‹ fragte sie. – ›Branntwein, hochgräfliche Gnaden.‹ – ›Und was hat Mischka in dem Krug?‹

Fritz verdrehte die runden Augen, neigte den Kopf auf die Seite, ganz wie unser alter Papagei, dem er ähnlich sah wie ein Bruder dem anderen, und antwortete schmelzenden Tones: ›Mein Gott, hochgräfliche Gnaden – Wasser!‹

Meine Großmutter wurde sogleich von einer mitleidigen Regung ergriffen und befahl, allen Gartenarbeitern nach vollbrachtem Tagewerk Branntwein zu reichen. ›Dem Mischka auch‹, setzte sie noch eigens hinzu.

Diese Anordnung erweckte Jubel. Daß Mischka keinen Branntwein trinken wollte, war einer der Gründe, warum man ihn für dummlich hielt. Jetzt freilich, nachdem die Einladung der Frau Gräfin an ihn ergangen, war's aus mit Wollen und Nichtwollen. Als er in seiner Einfalt sich zu wehren versuchte, ward er *mores* gelehrt, zur höchsten Belustigung der Alten und der Jungen. Einige rissen ihn auf den Boden nieder, ein handfester Bursche schob ihm einen Keil zwischen die vor Grimm zusammengebissenen Zähne, ein zweiter setzte ihm das Knie auf die Brust und goß ihm so lange Branntwein ein, bis sein Gesicht so rot und der Ausdruck desselben so furchtbar wurde, daß die übermütigen Quäler sich selbst davor entsetzten. Sie gaben ihm etwas Luft, und gleich hatte er sie mit einer wütenden Anstrengung abgeschüttelt, sprang auf und ballte die Fäuste ... aber plötzlich sanken seine Arme, er taumelte und fiel zu Boden. Da fluchte, stöhnte er, suchte mehrmals vergeblich sich aufzuraffen und schlief endlich auf dem Fleck ein, auf den er hingestürzt war, im Hofe vor der Scheune, schlief bis zum nächsten Morgen, und als er erwachte, weil ihm die aufgehende Sonne auf die Nase schien, kam just der Knecht vorbei, welcher ihm gestern den Branntwein eingeschüttet hatte. Der wollte schon die Flucht ergreifen, nichts anderes erwartend, als daß Mischka für die gestrige Mißhandlung Rache üben werde. Statt dessen reckt sich der Bursche, sieht den andern traumselig an und lallt: ›Noch einen Schluck!‹

Sein Abscheu vor dem Branntwein war überwunden.

Bald darauf, an einen Sonntagnachmittag, begab es sich, daß meine Großmutter auf ihrer Spazierfahrt, von einem hübschen Feldweg gelockt, ausstieg und bei Gelegenheit dieser Wanderung eine idyllische Szene belauschte. Sie sah Mischka unter einem Apfelbaum am Feldrain sitzen, ein Kindlein in seinen Armen. Wie er selbst, hatte auch das Kind den Kopf voll dunkelbrauner Löckchen, der wohlgebildete kleine Körper hingegen war von lichtbrauner Farbe und das armselige Hemdchen, das denselben notdürftig bedeckte, hielt die Mitte zwischen den beiden Schattierungen. Der kleine Balg krähte förmlich vor Vergnügen, sooft ihn Mischka in die Höhe schnellte, stieß mit den Füßchen gegen dessen Brust und suchte ihm mit dem ausgestreckten Zeigefinger in die Augen zu fahren. Und Mischka lachte und schien sich mindestens ebensogut zu unterhalten wie das Bübchen. Dem Treiben der beiden sah ein junges Mädchen zu, auch ein braunes Ding und so zart und zierlich, als ob ihre Wiege am Ganges gestanden hätte. Sie trug über dem geflickten kurzen Rocke eine ebenfalls geflickte Schürze und darin einen kleinen Vorrat aufgelesener Ähren. Nun brach sie eine derselben vom Stiele, schlich sich an Mischka heran und ließ ihm die Ähre zwischen der Haut und dem Hemd ins Genick gleiten. Er schüttelte sich, setzte das Kind auf den Boden und sprang dem Mädchen nach, das leicht und hurtig und ordentlich wie im Tanze vor ihm floh; einmal pfeilgerade, dann wieder einen Garbenschober umkreisend, voll Ängstlichkeit und dabei doch neckend und immer höchst anmutig. Allerdings ist bei unseren Landleuten eine gewisse angeborene Grazie nichts Seltenes, aber diese beiden jungen Geschöpfe gewährten in ihrer harmlosen Lustigkeit ein so angenehmes Schauspiel, daß meine Großmutter es mit wahrem Wohlgefallen genoß. Einen andern Eindruck brachte hingegen ihr Erscheinen auf Mischka und das Mädchen hervor. Wie versteinert standen beide beim Anblick der Gutsherrin. Er, zuerst gefaßt, neigte sich beinahe bis zur Erde, sie ließ die Schürze samt den Ähren sinken und verbarg das Gesicht in den Händen.

Beim Souper, an welchem, wie an jeder Mahlzeit, der Hofstaat, bestehend aus einigen armen Verwandten und aus den Spitzen der gräflichen Behörden, teilnahm, sagte meine Großmutter zum Herrn Direktor, der neben ihr saß: ›Die Schwester des Mischka, des neuen Gartenarbeiters, scheint mir ein nettes, flinkes Mädchen zu sein, und ich wünsche, es möge für die Kleine ein Posten ausgemittelt werden, an dem sie sich etwas verdienen kann.‹ Der Direktor erwiderte: ›Zu Befehl, hochgräfliche Gnaden, sogleich ... obwohl der Mischka meines Wissens eine Schwester eigentlich gar nicht hat.‹

›Ihres Wissens‹, versetzte meine Großmutter, ›das ist auch etwas, Ihr Wissen! ... Eine Schwester hat Mischka und ein Brüderchen. Ich habe heute alle drei auf dem Felde gesehen.‹

›Hm, hm‹, lautete die ehrerbietige Entgegnung, und der Direktor hielt die Serviette vor den Mund, um den Ton seiner Stimme zu dämpfen, ›es wird wohl – ich bitte um Verzeihung des obszönen Ausdrucks – die Geliebte Mischkas und, mit Respekt zu sagen, ihr Kind gewesen sein.‹«

Der unwilligen Zuhörerin dieser Erzählung wurde es immer schwerer, an sich zu halten, und sie rief nun: »Sie behaupten, daß Sie nicht dabei waren, als diese denkwürdigen Reden gewechselt wurden? Woher wissen Sie denn nicht nur über jedes Wort, sondern auch über jede Miene und Gebärde zu berichten?«

»Ich habe die meisten der Beteiligten gekannt und weiß – ein bißchen Maler, ein bißchen Dichter wie ich nun einmal bin –, weiß aufs Haar genau, wie sie sich in einer bestimmten Lage benommen und ausgedrückt haben müssen. Glauben Sie Ihrem treuen Berichterstatter, daß meine Großmutter nach der Mitteilung, welche der Direktor ihr gemacht, eine Wallung des Zornes und der Menschenverachtung hatte. Wie gut und fürsorglich für ihre Untertanen sie war, darüber können Sie nach dem bißchen Gehörten nicht im Zweifel sein. Im Punkte der Moral jedoch verstand sie nur äußerste Strenge, gegen sich selbst nicht minder als gegen andere. Sie hatte oft erfahren, daß sie bei Männern und Frauen der Sittenverderbnis nicht zu steuern vermöge, der Sittenverderbnis bei halbreifen Geschöpfen jedoch, der mußte ein Zügel angelegt werden können. – Meine Großmutter schickte ihren Kammerdiener wieder zu den Eltern Mischkas. Mit der Liebschaft des Burschen habe es aus zu sein. Das sei eine Schande für so einen Buben, ließ sie sagen, ein solcher Bub habe an andere Dinge zu denken.

Der Mischka, der zu Hause war, als die Botschaft kam, schämte sich in seine Haut hinein ...«

»Es ist doch stark, daß Sie jetzt gar in der Haut Mischkas stecken wollen!« fuhr die Gräfin höhnisch auf.

»Bis über die Ohren!« entgegnete der Graf, »bis über die Ohren steck' ich darin! Ich fühle, als wäre ich es selbst, die Bestürzung und Beschämung, die ihn ergriff. Ich sehe ihn, wie er sich windet in Angst und Verlegenheit, einen scheuen Blick auf Vater und Mutter wirft, die auch nicht wissen, wo ein und aus vor Schrecken, ich höre sein jammervoll klingendes Lachen bei den Worten des Vaters: ›Erbarmen Sie sich, Herr Kammerdiener! Er wird ein Ende machen, das versteht sich, gleich wird er ein Ende machen!‹

Diese Versicherung genügte dem edlen Fritz, er kehrte ins Schloß zurück und berichtete, glücklich über die treffliche Erfüllung seiner Mission, mit den gewohnten Kniebeugungen und dem gewohnten demütigen und freudestrahlenden Ausdruck in seiner Vogelphysiognomie: ›Er laßt die Hand küssen, er wird ein Ende machen.‹«

»Lächerlich!« sagte die Gräfin.

»Höchst lächerlich!« bestätigte der Graf. »Meine gute, vertrauensselige Großmutter hielt die Sache damit für abgetan, dachte auch nicht weiter darüber nach. Sie war sehr in Anspruch genommen durch die Vorbereitungen zu den großen Festen, die alljährlich am 10. September, ihrem Geburtstage, im Schlosse gefeiert wurden, und einen Vor- und Nachtrab von kleinen Festen hatten. Da kam die ganze Nachbarschaft zusammen, und Déjeuners, auf dem grünen Teppich der Wiesen, Jagden, Pirutschaden[2], Soupers bei schönster Waldbeleuchtung, Bälle – und so weiter folgten einander in fröhlicher Reihe... Man muß gestehen, unsere Alten verstanden Platz einzunehmen und Lärm zu machen in der Welt. Gott weiß, wie langweilig und öde unser heutiges Leben auf dem Schlosse ihnen erscheinen müßte.«

»Sie waren eben große Herren«, entgegnete die Gräfin bitter, »wir sind auf das Land zurückgezogene Armenväter.«

»Und – Armenhüter«, versetzte der Graf mit einer galanten Verneigung, die von derjenigen, der sie galt, nicht eben gnädig aufgenommen wurde. Der Graf aber nahm sich das Mißfallen, das er erregt hatte, keineswegs zu Herzen, sondern spann mit hellem Erzählerbehagen den Faden seiner Geschichte fort:

»So groß der Dienertroß im Schlosse auch war, während der Dauer der Festlichkeiten genügte er doch nicht, und es mußten da immer Leute aus dem Dorfe zur Aushilfe requiriert werden. Wie es kam, daß sich gerade dieses Mal auch Mischkas Geliebte unter ihnen befand, weiß ich nicht, genug, es war der Fall, und die beiden Menschen, die einander hätten meiden sollen, wurden im Dienste der Gebieterin noch öfter zusammengeführt, als dies in früheren Tagen bei der gemeinsamen Feldarbeit geschehen war. Er, mit einem Botengang

[2] Festliche Wagenfahrten innerhalb des Parkgeländes.

betraut, lief vom Garten in die Küche, sie, von der Küche in den Garten – manchmal trafen sie sich auch unterwegs und verweilten plaudernd ein Viertelstündchen ...«

»Äußerst interessant!« spottete die Gräfin – »wenn man doch nur wüßte, was sie einander gesagt haben.«

»O, wie Sie schon neugierig geworden sind! – aber ich verrate Ihnen nur, was unumgänglich zu meiner Geschichte gehört. – Eines Morgens lustwandelte die Schloßfrau mit ihren Gästen im Garten. Zufällig lenkte die Gesellschaft ihre Schritte nach einem selten betretenen Laubgang und gewahrte am Ende desselben ein junges Pärchen, das, aus verschiedenen Richtungen kommend, wie freudig überrascht stehenblieb. Der Bursche, kein anderer als Mischka, nahm das Mädchen rasch in die Arme und küßte es, was es sich ruhig gefallen ließ. Ein schallendes Gelächter brach los – von den Herren und, ich fürchte, auch von einigen der Damen ausgestoßen, die der Zufall zu Zeugen dieses kleinen Auftritts gemacht hatte. Nur meine Großmutter nahm nicht teil an der allgemeinen Heiterkeit. Mischka und seine Geliebte stoben natürlich davon. Der Bursche – man hat es mir erzählt« – kam der Graf scherzend einer voraussichtlichen Einwendung der Gräfin entgegen, »glaubte in dem Augenblick sein armes Mädchen zu hassen. Am selben Abend jedoch überzeugte er sich des Gegenteils, als er nämlich erfuhr, die Kleine werde mit ihrem Kinde nach einer anderen Herrschaft der Frau Gräfin geschickt; zwei Tagereisen weit für einen Mann, für eine Frau, die noch dazu ein anderthalb Jahre altes Kind mitschleppen mußte, wohl noch einmal soviel. – Mehr als: ›Herrgott! Herrgott! o du lieber Herrgott!‹ sprach Mischka nicht, gebärdete sich wie ein Träumender, begriff nicht, was man von ihm wolle, als es hieß, an die Arbeit gehen – warf plötzlich den Rechen, den ein Gehilfe ihm samt einem erwekkenden Rippenstoße verabfolgte, auf den Boden und rannte ins Dorf, nach dem Hüttchen, in dem seine Geliebte bei ihrer kranken Mutter wohnte, das heißt gewohnt hatte; denn nun war es damit vorbei. Die Kleine stand reisefertig am Lager der völlig gelähmten Alten, die ihr nicht einmal zum Abschiedssegen die Hand aufs Haupt legen konnte und die bitterlich weinte. ›Hört jetzt auf zu weinen‹, sprach die Tochter, ›hört auf, liebe Mutter. Wer soll Euch denn die Tränen abwischen, wenn ich einmal fort bin?‹

Sie trocknete die Wangen ihrer Mutter und dann auch ihre eigenen mit der Schürze, nahm ihr Kind an die Hand und das Bündel mit ihren wenigen Habseligkeiten auf den Rücken und ging ihres Weges an Mischka vorbei, und wagte nicht einmal, ihn anzusehen. Er aber folgte ihr von weitem, und als der Knecht, der dafür zu sorgen hatte, daß sie ihre Wanderung auch richtig antrete, sie auf der Straße hinter dem Dorfe verließ, war Mischka bald an ihrer Seite, nahm ihr das Bündel ab, hob das Kind auf den Arm und schritt so neben ihr her.

Die Feldarbeiter, die in der Nähe waren, wunderten sich: – ›Was tut er denn, der Tropf? ... Geht er mit? Glaubt er, weil er so dumm ist, daß er nur so mitgehen kann?‹

Bald nachher kam keuchend und schreiend der Vater Mischkas gerannt: ›O ihr lieben Heiligen, heilige Mutter Gottes! hab ich mir's doch gedacht – seiner Dirne läuft er nach, bringt uns noch alle ins Unglück ... Mischka! Sohn – mein Junge! ... Nichtsnutz! Teufelsbrut!‹ – jammerte und fluchte er abwechselnd.

Als Mischka die Stimme seines Vaters hörte und ihn mit drohend geschwungenem Stock immer näher herankommen sah, ergriff er die Flucht zur größten Freude des Knäbleins, das ›Hott! hott!‹ jauchzte. Bald jedoch besann er sich, daß er seine Gefährtin, die ihm nicht so rasch folgen konnte, im Stiche gelassen, wandte sich und lief zu ihr zurück. Sie war bereits von seinem Vater erreicht und zu Boden geschlagen worden. Wie wahnsinnig raste der Zornige, schlug drein mit den Füßen und mit dem Stock und ließ seinen ganzen Grimm über den Sohn an dem wehrlosen Geschöpfe aus.

Mischka warf sich dem Vater entgegen, und ein furchtbares Ringen zwischen den beiden begann, das mit der völligen Niederlage des Schwächeren, des Jüngeren, endete. Windelweich geprügelt, aus einer Stirnwunde blutend, gab er den Kampf und den Widerstand auf. Der Häusler faßte ihn am Hemdkragen und zerrte ihn mit sich; der armen, kleinen Frau aber, die sich inzwischen mühsam aufgerafft hatte, rief er zu: ›Mach fort!‹

Sie gehorchte lautlos, und selbst die Arbeiter auf dem Felde, stumpfes, gleichgültiges Volk, fühlten Mitleid und sahen ihr lange nach, wie sie so dahinwankte mit ihrem Kinde, so hilfsbedürftig und so völlig verlassen.

In der Nähe des Schlosses trafen Mischka und sein Vater den Gärtner, den der Häusler sogleich als ›gnädiger Herr‹ ansprach und flehentlich ersuchte, nur eine Stunde Geduld zu haben mit seinem Sohne. In einer Stunde werde Mischka gewiß wieder bei der Arbeit sein; jetzt müsse er nur geschwind heimgehen und sich waschen und sein Hemd auch. Der Gärtner fragte: ›Was ist ihm denn? er ist ja ganz blutig.‹ – ›Nichts ist ihm‹, lautete die Antwort, ›er ist nur von der Leiter gefallen.‹

Mischka hielt das Wort, das sein Vater für ihn gegeben, und war eine Stunde später richtig wieder bei der Arbeit. Am Abend aber ging er ins Wirtshaus und trank sich einen Rausch an, den ersten freiwilligen, war überhaupt seit dem Tage wie verwandelt. Mit dem Vater, der ihn gern versöhnt hätte, denn Mischka war, seitdem er im Schloßgarten Beschäftigung gefunden, ein Kapital geworden, das Zinsen trug, sprach er kein Wort, und von dem Gelde, das er verdiente, brachte er keinen Kreuzer nach Hause. Es wurde teils für Branntwein verausgabt, teils für Unterstützungen, die Mischka der Mutter seiner Geliebten angedeihen ließ – und diese zweite Verwendung des von dem Burschen Erworbenen erschien dem Häusler als der ärgste Frevel, den sein Sohn an ihm begehen konnte. Daß der arme Teufel, der arme Eltern hatte, etwas wegschenkte, an eine Fremde wegschenkte, der Gedanke wurde der Alp des Alten, sein nagender Wurm. – Je wütender der Vater sich gebärdete, desto verstockter zeigte sich der Sohn. Er kam zuletzt gar nicht mehr nach Hause, oder höchstens einmal im geheimen, wenn er den Vater auswärts wußte, um die Mutter zu sehen, an der ihm das Herz hing. Diese Mutter ...« der Graf machte eine Pause – »Sie, liebe Freundin, kennen sie, wie ich sie kenne.«

»Ich soll sie kennen?... Sie lebt noch?« fragte die Gräfin ungläubig.

»Sie lebt; nicht im Urbild zwar, aber in vielfachen Abbildern. Das kleine, schwächliche, immer bebende Weiblein mit dem sanften, vor der Zeit gealterten Gesicht, mit den Bewegungen des verprügelten Hundes, das untertänigst in sich zusammensinkt und zu lächeln versucht, wenn eine so hohe Dame, wie Sie sind, oder ein so guter Herr, wie ich bin, ihm einmal zuruft: ›Wie geht's?‹ und in demütigster Freundlichkeit antwortet: ›Vergelt's Gott – wie's eben kann.‹ – Gut genug für unsereins, ist seine Meinung, für ein Lasttier in Menschengestalt. Was dürfte man anders verlangen, und wenn man's verlangte, wer gäbe es einem? – Du nicht, hohe Frau, und du nicht, guter Herr ...«

»Weiter, weiter!« sprach die Gräfin. »Sind Sie bald zu Ende?«

»Bald. – Der Vater Mischkas kam einst zu ungewohnter Stunde nach der Hütte und fand da seinen Jungen. ›Zur Mutter also kann er kommen, zu mir nicht‹, schrie er, schimpfte beide Verräter und Verschwörer und begann Mischka zu mißhandeln, was sich der gefallen ließ. Als der Häusler sich jedoch anschickte, auch sein Weib zu züchtigen, fiel der Bursche ihm in den Arm. Merkwürdig genug, warum just damals? Wenn man ihn gefragt hätte, wie oft er den Vater die Mutter schlagen sah, hätte er antworten müssen: ›Soviel Jahre, als ich ihrer denke, mit dreihundertfünfundsechzig multipliziert, das gibt die Zahl.‹ – Und die ganze Zeit hindurch hatte er dazu geschwiegen, und heute loderte beim längst gewohnten Anblick plötzlich ein unbezwinglicher Zorn in ihm empor. Zum zweiten Male nahm er gegen den Vater Partei für das schwächere Geschlecht, und dieses Mal blieb er Sieger. Er scheint aber mehr Entsetzen als Freude über seinen Triumph empfunden zu haben. Mit einem heftigen Aufschluchzen rief er dem Vater, der nun klein beigeben wollte, rief er der weinenden Mutter zu: ›Lebt wohl, mich seht ihr nie wieder!‹ und stürmte davon. Vierzehn Tage lang hofften die Eltern umsonst auf seine Rückkehr, er war und blieb verschwunden. Bis ins Schloß gelangte die Kunde seiner Flucht; meiner Großmutter wurde angezeigt, Mischka habe seinen Vater halbtot geschlagen und sich dann davongemacht. Nun aber war es nach der Verletzung des sechsten Gebotes diejenige des vierten, die von meiner Großmutter am schärfsten verdammt wurde; gegen schlechte und undankbare Kinder kannte sie keine Nachsicht ... Sie befahl, auf den Mischka zu fahnden, sie befahl, seiner habhaft zu werden und ihn heimzubringen zu exemplarischer Bestrafung.

Ein paarmal war die Sonne auf- und untergegangen, da stand eines Morgens Herr Fritz an der Gartenpforte und blickte auf die Landstraße hinaus. Lau und leise wehte der Wind über die Stoppelfelder, die Atmosphäre war voll feinen Staubes, den die Allverklärerin Sonne durchleuchtete und goldig schimmern ließ. Ihre Strahlen bildeten in dem beweglichen Element reizende kleine Milchstraßen, in denen Milliarden von winzigen Sternchen aufblitzten. Und nun kam durch das flimmernde, tanzende Atomgewimmel eine schwere, graue Wolkensäule, bewegte sich immer näher und rollte endlich so nahe an der Pforte vorbei, daß Fritz deutlich unterscheiden konnte, wen sie umhüllte. Zwei Heiducken[3] waren es und Mischka. Er sah aus blaß und hohläugig wie der Tod und wankte beim Gehen. In den Armen trug er sein Kind, das die Händchen um seinen Hals geschlungen, den Kopf auf seine Schulter gelegt hatte und schlief. Fritz öffnete das Tor, schloß sich der kleinen Karawane an, holte rasch einige Erkundigungen ein und schwebte dann, ein Papagei im Taubenfluge, ins Haus, über die Treppe, in den Saal hinein, in dem meine Großmutter eben die sonnabendliche Ratsversammlung hielt. Der Kammerdiener, von dem Glücksgefühl getragen, das Bedientenseelen beim Überbringen einer neuesten Nachricht zu empfinden pflegen, rundete ausdrucksvoll seine Arme und sprach, vor Wonne fast platzend: ›Der Mischka laßt die Hand küssen. Er ist wieder da.‹

›Wo war er?‹ fragte meine Großmutter.

›Mein Gott, hochgräfliche Gnaden‹, lispelte Fritz, schlug mehrmals schnell nacheinander mit der Zunge an den Gaumen und blickte die Gebieterin so zärtlich an, als die tiefste, unterwürfigste Knechtschaft es ihm nur irgend erlaubte. ›Wo wird er gewesen sein... Bei seiner Geliebten. Ja‹, bestätigte er, während die Herrin, empört über diesen frechen Ungehorsam, die Stirn runzelte, ›ja, und gewehrt hat er sich gegen die Heiducken, und dem Janko hat er, ja, beinahe ein Auge ausgeschlagen.‹

Meine Großmutter fuhr auf: ›Ich hätte wirklich Lust, ihn henken zu lassen.‹

Alle Beamten verneigten sich stumm; nur der Oberförster

[3] Eine Art Gerichtsdiener.

warf nach einigem Zagen die Behauptung hin: ›Hochgräfliche Gnaden werden es aber nicht tun.‹

›Woher weiß er das?‹ fragte meine Großmutter mit der strengen Herrschermiene, die so vortrefflich wiedergegeben ist auf ihrem Bilde und die mich gruseln macht, wenn ich im Ahnensaal an ihm vorübergehe. ›Daß ich mein Recht über Leben und Tod noch nie ausgeübt habe, bürgt nicht dafür, daß ich es nie ausüben werde.‹

Wieder verneigten sich alle Beamten, wieder trat Schweigen ein, das der Inspektor unterbrach, indem er die Entscheidung der Gebieterin in einer wichtigen Angelegenheit erbat. Erst nach beendigter Konferenz erkundigte er sich, gleichsam privatim, nach der hohen Verfügung betreffs Mischkas.

Und nun beging meine Großmutter jene Übereilung, von der ich im Anfang sprach.

›Fünfzig Stockprügel‹, lautete ihr rasch gefällter Urteilsspruch: ›Gleich heute, es ist ohnehin Samstag.‹

Der Samstag war nämlich zu jener Zeit, deren Sie«, diesem Worte gab der Graf eine besondere, sehr schalkhafte Betonung – »sich unmöglich besinnen können, der Tag der Exekutionen. Da wurde die Bank vor das Amtshaus gestellt ...«

»Weiter, weiter!« sagte die Gräfin, »halten Sie sich nicht auf mit unnötigen Details.«

»Zur Sache denn! – An demselben Samstag sollten die letzten Gäste abreisen, es herrschte große Bewegung im Schlosse, meine Großmutter, mit den Vorbereitungen zu einer Abschiedsüberraschung, die sie den Scheidenden bereiten ließ, beschäftigt, kam spät dazu, Toilette zum Diner zu machen, und trieb ihre Kammerzofen zur Eile an. In diesem allerungünstigsten Moment ließ der Doktor sich anmelden. Er war unter allen Dignitären der Herrin derjenige, der am wenigsten in Gnaden bei ihr stand, verdiente es auch nicht besser; denn einen langweiligeren, schwerfälligeren Pedanten hat es nie gegeben.

Meine Großmutter befahl, ihn abzuweisen, er aber kehrte sich nicht daran, sondern schickte ein zweites Mal und ließ die hochgeborene Frau Gräfin untertänigst um Gehör bitten, er hätte nur ein paar Worte über den Mischka zu sprechen.

›Was will man denn noch mit dem?‹ rief die Gebieterin! ›Gebt mir Ruhe, ich habe andere Sorgen.‹

Der zudringliche Arzt entfernte sich murrend.

Die Sorgen aber, von denen meine Großmutter gesprochen hatte, waren nicht etwa frivole, sondern solche, die zu den peinvollsten gehören – Sorgen, für die Ihnen, liebe Freundin, allerdings das Verständnis und infolgedessen auch das Mitleid fehlt – Poetensorgen.«

»O mein Gott!« sagte die Gräfin unbeschreiblich wegwerfend, und der Erzähler entgegnete:

»Verachten Sie's, soviel Sie wollen, meine Großmutter besaß poetisches Talent, und es manifestierte sich deutlich in dem Schäferspiel ›*Les adieux de Chloë*‹, das sie gedichtet und den Darstellern selbst einstudiert hatte. Das Stückchen sollte nach der Tafel, die man im Freien abhielt, aufgeführt werden, und der Dichterin, obwohl sie ihres Erfolges ziemlich sicher war, bemächtigte sich, je näher der entscheidende Augenblick kam, eine desto weniger angenehme Unruhe. Beim Dessert, nach einem feierlichen, auf die Frau des Hauses ausgebrachten Toast, gab jene ein Zeichen. Die mit Laub überflochtenen Wände, welche den Einblick in ein aus beschnittenen Buchenhecken gebildetes Halbrund verdeckt hatten, rollten auseinander, und eine improvisierte Bühne wurde sichtbar. Man erblickte die Wohnung der Hirtin Chloë, die mit Rosenblättern bestreute Moosbank, auf der sie schlief, den mit Tragant überzogenen Hausaltar, an dem sie betete, und den mit einem rosafarbigen Band umwundenen Rocken, an dem sie die schneeig weiße Wolle ihrer Lämmchen spann. Als idyllische Schäferin besaß Chloë das Geheimnis dieser Kunst. Nun trat sie selbst aus einem Taxusgange, und hinter ihr schritt ihr Gefolge, darunter ihr Liebling, der Schäfer Myrtill. Alle trugen Blumen, und in vortrefflichen Alexandrinern teilte nun die zarte Chloë dem aufmerksam lauschenden Publikum mit, dies seien die Blumen der Erinnerung, gepflückt auf dem Felde der Treue und bestimmt, dargebracht zu werden auf dem Altar der Freundschaft. Gleich nach dieser Eröffnung brach ungemessener Jubel im Auditorium los und steigerte sich von Vers zu Vers. Einige Damen, die Racine kannten, erklärten, er könne sich vor meiner Großmutter verstecken, und einige Herren, die ihn nicht kannten, bestätigten es. Sie aber konnte über die Echtheit des Enthusiasmus, den ihre Dichtung erweckte, nicht im Zweifel sein. Die Ovationen dauerten noch fort, als die Herrschaften schon ihre Wagen oder ihre Pferde bestiegen hatten und teils in stattlichen Equipagen, teils in leichten Fuhrwerken, teils auf flinken Rossen aus dem Hoftor rollten oder sprengten.

Die Herrin stand unter dem Portal des Schlosses und winkte den Scheidenden grüßend und für ihre Hochrufe dankend zu. Sie war so friedlich und fröhlich gestimmt, wie dies einem Selbstherrscher, auch des kleinsten Reiches, selten zuteil wird. Da – eben im Begriff, sich ins Haus zurückzuwenden – gewahrte sie ein altes Weiblein, das in respektvoller Entfernung vor den Stufen des Portals kniete. Es hatte den günstigen Augenblick wahrgenommen und sich durch das offenstehende Tor im Gewirr und Gedränge unbemerkt hereingeschlichen. Jetzt erst wurde es von einigen Lakaien erblickt. Sogleich rannten sie, Herrn Fritz an der Spitze, auf das Weiblein zu, um es gröblich hinwegzuschaffen. Zum allgemeinen Erstaunen jedoch winkte meine Großmutter die dienstfertige Meute ab und befahl, zu fragen, wer die Alte sei und was sie wolle. Im nämlichen Moment räusperte sich's hinter der Gebieterin und nieste, und den breitkrempigen Hut in der einen Hand und mit der anderen die Tabaksdose im Busen verbergend, trat der Herr Doktor bedächtig heran: ›Es ist, hm, hm, hochgräfliche Gnaden werden entschuldigen‹, sprach er, ›es ist die Mutter des Mischka.‹

›Schon wieder Mischka, hat das noch immer kein Ende mit dem Mischka?... Und was will die Alte?‹

›Was wird sie wollen, hochgräfliche Gnaden? Bitten wird sie für ihn wollen, nichts anderes.‹

›Was denn bitten? Da gibt's nichts zu bitten.‹

›Freilich nicht, ich hab' es ihr ohnehin gesagt, aber was nutzt's? Sie will doch bitten, hm, hm.‹

›Ganz umsonst, sagen Sie ihr das. Soll ich nicht mehr aus dem Hause treten können, ohne zu sehen, wie die Gartenarbeiter ihre Geliebten embrassieren?‹

Der Doktor räusperte sich, und meine Großmutter fuhr fort: ›Auch hat er seinen Vater halbtot geschlagen.‹

›Hm, hm, er hat ihm eigentlich nichts getan, auch nichts tun *wollen*, nur abhalten, die Mutter nicht totzuschlagen.‹

›So?‹

›Ja, hochgräfliche Gnaden. Der Vater, hochgräfliche Gnaden, ist ein Mistvieh, hat einen Zahn auf den Mischka, weil der der Mutter seiner Geliebten manchmal ein paar Kreuzer zukommen läßt.‹

›Wem?‹

›Der Mutter seiner Geliebten, hochgräfliche Gnaden, ein erwerbsunfähiges Weib, dem sozusagen die Quellen der Subsistenzmittel abgeschnitten worden sind ... dadurch, daß man die Tochter fortgeschickt hat.‹

›Schon gut, schon gut!... Mit den häuslichen Angelegenheiten der Leute verschonen Sie mich, Doktor, da mische ich mich nicht hinein.‹

Der Doktor schob mit einer breiten Gebärde den Hut unter den Arm, zog das Taschentuch und schneuzte sich diskret. ›So werde ich also der Alten sagen, daß es nichts ist.‹ Er machte, was die Franzosen *une fausse sortie* nennen, und setzte hinzu: ›Freilich, hochgräfliche Gnaden, wenn es nur wegen des Vaters wäre ...‹

›Nicht bloß wegen des Vaters, er hat auch dem Janko ein Auge ausgeschlagen.‹

Der Doktor nahm eine wichtige Miene an, zog die Augenbrauen so hoch in die Höhe, daß seine dicke Stirnhaut förmlich Wülste bildete, und sprach: ›Was dieses Auge betrifft, das sitzt fest und wird dem Janko noch gute Dienste leisten, sobald die Sugillation, die sich durch den erhaltenen Faustschlag gebildet hat, aufgesaugt sein wird. Hätte mich auch gewundert, wenn der Mischka imstande gewesen wäre, einen kräftigen Hieb zu führen nach der Behandlung, die er von den Heiducken erfahren hat. Die Heiducken, hochgräfliche Gnaden, haben ihn übel zugerichtet.‹

›Seine Schuld; warum wollte er ihnen nicht gutwillig folgen?‹

›Freilich, freilich, warum wollte er nicht? Vermutlich, weil sie ihn vom Sterbebette seiner Geliebten abgeholt haben – da hat er sich schwer getrennt ... Das Mädchen, hm, hm, war in andern Umständen, soll vom Vater des Mischka sehr geprügelt worden sein, bevor sie die Wanderung angetreten hat. Und dann – die Wanderung, die weit ist, und die Person, hm, hm, die immer schwach gewesen ist ... kein Wunder, wenn sie am Ziele zusammengebrochen ist.‹

Meine Großmutter vernahm jedes Wort dieser abgebrochenen Sätze, wenn sie sich auch den Anschein zu geben suchte, daß sie ihnen nur eine oberflächliche Aufmerksamkeit schenkte. ›Eine merkwürdige Verkettung von Fatalitäten‹, sprach sie, ›vielleicht eine Strafe des Himmels.‹

›Wohl, wohl‹, nickte der Doktor, dessen Gesicht zwar immer seinen gleichmütigen Ausdruck behielt, sich aber allmählich purpurrot gefärbt hatte. ›Wohl, wohl, des Himmels, und wenn der Himmel sich bereits dreingelegt hat, dürfen hochgräfliche Gnaden ihm vielleicht auch das Weitere in der Sache überlassen ... ich meine nur so!‹ schaltete er, seine vorlaute Schlußfolgerung entschuldigend, ein – ›und dieser Bettlerin‹, er deutete nachlässig auf die Mutter Mischkas, ›huldvollst ihre flehentliche Bitte erfüllen.‹

Die kniende Alte hatte dem Gespräch zu folgen gesucht, sich aber mit keinem Laut daran beteiligt. Ihre Zähne schlugen vor Angst aneinander, und sie sank immer tiefer in sich zusammen.

›Was will sie denn eigentlich?‹ fragte meine Großmutter.

›Um acht Tage Aufschub, hochgräfliche Gnaden, der ihrem Sohne diktierten Strafe, untersteht sie sich zu bitten, und ich, hochgräfliche Gnaden, unterstütze das Gesuch, durch dessen Genehmigung der Gerechtigkeit besser Genüge geschähe, als heute der Fall sein kann.‹

›Warum?‹

›Weil der Delinquent in seinem gegenwärtigen Zustande den Vollzug der Strafe schwerlich aushalten würde.‹

Meine Großmutter machte eine unwillige Bewegung und begann langsam die Stufen des Portals niederzusteigen. Fritz sprang hinzu und wollte sie dabei unterstützen. Sie aber winkte ihn hinweg: ›Geh aufs Amt‹, befahl sie, ›Mischka ist begnadigt.‹

›Ah!‹ stieß der treue Knecht bewundernd hervor und enteilte, während der Doktor bedächtig die Uhr aus der Tasche zog und leise vor sich hinbrummte: ›Hm, hm, es wird noch Zeit sein, die Exekution dürfte eben begonnen haben.‹

Das Wort ›begnadigt‹ war von der Alten verstanden worden; ein Gewinsel der Rührung, des Entzückens drang von ihren Lippen, sie fiel nieder und drückte, als die Herrin näher trat, das Gesicht auf die Erde, als ob sie sich vor so viel Größe und Hoheit dem Boden förmlich gleichzumachen suche.

Der Blick meiner Großmutter glitt mit einer gewissen Scheu über dieses Bild verkörperter Demut: ›Steh auf‹, sagte sie und – zuckte zusammen und horchte ..., und alle Anwesenden horchten erschaudernd, die einen starr, die andern mit dem albernen Lachen des Entsetzens. Aus der Gegend des Amtshauses hatten die Lüfte einen gräßlichen Schrei herübertragen. Er schien ein Echo geweckt zu haben in der Brust des alten Weibleins, denn es erhob stöhnend den Kopf und murmelte ein Gebet ...

›Nun?‹ fragte einige Minuten später meine Großmutter den atemlos herbeistürzenden Fritz: ›Hast du's bestellt?‹

›Zu dienen‹, antwortete Fritz und brachte es diesmal statt zu einem süßen Lächeln nur zu einem kläglichen Grinsen: ›Er laßt die Hand küssen, er ist schon tot.‹«

»Fürchterlich!« rief die Gräfin aus, »und das nennen Sie eine friedliche Geschichte?«

»Verzeihen Sie die Kriegslist, Sie hätten mich ja sonst nicht angehört«, erwiderte der Graf. »Aber vielleicht begreifen Sie jetzt, warum ich den sanftmütigen Nachkommen Mischkas nicht aus dem Dienst jage, obwohl er meine Interessen eigentlich recht nachlässig vertritt.«

Nikolaus Krauss

Kreszenz Heiderers Stadtgang

»Ich bin fertig, Anton! Die Brotsuppen für dich und die Buben steht dort auf dem Herd, in dem braunen Henkeltopfe. Aber deinen Stecken mußt d' mir noch borgen. Droben auf'm Boden hinter der Laden hab ich ihn ehgestern g'sehn. Gelt, du holst ihn? Aber mach mir die Buben nicht munter!«

Der Angesprochene erhob sich und schob sich, breitbeinig auftretend wie alle Holzhauer, zur Tür hinaus. Kaum war diese in den federnden Schlußpflock eingeschnappt, wandte sich die Frau im Sprunge nach der Bettstelle, an deren Fußende ein bunter Vogel prangte, den man mit demselben Recht als Stieglitz und als Specht ansprechen konnte. Sie spuckte in die Hände, und mit einem Ruck war die Kugel des Bettpfostens herausgedreht. Die Finger fuhren in die Höhlung, holten daraus ein Dutzend Fünfpfennigstücke hervor und verschwanden mit ihnen in der Leinentasche, welche die Frau umgebunden unter der Schürze trug. Nach einigen Minuten war die Kugel wieder an ihrer Stelle, und die Frau blickte aufatmend ihrem Manne entgegen, der mit dem derben Naturstock in der Hand wieder in die Stube trat. Er half ihr den bepackten Buckelkorb auf den Rücken, noch ein Wort zum Abschiede, und die Frau schritt, mit dem rechten Fuße zuerst, über die ausgetretene Holzschwelle. Es war noch früh, die Schleier des Zwielichts kaum niedergesunken. Der erste Blick der Frau galt dem Bayreuther Wetterwinkel. Dort brodelte und quirlte es wie der Dampf über einem kochenden Kessel. Das gefiel ihr nicht. Aber sie mußte in die Stadt, und wenn es Spitzhacken schneien würde.

Solang sie konnte, ging sie am Rand des Waldes dahin. Hier

pfiff der Wind nicht so scharf, die jungen Fichten guckten nur mit den Spitzen ihrer Herztriebe hervor, und sie sahen aus wie die Schneemänner, die ihre drei Buben auf dem kleinen freien Fleck vor ihrem Hause gewälzt.

Beinahe mußte sie lachen. Als sie den Wald im Rücken hatte, kam es ihr vor, als sei es doch nicht so kalt, wie sie gedacht. Sie schob das Wärmegefühl auf die schweren Waldstiefel ihres Mannes, in denen ihre Füße staken und in welchen es sich gar trocken, aber doch auch etwas unbequem ging.

Nun, wenigstens brauchte sie nicht gar so ängstlich auf den mitunter ganz überwehten Steig zu achten; durch kam sie schon. So marschierte sie tapfer vorwärts, den langgestreckten kahlen Höhenrücken hinab und dann auf der Ebene weiter, rechts und links an Dörfern vorbei, die unter dem weichen Schneemantel dalagen, als würden sie schlafen. Nur durch ein Dorf kam sie. Auch das erschien wie ausgestorben. Es war der Tag vor Weihnacht, kein Drischelschlag erklang, nur aus den Ställen, in welchen die Knechte um den Mischtrog saßen und Strohbänder flochten, tönte ab und zu das zufriedene Brummeln einer Kuh.

Kreszenz empfand bei dem gleichmäßigen stundenlangen Dahinschreiten nicht die geringste Langweile. Die Sonne schien auf die weite reine Schneefläche, und diese glänzte, funkelte und glitzerte, daß ihr die Augen schmerzten. Sie schloß sie zur Hälfte und gab ihren Gedanken Audienz. Und wie Schwalben um ihr Nest, so schwangen sich diese immer wieder zu dem alten Hause droben am Waldrande zurück. Ob er wohl allein mit den Wildlingen fertig würde, und was sie den ganzen Tag anfangen würden ohne sie! Sie sah ihren Kleinsten zum Greifen deutlich vor sich, wie er Stirn und Nase ans Fenster drückte und immer und immer wieder fragte: »Du, Vater, wo ist denn die Mutter? Kommt sie noch nicht bald?« Dann wieder überrechnete sie, was sie wohl lösen würde aus dem, was sie zum Markte brachte. Um die Kienbüscherl war ihr nicht bange, die hatten ihren festen Preis, auch für die Ameiseneier wußte sie einen Abnehmer. Würde aber der Mesner ihren Weihrauch noch brauchen können? Es war spät diesmal, und er hatte sich für die Feiertage gewiß schon vorgesorgt. Nun, sie hatte ja noch das Säckchen mit den getrockneten Schwämmen. Es waren die letzten für dieses Jahr, aber sie waren alle ausgelesen, und nicht ein zerschnittener Stengel war darunter. Sie würde damit in die Häuser gehen, und die Geschichte würde sich schon machen. Und dann... Sie fuhr mit der Hand in die Leinentasche und ließ die Fünfpfennigstücke, die sie sich nach und nach vom Munde abgespart, ohne daß ihr Mann etwas davon wußte, befriedigt durch die Finger gleiten. Da war ja auch noch etwas! Nein, diesmal würde sie ihren Buben ganz gewiß etwas mitbringen können. Das kleine Fichtenbäumchen, das ihr Mann gestern aus dem Wald geholt und das gerade so groß war wie ihr kleiner Hans, würde nicht unbenutzt zu verdorren brauchen.

Die Türme und Dächer der Stadt tauchten vor Kreszenz auf, und sie beeilte sich, um noch hinabzukommen, bevor der Markt geschlossen wurde. Auf dem Weg sprach sie beim Vogelhändler und beim Mesner vor, und zu ihrer Überraschung machte sie an beiden Stellen ein ganz glattes Geschäft. Dann stellte sie sich auf den Markt zu den anderen Frauen und Mägden, welche mit lauten Worten und zutunlichen Redensarten Milch, Butter und Käse, lebende Hühner und geschlachtete Gänse ausboten. Kreszenz verstand nicht, so zu schreien und zu schmeicheln wie jene, aber ihr Kienholz war schier im Handumdrehen verkauft. Nun ging sie mit ihren gedörrten Schwämmen von Tür zu Tür. In den reichen Häusern wollte es ihr nicht einmal glücken. Die Köchinnen hatten mit dem Braten und Backen zu tun, die meisten wurden gleich grob und schlugen der Holzhauerfrau die Tür vor der Nase zu, und die eine meinte beinahe mitleidig: »Nein, so Zeug mag meine Herrschaft nicht. Wir essen im Winter nur eingelegte Schwämme. Ja, wenn Ihr Trüffeln hättet?« In einer Villa kam Kreszenz in ein hohes helles Zimmer. Auf einem großen mit blühweißem Leinenzeug gedeckten Tische stand ein schon vollständig behangener Weihnachtsbaum, und um ihn türmten sich Geschenke in ganzen Haufen. Im ersten Augenblick rührte sich etwas wie Neid im Herzen der Arbeiterfrau; als sie aber wieder auf die Straße trat, spuckte sie zornig aus und stieß durch die Zähne: »Faulenzer! Dreimal Faulenzer! Sie tun nichts, und ihre Weiber heben nicht einmal einen Strohhalm von der Erde auf. Aber Christbäume haben's bis an den Rußbaum!« Bei den Frauen der Schuster und der kleinen Gewerbsleute, die nicht alle Tage Fleisch kochen konnten, fand Kreszenz mehr Entgegenkommen. Es war knapp nach Mittag, als sie vollständig ausverkauft hatte.

Nun wollte sie noch auf einen Sprung zur Tante Anna gehen und dann selbst einkaufen. Die Tante war eine alte Magd, Faktotum in einem Bürgerhause, und sie sagte zu ihr Tante, weil schon ihre Mutter so gesagt hatte, warum, wußte sie nicht. Sie traf das verrunzelte Weiblein in einer kalten Vorkammer, wo es ächzend die mit Steinen über und über beschwerte Wäschemangel zog und schob. Alsogleich stellte Kreszenz ihren Korb in die Ecke und trat an die Rolle. Als sie mit der Arbeit zu Ende war, brachte die Tante ein Töpfchen mit heißem Kaffee.

Kreszenz setzte sich auf ein umgestülptes Waschfaß, biß abwechselnd einen Bissen von dem Brote, das sie im Korbe mitgebracht, und trank einen Schluck Kaffee. Auf einmal leerte sie ihre Leinentasche, die sie sich selbst zusammengeflickt, in die Schürze und begann eifrig zu zählen und zu rechnen. Als sie zu Ende war, erglänzten ihre Augen vor Freude.

»Na, langt's?« meinte die Tante.

»Und tüchtig auch noch! Einige fünfzig Pfennig sind für den Christbaum übrig. Weißt d', im vorigen Jahr hab ich den Kindern nicht eine Nuß kaufen können. Der Anton hat nicht viel Arbeit gehabt, es war nur ein Holzschlag, und da haben's die Leut gleich aus Böhmen und Polen mitbracht. Aber heuer schlägt's ihnen. Jetzt wird der Hans nicht mehr fragen, ob's denn keine Weihnachten mehr gibt.«

»Wart a mal, Zenz!«

Als das alte Weiblein nach einer Weile wiederkam, hatte es ein großes blaues Tuch in der Hand, dessen einer Zipfel eingebunden war. Das war der Tante ihr Geldbeutel und ihre Sparkasse. Nach mancherlei Versuchen gelang es ihr, den Knoten zu lösen. Sie nahm ein Geldstück aus dem Tuche, schob es zwischen die Lippen, und erst, nachdem sie wieder den Knoten geschlungen, reichte sie es ihrer Verwandten.

»Ich bin selbst nur ein armes Leut, das kannst du dir vorstellen. Aber für deine Buben hab ich noch immer einen Fünfzigpfenniger übrig. Da, kauf ihnen was dafür!«

Jetzt litt es Kreszenz nicht länger. Zunächst ging sie zum Bäcker und erstand ein weißes Brot und einige von jenen plumpen Semmeln, die man »Pfälzer« nennt. Dann kaufte sie ein Pfund Schweinefleisch. Der Schlächter, dem an der Zufallskundschaft nichts lag, wog ihr ein Stück zu, an dem fast nichts war als Schwarte und Speck. »Macht nichts«, dachte Kreszenz, »das gibt recht viel Brühe.« Und dann kaufte sie etwas Mehl und Salz, ein Lot gebrannten und gemahlenen Kaffee und einige Päckchen Tabak. Und auf einmal war das ganze Geld ausgegeben mit Ausnahme der Mark, die für den Weihnachtsbaum bestimmt war. Lange überlegte sie, was sie dafür kaufen sollte. Aber als sie sich ein Herz nahm, in den

Laden eines Zuckerbäckers trat und nach dem Preise der weißen Zuckermännchen schüchtern fragte, erschrak sie über die Antwort derart, daß sie sich alsogleich wieder davonmachte. Sie kaufte einige Äpfel und Nüsse und für jedes Kind ein Pfeffernüssel. Und da war auch schon die Mark dahin, und ihr blieb nichts als einige Kupferpfennige.

Aber ihr Herz war voll Freude, als sie sich wieder heimzu wandte. Und so vollständig war ihre Befriedigung, daß sie es nicht einmal merkte, daß das Wetter umgeschlagen. Erst als, von einem Windstoß getroffen, die hängengebliebenen Blätter einer am Wegrand stehenden verkrüppelten Eiche aufraschelten, blickte sie auf und erschrak. Wie ein Schleier hing es vor ihren Augen. Im ersten Augenblick glaubte sie, es wolle schon Abend werden. Sollte sie sich so lange bei der Tante verspätet haben? Dann erinnerte sie sich, daß es kaum drei Uhr vorüber war, als sie am Rathausturm vorbeiging. Jetzt merkte sie, daß es ein schöner Nebel war, der herniederrieselte. Sie fuhr sich über das Antlitz, es fühlte sich feucht an. Schärfer faßte sie den Stock, und sie schritt aus mit den Schritten eines Mannes. Und je weiter sie kam, desto dichter wurde der Nebel. Sie wollte nach dem Gebirge hinüberblikken, wo ihre Heimat lag, aber einige Schritte vor ihr stand es wie eine graue, himmelhohe Mauer. Noch ballte sich der Schnee unter ihren Füßen, aber schon merkte sie, daß es wieder kälter wurde. Endlich war sie wieder in dem Dorfe, durch das sie am Vormittag gekommen. Die Lichter in den Häusern glommen wie matte Flecke. Kreszenz überlegte, ob sie sich nicht irgendwo eine Laterne geben lassen sollte. Aber dann sagte sie sich wieder, daß wohl eine längere Zeit vergehen würde, bis sie wieder einmal herabkomme, während die Leute ihre Laterne jeden Tag brauchten, und sie unterließ die Bitte.

Einige tausend Schritte jenseits des Dorfes begann der Aufstieg. Kreszenz verließ hier den Weg, dem sie bisher gefolgt, und suchte nach dem Steige, der in kürzerer Linie nach der Siedlung der Holzhauer führte. Endlich fand sie ihn. Von einem Fußstapfen keine Spur. Und sie stieg und stieg, und es wurde ihr so warm, daß sie das Umschlagtuch um die Brust etwas lockern mußte. Hier oben hatte es, während sie in der Stadt war, tüchtig geschneit, feinkörnigen Kreipelschnee, und auch geweht mußte es haben. Wenn sie einen Schritt vom Steige kam, fiel sie bis über die Knie, oft auch bis an den Leib hinein. Und jetzt wurden ihr die Stiefel zur reinen Qual. Der Schnee schob sich in die weiten Schäfte, und während ihre nassen Füße froren, schoß ihr der Schweiß unter dem Kopftuch hervor. In Nase und Mund drang ihr der feine Schneestaub, mit dem ihr die Luft ganz gesättigt erschien, vor den Augen sprangen ihr tausend Punkte und Kreise. Und immer noch stand der Nebel, und es wurde kälter und kälter.

Kreszenz war jetzt so müde, daß sie nur noch stolperte. Mit einem Male gab es ihr einen Ruck, und sie schoß mit dem Kopf voran in den Schnee. Die glatte Sohle des Stiefels war an einer steinhart gefrorenen Scholle ausgeglitten und hatte sie zu Falle gebracht. Es dauerte einige Zeit, bis sie wieder auf die Beine kam. Da befiel sie eine schreckliche Angst. Sie riß den Korb herab und durchfühlte mit zitternden Händen den Inhalt. Nein, es fehlte nichts. Das darüber gebundene Tuch hatte das Herausfallen verhindert.

Aufkeuchend wollte Kreszenz weiterstapfen, da wurde ihr plötzlich klar, daß sie die Richtung vollständig verloren hatte. Das trieb ihr den Schweiß aus allen Poren, und jetzt meldete sich auch der Hunger, und um die Kehle legte es sich wie ein Eisenband. Sie stopfte eine Hand voll Schnee in den Mund und versuchte zu laufen. Schon nach kurzer Zeit trieb sie die Angst nach einer anderen Seite, und gleich darauf wechselte sie abermals die Richtung. Sie wußte nicht mehr, was sie anfangen sollte. Alles schien sich um sie zu drehen und die Erde

Franz Neundlinger: Im Erzgebirge

unter ihren Füßen nachzugeben. Wenn sie einen Augenblick stehenblieb, schlug ihr das Herz bis zum Halse herauf. Sie versuchte zu schreien, aber nur ein heiseres Röcheln drang über die gesprungenen Lippen. Schon fing sie auch an, die Herrschaft über ihre Glieder zu verlieren; die Knie wollten sich nicht mehr strecken, die Füße mit den Stiefeln fuhren unsicher, wie tastend, hin und her, den Körper durchlief ein krampfhaftes Zittern. Nur mit der größten Anstrengung hielt sich Kreszenz noch aufrecht. Schon einige Male hatte sie gemeint, jetzt könne sie keinen Schritt weiter tun, und sie hatte sich niedersetzen wollen, um ein wenig auszuschnaufen, hinter einem Hagebuttenstrauch oder auf einen vom Schnee freien Stein, aber der Gedanke an Mann und Kinder hatte sie immer wieder emporgerissen und fortgetrieben. Mehr als einmal waren ihr die Tränen in die Augen getreten, aber sie hatte gekaut und geschluckt, bis sie die Verzweiflung wieder niedergerungen.

Plötzlich kam es ihr vor, als hätte sie ein Licht blitzen sehen. Im ersten Augenblick hielt sie es für eine Täuschung ihrer brennenden Augen. Aber dann war es wieder da. Und mit einem Schrei rannte sie vorwärts. Sie stürzte auf die Knie und raffte sich wieder auf, arbeitete sich durch Schneewehen und fiel in Löcher und Gräben, aber nach langen, langen Minuten der tödlichsten Angst, der höchsten Anstrengung und Freude zugleich stand sie endlich vor ihrem Hause.

Mit beiden Fäusten zugleich schlug sie an die Tür. »Anton! Anton!«

Von drinnen näherten sich Schritte der Tür, und der Riegel wurde zurückgeschoben.

»Ich hab den Buben was mitgebracht!... Ich hab was mitgebracht!« konnte Kreszenz Heiderer noch hervorbringen, dann schlug sie mit Stock und Korb, so lang sie war, über die Schwelle.

Gertrud Fussenegger

Grimm über Fräulein Grimme

Der Zug stand immer ganz hinten am letzten Bahnsteig. Die Strecke war spärlich befahren. Hier rollte kein Schnellzug, hier zuckelten nur die ausgedienten Garnituren von Personenzügen hinter den ältesten schwerfällig prustenden Lokomotiven. Das Gelände stieg: Kiefernwälder, Ackerstreifen. Kaum eine Siedlung.

Nach einer Stunde waren wir da. Wir stiegen aus und wanderten zum Schloß.

Das Schloß lag unten im Tal, weit sichtbar, eine Gruppe hoher, steilgegiebelter Dächer inmitten schöner ausladender Baumkronen.

Vom Dorf sahen wir wenig. Wir kümmerten uns auch nicht viel darum, wir gingen daran vorbei. Jenseits des kleinen Flüßchens, der Střela, begann der Park. Der Park gehörte schon zu der Welt, die wir für die unsere hielten.

Dort, hinter der Brücke, am Wehr stand mit feuchten gelbgefärbelten Mauern das Bräuhaus des Fürsten. Nicht das Schloß, das Bräuhaus war unser Ziel. Auch hier war fürstliche Domäne. Der Bräumeister war fürstlicher Beamter. Er braute fürstliches Bier. Im Hause des fürstlichen Bräumeisters waren wir zu Gast.

Er war, wie sichs für einen Bräumeister gehört, ein kleiner dicker Mann – mit schlauen Äuglein und einer Glatze, über die er seine letzten Haare in drei langen Strähnen gekämmt trug. Er war ein Deutscher und hatte den schönen deutschen Namen Kranzenberger. Seine Frau war Tschechin aus guter Familie, eine feine Dame, die sich gerne mit einem Hofstaat anderer fast ebenso feiner Damen umgab. Aus diesem Grunde lud sie meine Tante so oft wie möglich bei sich ein. Und da ich bei meiner Tante lebte, wurde ich mitgenommen. Ich fuhr gerne nach Plaß.

Das Haus war gemütlich. Es hatte niedrige Räume, kleine Fenster, gewaltige Kachelöfen. Die Mahlzeiten waren gut und ausgiebig. Sie wurden in einer kleinen ebenerdigen Stube eingenommen, in der als einziger Schmuck ein Jagdbild an der Wand hing. Das Bild war zugleich eine Uhr. Wenn die Uhr schlug, begannen sich die Figuren auf dem Bild zu bewegen. Ein Mann im Vordergrund holte einen blutigen Hasen aus einem Sack und zeigte ihn vor. Im Hintergrund sprengten einige Reiter hinter einem Hirsch über das Feld. Dazu spielte ein Lied. Mir gefiel die Uhr, und ich wartete immer mit Spannung auf den Vorgang.

Zu meinen Plasser Freuden gehörten auch Katzen und Hunde und eine gelegentliche Ausfahrt in einer Kalesche. Dann und wann spielten auch die Kinder des Bräumeisterpaares mit mir, zwei Mädchen und ein Knabe. Aber da sie viel älter waren als ich, blieben diese Spiele ziemlich unergiebig, und vielleicht wären mir meine Besuche mit der Zeit doch langweilig geworden, wäre dort nicht eines Tages das *Fräulein* aufgetaucht.

Das Fräulein war eine lange hagere Person mit einer damals schon ganz aus der Mode gekommenen hochtoupierten Frisur. Ihre Züge waren scharf geschnitten, aber ihre Haut war noch zart und rosig. Wie alt sie war, das konnte ich nie schätzen. Man nannte sie die Tochter des Erzherzogs. Niemand aus meinem Bekanntenkreis hatte sie jemals von diesem Erzherzog reden hören. Trotzdem tuschelte jedermann hinter ihr her und sagte ihr diese Herkunft nach. Das machte sie zu etwas Besonderem. Dazu kam, daß der Erzherzog, von dem da die Rede war, als der schönste, beliebteste und angesehenste aller Erzherzöge des an Erzherzögen so reichen Erzhauses gegolten hatte. Eine weithin verehrte erlesene Erscheinung, die sich sogar bei den Gegnern und Hassern der Monarchie noch einiger Achtung erfreute. Er – also ihr Vater. Doch das Fräulein war, wie schon gesagt, weit davon entfernt, sich dieses Vaters zu rühmen. Sie redete vielmehr immerfort und mit schon beinah übertriebener Pietät von einem Marienbader Ehepaar als von ihren Eltern, obgleich doch jeder wußte, daß diese Leute, ein Doktor Grimme und seine Frau, von dem hochgeborenen natürlichen Vater nur als Pfleger und Erzieher seines Sprößlings ausfindig gemacht und vielleicht sogar gekauft worden waren. Über die natürliche Mutter war weiter nichts bekannt.

Das Fräulein hatte, wenn man ihr glauben wollte, eine geradezu märchenhaft schöne Kinder- und Jugendzeit verbracht. In der elegantesten Villa von Marienbad aufgewachsen, von den feinsten Gouvernanten behütet, in den vornehmsten Schulen unterrichtet, war sie schon als Backfisch in hochadeligen Kreisen aufgenommen worden, hatte auf Hofbällen getanzt, an Hofjagden teilgenommen, war von mindestens einem Dutzend Baronen, Grafen, Magnaten und Millionären um ihre Hand gebeten worden. Sie hatte, auch das erzählte sie, von allen aber nur einen geliebt – und dieser einzige sei leider ein Spieler gewesen, der ihr zwar zuerst Abstinenz vom Spieltisch geschworen, dieses Versprechen aber schmählich gebrochen hatte, worauf sie ihr Jawort zurückzog und sich lieber in einer vestalisch selbständigen Existenz eingerichtet habe.

Jetzt freilich erging es dem Fräulein ziemlich übel. Ihre Eltern Grimme waren gestorben, und das hinterlassene Vermögen war zur Gänze in Kriegsanleihen und in der Inflation zugrunde gegangen. Die märchenhafte Villa war verkauft, das Mobiliar bis auf einen kärglichen Rest zusammengeschmolzen, nur ein wenig Schmuck war Fräulein Grimme geblieben,

Gisela Petschner: Alte Frau

einige Bilder, Nippes und derlei Krimskram, dazu noch ein riesiges Tigerfell – und damit richtete sie sich jetzt im Bräuhaus als Dauergast der Kranzenbergers häuslich ein.

Sicherlich war sie vorerst nur für eine bestimmte Zeit geladen worden, für Tage, bestenfalls für Wochen. Wie sie es zuwege brachte, für immer zu bleiben, entzieht sich meiner Kenntnis. Das eine nur kann ich sagen: sie strahlte etwas wie einen Zauber aus, denselben Zauber vermutlich, den auch ihr Vater ausgestrahlt hatte, wenn er sich unter dem grünen Federbusch der Feldmarschälle gemessen winkend und leutselig lächelnd zwischen jubelnden Menschenspalieren bewegte. Fräulein Grimme, das ist sicher, hatte es schwerer als er, aber auch sie wirkte, jetzt verarmt, auf das Mitleid und die Gutgläubigkeit ihrer Umgebung angewiesen, durch eine bestimmte Authentizität, die niemand in Frage zu stellen gewagt hätte. So eroberte sie das Herz von Frau und dann von Herrn Kranzenberger, auch das meiner Tante. Ich verehrte das Fräulein wie ein höheres Wesen. Die Hunde liefen hinter ihr her, die Katzen schmeichelten ihr. Mit einem Wort: sie war ein Star.

Dabei verhielt sie sich keineswegs untüchtig, untätig und zimperlich. Sie stickte, sie nähte, sie machte sich nützlich. Sie versah das ganze Haus Kranzenberger mit neuen Vorhängen, neuen Tischdecken, Stühle und Sofas mit neuen Kissen. Sie strickte für die Hausfrau prachtvolle Schals, dem Hausherrn Westen, Käppchen, Puls- und Leibwärmer. Da ihr Pflegevater Arzt gewesen war, hatte sie auch einige medizinische Kenntnisse mitbekommen. So diagnostizierte sie manchmal sicherer als ein richtiger Doktor. Sie wußte für jedes Leiden ein Mittel und scheute sich auch nicht, in fremde Häuser zu gehen, aus denen ansteckende Krankheiten gemeldet wurden, um dort zu helfen und nach dem Rechten zu sehen. So weit war alles in Ordnung mit ihr. Und doch kam der Zeitpunkt, von dem ab weder neue Vorhänge und Tischdecken noch hippokratische Hilfeleistungen ihr weiteres Verbleiben im Hause Kranzenberger rechtfertigen konnten.

Da war nämlich diese Geschichte mit dem Sohn des Bräuers, die schon seit dem ersten Auftauchen des Fräuleins geschwelt hatte und nach einiger Zeit zu einer Krise gedieh mit dramatischer Zuspitzung, katastrophaler Entladung und einem langen, sehr langen, höchst melancholischen Abgesang. Der Sohn des Bräuers mit Namen Paul – oder wie er sich lieber nannte: Pavel – war nämlich Kommunist. Da er studierte, war das nichts Außergewöhnliches. Die junge tschechische Intelligenz war in jenen Jahren vielfach kommunistisch. Auch bei uns in der deutschen Schule gingen vor allem gerade unter den verwöhntesten höheren Töchtern dieselben Neigungen um. Wir schwärmten von der Beglückung der Menschheit mittels schärfster Aufsicht über jeden einzelnen, wir nannten einander Genossin und schnitzten nicht wie die anderen die Namen der Filmstars Greta Garbo und Adolphe Menjou, sondern kommunistische Parolen wie: Proletarier aller Länder vereinigt euch! in unsere Schulbänke ein. Wir meinten es gut und schwelgten in der herrlichen Vorstellung, daß, sobald alles Geld, das doch nur nutzlos in den Tresors der Reichen herumläge, unter die Armen verteilt werden dürfte, niemand mehr bettelnd an den Straßenecken stehen, niemand mehr einen ungewaschenen Hals oder gar Läuse haben werde.

So voll ehrenwerter Vorstellungen und wallender Menschenliebe mag auch Pavel, der Sohn des fürstlichen Bräuers, gewesen sein. Und hatte er denn nicht recht, sich über die Reichen zu ärgern? Gleich neben seinem Vaterhaus lag das fürstliche Schloß, ein Riesenbau mit zahllosen Zimmern und Sälen, leer und unbenutzt das ganze Jahr, da sich die fürstliche Familie auf anderen Schlössern in weniger abgelegenen Gegenden aufzuhalten vorzog. Daneben der Konvent, ein beinahe ebenso weitläufiges Gebäude, fünf oder sechs Patres oder Chorherren herrschten über den ganzen Komplex und brachten ihre Tage in feierlichem Nichtstun hin – so jedenfalls mochte es Pavel erscheinen, und sein gutes Herz rechtete für die Armen, die drüben im Dorf in engen Kaluppen hausten, und für ihr Dasein voll Plage und Entbehrung. Und so wollte er auch nicht mehr nur zusehen und schweigen, sondern ergriff die Gelegenheit, die ihm ein neuerlich eingeführter Feiertag, der Erste Mai, und die für dieses Datum anberaumte lokale Veranstaltung bot: er bestieg die mit grünen Reisern und roten Fahnen geschmückte Tribüne und hielt eine Rede gegen die Reichen und Bösen und stellte in Aussicht, daß deren Herrschaft ganz sicherlich sehr bald zu Ende sei. Ich kann mir denken, wie er diese Rede hielt, der schmale schmächtige Jüngling, der noch so jung war, daß seine männliche Stimme noch nicht ganz gefestigt war und immer, wenn er sie kräftiger erhob, in einem kleinen Gickser zu brechen drohte. Für gewöhnlich war sein Gesicht sehr blaß, nur von kleinen roten Fleckchen und Knötchen gesprenkelt, auch das hing mit seiner Jugend zusammen. Während dieser Rede aber und vorher und nachher war er sicherlich dunkelrot, auch seine Ohren flammten, er sprach nur kurz – und da mit längeren Pausen und etwas mühsam, denn er neigte ein wenig zum Stottern. Trotzdem war der Beifall, den er erntete, begeistert, denn da hatte zu den Plasser Sozialisten nicht ein fremder zugereister Irgendwer gesprochen, sondern Pavel, der Sohn des fürstlichen Bräuers, *ihr* Pavel, und das war wunderbar. – Ich könnte mir vorstellen, daß sie ihn feierten und hoch leben ließen, und vielleicht hoben ihn einige sogar auf ihre Schultern und trugen ihn durchs Dorf.

Erst am Abend kam er wieder nach Hause.

Seine Eltern waren natürlich schon längst im Bild, und sie empfingen ihn, wie Eltern in solchen Fällen ihre Söhne zu empfangen pflegen: die Mutter in Tränen, der Vater mit finsterem Gesicht. Was sollte der Fürst von der Aufführung des Bräuersohnes halten? Seit Jahrzehnten saß man da und versuchte seinem Brotherrn loyal zu dienen – und nun, nun untergrub der eigene Sohn die Stellung des Vaters, den Ruf der Familie und so weiter und so fort.

Pavel verteidigte sich, und er tat das vielleicht mit guten und einleuchtenden Argumenten und einem Aufwand von Vokabeln, dem seine Eltern keinesfalls gewachsen waren. Der Vater verstummte und senkte nachdenklich seine gefurchte Stirn, die Mutter weinte nur noch leise und ergeben vor sich hin. So ging man schließlich spät nachts und mit beschwertem Herzen, doch immer noch friedlich auseinander.

Aber tags darauf begann der häusliche Krieg, als sich die Tochter des Erzherzogs mit dem Sozialisten in die Wolle kriegte.

Schon längst war es ihr ein Greuel gewesen, daß der junge Mann so gerne eine rote Krawatte trug, auch daß er seine Fingernägel nicht immer sauber putzte und sich dafür auch gar nicht zu genieren schien. Seine Lektüre hatte ihr schon manche abfällige Bemerkung entlockt. Jetzt aber nach dem Auftritt auf der Tribüne überschüttete sie ihn mit spöttischen Reden. Sie stempelte ihn zum Hanswurst und Träumer Guckindieluft, der eines Tages schon auf der Nase liegen werde, denn wer sich einbilde, das Volk könne beglückt und zu gleichmäßiger Brüderlichkeit erlöst werden, der irre sich gewaltig, hinter allen Tiraden von Freiheit und Gleichheit lauere derselbe hartgesottene Egoismus, der die Weltgeschichte bis dato beherrscht habe. Das Volk brauche einen Herrn, der es führe und leite, und könne auch nichts anfangen mit der Freiheit, die es doch nur dazu benütze, sie dem erstbesten Tyrannen in den Rachen zu werfen.

So redete das Fräulein und zuckte die Achseln über die

stammelnden und zitternden Entgegnungen des guten Pavel, und es focht sie nicht an, daß sie dabei den Sohn des Hauses vor sich hatte, des Hauses, in dem sie selbst Gastfreundschaft genoß – schon seit langer, man könnte sogar sagen, seit allzu langer Zeit.

Warum hielt sie sich nicht zurück? Warum bändigte sie nicht ihre spitze Zunge und brachte den Takt und die noblen Manieren ins Spiel, über die sie doch sonst in so reichlichem Maße verfügte? Warum nur ließ sie's zum Äußersten kommen und setzte sich dabei ins Unrecht? Wir haben heute leicht fragen. Hier prallten zwei Welten zusammen, hier gab es keine Versöhnung.

Das mochte auch Pavel empfinden, und so entschloß er sich eines Tages zu einem verzweifelten Schritt. Er stellte seine Eltern vor die Wahl: entweder müßte das Fräulein gehen und das Haus verlassen oder er, der Sohn. Wieder weinte die Mutter und rang die Hände, und der Vater senkte nachdenklich seine zerfurchte Stirn. Er kämpfte um seinen Entschluß, und dieser Entschluß war dann ebenso unbegreiflich wie unumstößlich. Er entschied sich für das Fräulein, er verstieß seinen Sohn. Noch am selben Tage erfolgte der Exodus. Pavel zog aus, in eine Kaluppe am anderen Ende des Dorfes. Er nahm mit, was ihm gehörte. Zum Transport ließ man eine Kalesche anspannen. Pavel warf alle seine Habseligkeiten Stück für Stück in den Wagen: Socken, Hemden, Schuhe, Bücher, auch zwei oder drei der bewußten roten Krawatten. Doch er selbst stieg nicht ein. Er wollte ein so kapitalistisches Fahrzeug nicht benützen wie diese Kalesche. Er lehnte es sogar ab, sich zum Kutscher auf den Bock zu schwingen. Zu Fuß ging er fort, mit gesenktem Kopf hinter dem Wagen her, ein ehrbarer Puritaner und Bekenner seiner Gesinnung.

Die Jahre vergingen.

Pavel blieb außer Hauses. Herr Kranzenberger starb, Frau

Kranzenberger zog aus der Brauerei in eine kleine Villa, die sie sich unterdessen erbaut – Fräulein Grimme zog mit ihr. Auch Frau Kranzenberger starb. Fräulein Grimme blieb in Plaß. Ihr ging es nicht mehr so schlecht wie zuvor, sie bezog eine kleine Rente, vielleicht hatte sich vom Vermögen ihrer Eltern doch noch ein bescheidener Rest nutzbringend aktivieren lassen.

Es kam der Krieg. Von Pavel erfuhren wir wenig. Er hatte, ehe die Deutschen kamen, in seiner Partei Karriere gemacht, hatte geheiratet. Einmal war ich bei ihm zu Besuch gewesen. Er wohnte in Prag in einer Wohnung, die mit roten Polstermöbeln, roten Gardinen, roten Teppichen ausgestattet war. Auf dem Tisch stand ein Rubinglas mit roten Nelken. Seine Frau trug ein rotes Kleid. Entmutigt durch so viel Einfarbigkeit zog ich mich rasch zurück.

Jetzt, so hörten wir, war er verhaftet und in ein Konzentrationslager verbracht worden.

Der Krieg ging zu Ende. Ich riet allen meinen deutschen Verwandten und Freunden, die Tschechoslowakei zu verlassen, ehe der Zusammenbruch erfolgte. Auch Fräulein Grimme riet ich so. Niemand folgte mir. Auch sie folgte mir nicht. Sie habe keine Furcht, schrieb sie mir, sie habe niemandem etwas Böses getan, sie bliebe, wo sie sei, in Plaß.

Sie rechnete falsch.

Sie wurde aus ihrem Haus geholt, geschlagen, an den Haaren gerissen, bespuckt und barfuß und halbnackt durch den Ort und dann noch einmal zehn Kilometer weiter bis in das nächste Lager getrieben.

Dort blieb sie ein Jahr, hungerte, wurde krank und schließlich nach Deutschland abgeschoben.

Von dort erreichte uns eine einzige mit zitternden Krakeln beschriebene Karte: Ich bin totmüde, ich möchte sterben. Und ehe unsere Antwort sie erreichte, starb sie auch.

Pavel war zu jener Zeit nicht in Plaß gewesen. Er hatte überlebt und war nun, nachdem das Land befreit und von allen unerwünschten Mitbewohnern gereinigt war, in die höchsten Kader seiner Partei aufgestiegen.

Eine seiner Schwestern, die gleichfalls ausgewiesen, nach Übersee ausgewandert und dann und wann zu uns zu Besuch gekommen war, erzählte uns von ihm. Sonst war da keinerlei Verbindung mehr.

Aber im vergangenen Jahr erhielt ich eine Karte.

Obwohl sie keine Unterschrift trug, begriff ich sofort, von wem sie kam. Die Karte zeigte Plaß, das Schloß, die Kirche, den Konvent, Park, Brunnen, Brücke. Lauter kleine nebeneinandergesetzte Details in Polykolor. Und auf der anderen Seite stand geschrieben: »Ich denke an alles Gute. Ich werde es nie vergessen, wie schön und wie edel waren die Frauen von Pilsen und Plaß.«

Ich verstand: er meinte damit seine Mutter. Auch meine Mutter. Auch meine Tante. Vielleicht sogar – noch mich. Aber ich möchte mir wünschen und möchte die Hoffnung nicht aufgeben, daß damit sogar – ganz am Rande – auch Fräulein Grimme gemeint war.

Denn einmal muß ja jeder Zorn erlöschen und jeder Grimm begraben werden.

Bruno Brehm

Schwarze und weiße Kreuzer

»Emilie«, sagte meine Großmutter zu meiner Mutter, »dieses Kind ist gar nicht krank, es ist nur so grün vor lauter Schlechtigkeit.« Ja, und weil ich eben so grün vor Schlechtigkeit war, bekam ich die schwarzen und mein Bruder die weißen Kreuzer. Und wenn ich auch so schöne weiße Kreuzer haben wollte wie mein Bruder, dann zeigte mir meine Großmutter, daß auch die schwarzen Kreuzer über den Tisch rollen und aufhüpfend klingeln können; ich sei ja noch so klein, ich könnte das Geld verlieren und auch für schwarze Kreuzer könne man sich beim Zinner-Kaufmann drüben etwas kaufen.

Ja, man bekam etwas für schwarze Kreuzer beim Zinner, aber mein Bruder bekam für seine weißen Kreuzer mehr, viel mehr als das Doppelte. Und wenn man so etwas sieht und auch noch nicht den Unterschied zwischen Kupfer und Nikkel kennt, soll man da nicht wirklich grün vor lauter Schlechtigkeit werden?

Nach welchen Dingen stand mein Begehren? Einmal nach Luchs- oder Bärenzucker, gemeinhin wohl richtiger auch Bärendreck genannt, den man in makkaroniartigen Schläuchlein bekam, dann nach Süßholz und schließlich nach sauren Zukkerln. Ich bekam ein solches Schläuchlein, mein Bruder aber konnte seine vielen in der Hand halten wie ein Straßenverkäufer seine Schnürsenkel. Das fiel mir auf, ich begann nachzudenken, aber weiße Kreuzer bekam ich nicht.

Im Sommer kamen jedes Jahr die vielen Schwestern meiner Mutter mit ihren Kindern bei der Großmutter im Elternhause zusammen. Das war für mich eine kurzweilige Zeit, da gab es viel zu sehen und viel zu raufen und zu streiten. Man mußte zusammenrücken, ich wurde von meiner Mutter getrennt und sollte, damit man meiner sicher sei, bei meiner Großmutter im Zimmer schlafen.

Meine Großmutter war eine stolze Frau; man konnte genug Bilder in dem Hause sehen, die sie hoch zu Roß in schwarzem Reitkleid zeigten. Wie so viele Frauen ihrer Zeit hatte sie ein einziges Vorbild an Schlankheit und Haltung: die Kaiserin Elisabeth. Meine Großmutter lehnte sich nie an, wenn sie aß, sie schritt groß aus, wenn sie in früher Morgenstunde in die nahe Fabrik eilte, die sie nach dem frühen Tode ihres Mannes selbst zu führen vermeinte, während doch ganz allein der kleine Prokurist Schmiedl die Zügel in der Hand hielt. Meine Großmutter hatte so viele Wässerchen und Salben, Tiegel und Näpfe auf ihrem Spiegeltisch stehen, daß ich in der Nacht davon träumen mußte. Es war ja gar nicht auszudenken, was man damit hätte alles anfangen können. Aber ich wagte mich nie ganz nahe an diesen Tisch heran, denn vor meiner Großmutter hatte ich Respekt, ich konnte sie nicht lange genug ansehen: lang und hager, steif und streng saß sie mir bei Tisch gegenüber, runzelig die Haut des Gesichtes, hart die schmalen Hände mit den langen Fingern und rabenschwarz das Haar ihres steifgehaltenen Kopfes. Und da meine Mutter auch zur Großmutter aufblickte, denn diese Witwe hatte neun Kinder erzogen und in Zucht gehalten, so wagte ich in ihrer Nähe kaum ein Wort zu sprechen.

Da aber nun das Haus voll Gäste war und da mir meine Großmutter nicht traute – »Emilie, deinem Bruno trau' ich nicht über den Weg« –, so kam ich also zur Schlafenszeit in ihr Zimmer. Ich erwachte, als sie spät abends eintrat, aber ich rührte mich nicht. Sie beugte sich über mein Gitterbett und fragte: »Schläfst du schon, mein Kind?« Ich rührte mich nicht; ich hielt den Atem an. Meine Großmutter begann sich langsam zu entkleiden. Die Ampel vor dem Muttergottesbild gab genug Licht, daß ich mit halbgeschlossenen Augen alles sehen konnte. Aber meine Großmutter traute dem Frieden dennoch nicht. Sie kam abermals an mein Bett und rief leise meinen Namen. Ich stellte mich schlafend und schnarchte. Dann ging sie vor den Spiegel und hob mit einem Handgriff ihre schönen schwarzen Haare herunter. Um Himmels willen! Wie sah sie aus! Nun hatte sie auf ihrem strengen Kopf oben nur ein paar ganz dünne weiße Fäden! Ich setzte mich, um besser sehen zu können, im Bettchen auf: nein, das war wirklich gespensterhaft! Solche Sachen sieht man nur in der Nacht! Da verwandeln sich die Menschen in andere Wesen!

Das war wirklich kein Spaß mehr; in ihrer langen, spitzenbedeckten Nachtjacke und in dem rauschenden, schwarzseidenen Unterrock sah die Großmutter zum Fürchten aus. Und nun drehte sie sich mit einer hastigen Bewegung um und sah mich im Bettchen sitzen. Sie kam ganz dicht an mich heran, hielt die Perücke in der Hand und vergaß vor Überraschung wohl, sie aufzusetzen: »Du bist ein böses und ein schlechtes Kind«, sagte sie strenge, »solch böse und schlechte Kinder werden ihr ganzes Leben lang nie weiße Kreuzer bekommen! Ich aber gebe Kindern, die sich so verstellen, nicht einmal mehr einen schwarzen Kreuzer!«

Am nächsten Morgen wurde mir mitgeteilt, daß ich ausquartiert sei; bei meiner Mutter wollte man mich nicht schlafen lassen, weil mein Bruder sich mit seinen Vettern besser vertrug als mit mir. Also sollte ich zur dicken Tante Marie, einer Schwester meiner Mutter, in das Zimmer kommen. Ich mußte versprechen, brav zu sein, und ich versprach es. Dafür gab mir die gute Tante Marie vier oder fünf schwarze Kreuzer als Vorschuß. Wenn ich wirklich ein gutes Kind wäre, bekäme ich später auch noch einige weiße Kreuzer. Ich nickte ernst und blickte immer wieder auf die schwarzen Haare meiner

Großmutter. Gar zu gerne hätte ich gewußt, ob diese am Morgen mit jenen vielen Salben auf den Kopf geklebt würden. Aber ich hatte diesen Vorgang versäumt, denn als ich erwachte, war meine Großmutter schon längst unten in der Fabrik gewesen. Jetzt, bei Tisch, hätte ich ja fragen können. Aber meine Großmutter hatte etwas im Blick, das mir davon gründlich abriet. Ich dachte auch, daß meine Freunde mich sehr bewundern würden, käme ich einmal mit dieser Perücke auf dem Kopf hinunter in den Park. Aber ich sah ein, daß dies nicht so leicht gelingen würde.

Am Abend also brachte mich meine Mutter in das rote Zimmer, in dem Tante Marie und ich schlafen sollten. Ich lag noch wach, als Tante Marie hereinkam. Das Nachtlicht brannte, aber Tante Marie zündete obendrein noch die Lampe an. Sie gehörte zu den Leuten, die Köfferchen mit sich führen, in denen alle Schätze der Welt enthalten sind: Halsketten und Armbänder, Riechwässer und Zahnputzmittel, Kämme und Bürsten. Diese Tasche schloß sie nun auf und begann, sich vor einem kleinen Spiegel das Haar zu lösen.

Ich hätte diese Tasche gerne zum Spielen gehabt: »Tante!« rief ich leise. »Du sollst jetzt schlafen!« sagte sie mit gepreßter Stimme, weil sie die Haarnadeln, die sie aus ihrer Frisur nahm, zwischen die Lippen klemmte. »Tante, seit wann trägt Großmama eine Perücke?«

Die dicke Tante lachte: »Du mußt aber auch auf alles kommen! Großmama hat sich sehr über dich geärgert. Daß du mir nur nicht im Ort herumrennst und es allen Leuten erzählst!«

»Ich habe es heute ein paar Buben erzählt, weil ich ihnen versprochen habe, diese Perücke zu zeigen«, sagte ich.

»Du bist ein schreckliches Kind«, sagte die Tante. »Jetzt aber dreh dich gegen die Wand und schlaf endlich ein. So neugierige Kinder werden nicht alt.«

»Ich kann aber nicht schlafen, Tante. Willst du mir nicht deinen Koffer dort hergeben?«

»Das ist kein Spielzeug für Kinder! Sei brav! Wenn du nicht Ruhe gibst, bekommst du keinen weißen Kreuzer.«

Ich drehte mich also gegen die Wand und wartete ein Weilchen. Ich hörte die Schritte der Tante, ich hörte und sah, wie sie das Licht ausknipste. Nur noch das einsame Nachtlichtlein brannte. Ich drehte mich vorsichtig herum: da stand die dicke Tante vor dem Bett und wollte sich gerade niederlegen.

»Was schaust du denn schon wieder, du ekelhafter Fratz!« rief meine Tante.

»Warum sollte ich denn nicht schauen?« fragte ich.

»Hast du noch nie deine Mutter ins Bett steigen sehen?«

»O ja, aber meine Mutter hat keine so dicken Beine!«

»Willst du dich nicht doch noch umdrehen?«

»Nein, ich will deine dicken Beine sehen!«

»Arme Emilie«, seufzte meine Tante, setzte sich auf das Bett, hielt bei den Fesseln unten das lange Nachthemd zu und wälzte sich auf ihr Lager.

»Wart nur, morgen nehm' ich dir auch noch die schwarzen Kreuzer weg, die ich dir gegeben habe«, drohte die Tante.

»Das kannst du nicht«, sagte ich höhnisch.

»Warum denn nicht? Wenn ich es dir befehle, mußt du mir das Geld geben.«

»Ich tu' es aber doch nicht!«

»Dann werd' ich es deinem Vater sagen, da wirst du schnell mit dem Geld herausrücken!«

»Meinem Vater kannst du es nicht sagen«, erwiderte ich gelassen, »denn mein Vater ist im Manöver!«

»Ein solches Kind, das sagte, es wird brav sein, und das dann nicht brav ist, verdient kein Geld, muß die Belohnung eben wieder hergeben.«

»Ich hab' mir aber für deine Kreuzer schon Bärendreck gekauft«, sagte ich.

Und dann sagte meine Tante etwas, woran ich mich erst viele Jahre später erinnerte, und sie sagte es nur wie zu sich selbst und voll Unwillen:

»Das möcht' ich nur wissen, wer es aufgebracht hat, daß dieser nichtsnutzige Bub dort dumm ist!«

Wilhelm Pleyer

Die letzte Schulstunde

Durchs offene Fenster, draußen in der Freiheit, jubelten die Lerchen. Um die Fensterflügel gaukelten weiße Schmetterlinge. Weit hinten, in glücklicher Ferne, vergingen Wälderberge und Himmel in dieselbe Bläue, und eine Wolke schwebte, ein Gebet zur Freiheit, schimmernd im Unendlichen.

Auf dem Gangpflaster schollen rasche, kräftige Schritte, noch einmal sprangen wir siebzehn in den Bänken auf, die Klappsitze knallten. Mit Lächeln und Nicken grüßte unser Direktor, der Rex, und blickte ungewohnt freundlich durch die goldene Brille. Er räusperte wie immer in ein rotes Sacktuch und wischte mit einem weißen den Schweiß von der Stirne und dem rötlichen Adamsapfel, der ansehnlich über dem weißen Priesterkragen ruckte. Er tat es umständlich und ungescheut; Schweißwischen gehört zur Arbeit, Arbeit aber ist heilig.

»Ich habe meine Ferien erst ein paar Tage später als ihr«, lächelte er; »dann fahr' ich nach Konstantinsbad, dort herum ist das Egerland am schönsten. Aber ich bleibe nicht gar lang; zu den Jakobierdäpfeln will ich bei meiner Mutter zu Hause sein. Wissen Sie auch, wie die jungen Erdäpfel am besten zubereitet werden?«

Er fragte diesmal nicht den Primus, auch nicht den Sekundus oder Tertius, er fragte den Dümmsten der Klasse, der vorgestern die Reifeprüfung mit knapper Not bestanden hatte. Der sprang auf und rief: »Grün geschält und mit Kümmel gekocht, Herr Direktor!«

Der Rex nickte lächelnd, schluckte, sein Adamsapfel

machte einen Freudensprung, die Augen leuchteten ihm hell und blickten gradeaus in das ährenrauschende Ländchen, das seine Heimat war; die goldene Brille und der Priesterkragen wurden wesenlos, und aus dem durchgeistigten Gesicht sprangen mit der scharfen Kumpfnase alle Züge hervor, die bäuerlich waren. Um die sonst gepreßten Lippen spielten die Lachteufel; die gestrenge, lehrende und richtende Rechte hob sich, und Zeigefinger und Daumen rieben einander, als streuten sie vorsichtig Salz oder Kümmel.

»Da verstehen wir uns einmal!« sagte er huldvoll zu unserem Klassenletzten. »Aber sie dürfen bloß geschabt und nicht geschält werden, sonst werden sie leicht wässerig, und Salz und Kümmel muß genausoviel daran sein, als meine Mutter daran tut. Nicht wahr, Landsmann, nur die Mutter macht's richtig?!«

Ich sprang auf und nickte lebhaft. Der Rex wollte freundlich auf mich zukommen, doch er besann sich auf den Zweck der Stunde, trat zurück, strich rasch über sein schütteres Haar, räusperte, dachte nach.

Die Stille stand wie ein Dom, Atemzüge waren ehrfürchtige Pfeiler, Lerchenjubel funkelte an goldenem Gerät und schwand. Und aus hohem Gewölbe wallte melodisch hellenisches Wort.

Wie Erzengel traten einzelne Wörter hervor; einer schlug kurz und hart an den Schild und blickte um nach Kampf und Erprobung: Aretee; einer schwang sich auf beflügelten Sohlen, warf den Mantel von seinen Schultern und reckte die Arme hoch auf: Eleutheria!

Tugend und Freiheit!

Der Rex sprach mit wohltönender Stimme die alte Weisheit; fast klang das Wort zu schön: den mundartgewohnten Bauernsohn freuten seit je die Zwielaute des Griechischen, und er verlebendigte jede Silbe.

Dann redete er deutsch. Er nannte den Philosophen nicht, das tat nicht not; er übersetzte nicht, denn mit dergleichen hätte man die angehenden Akademiker beleidigt, auch den Klassenletzten. Aber noch großzügiger war es, daß er, der sonst ganz anderer Meinung, ein Wort Nietzsches anführte: dem Deutschen komme es weniger an auf die Freiheit wovon als auf die Freiheit wozu. »Wählet den Weg nach eurem Herzen; denn viel weiß das Hirn, das entscheidende Wissen aber, die Weisheit, ist im Herzen beschlossen. Nicht die Laune zeige euch den Weg, sondern die Pflicht. Bismarck hat gesagt: ›Wir sind nicht auf der Erde, um glücklich zu sein, sondern um unsere Pflicht zu tun.‹ Ich sage: Wir sind doch da, um glücklich zu sein – nämlich um in der Pflichterfüllung unser Glück zu erkennen. Unser Weg, mag er noch so weit führen, endet, wenn er gut endet, am Ausgang, in der Heimat. Heimat, das ist dort, wo Liebe und Pflicht von uns dasselbe verlangen.«

Er sprach noch einiges in diesem Sinne, dann ging er von Bank zu Bank, wie einst, als er die Vokabulare überprüfte; heute aber schaute er nicht in die Vokabelhefte, sondern in die Augen seiner Schüler, und er drückte jedem die Hand.

Dann stand er wieder vor der Klasse, ließ nochmals den Blick von einem zum anderen gehen, um seine Lippen bebte es, ungesprochenes Wort oder verhaltenes Gefühl – da hob er in seiner Weise die Hand ein kleines zu einem kurzen Winken und wandte sich rasch zur Tür. Wir sprangen auf, ihn zu grüßen – und standen noch eine Weile da, um zögernd aus den Bänken zu treten.

Die letzte Stunde der Achten war vorüber, der Unterricht geschlossen.

E. Guido Kolbenheyer

Rorate Coeli

Vor kaum siebzig Jahren war Karlsbad auch im Sommer ein kleines Nest. Straßen, in denen später hinter hohen Spiegelscheiben Luxuswaren ausgelegt wurden, wie sie kostbarer auf keinem Boulevard einer Weltstadt zu sehen sind, boten in bescheidenen Geschäften Alltägliches zu Kauf. Die Welt war damals noch weit. Kolonialwaren schienen bedeutsam, weil sie über den Ozean kamen.

In einem Laden, der wunderbar nach Gewürzen roch, hingen über dem Verkaufstische zwei geschnitzte Delphine, dunkelbraun lackiert, mit weißblitzenden Augen und Zähnen; im Schaufenster stand fast mannesgroß ein Neger, der eine Straußenfederkrone und einen schillernden Leibschurz trug, er hielt eine Muschel, die zur Hälfte mit Kaffeebohnen und zur Hälfte mit Tee gefüllt war. Er stand inmitten von Mandeln, Rosinen, großen grünen Zitronatfrüchten und Kristalldrusen von Kandelzucker. Und all das wurde mit einer Handwaage auf zwei blanken Messingschalen zugewogen. Es war geheimnisvoll, die Zunge der Waage durch die Gabel schwanken zu sehen; aller Blicke, die des Kaufmanns, der Magd mit dem Korbe und des kleinen Jungen, der manchmal mitgehen durfte, waren auf das schwankende Zünglein gerichtet. Und dann drehte der Kaufmann seine Tüten selbst; zuweilen aus einem groben, gelbbraunen Papier, das nach Süßholz duftete. Solche Geschäfte waren noch zu finden, wo dann während der Kurzeit Luxus ausgelegt wurde, und es waren erbansässige Geschäfte, die auch im Winter blieben, weil sie mit den üppigen Sommerlaunen nicht zu rechnen hatten.

Noch kleiner als im Sommer war Karlsbad dazumal im Winter. Über den Häuserzeilen lag eine gerechte, friedsame Stille. Die grünen Jalousien der oberen Stockwerke blieben geschlossen. Die Familien hatten sich in ihren Häusern zur ebenen Erde angesiedelt. Der Hausrat der Gastzimmer war sorgsam gelüftet, gereinigt und zugedeckt; man betrat die oberen Stockwerke nicht und ließ sie ausruhen. Wäsche, Fenstervorhänge und Schneiderei gaben den Frauen bei aller Tageswirtschaft genug zu tun, und die Männer gingen geruhiger dem Geschäfte und Handwerk nach.

Es gab noch viele Häuschen, die ihre hundert Jahre alt waren, manche nur vier Fenster breit, von einer zweifenstrigen Giebelstube überhöht. Neben der schöngeschnitzten Haustür hatten sie ein einziges breites Bogenfenster. Und dahinter saßen die Hausfrauen vor dem Nähtische. Die Nachbarschaft ging dicht an ihnen vorüber, denn der Bürgersteig war schmal. Man sah einen Augenblick von der Arbeit auf, dankte dem Gruße und neigte das Ohr an die Scheiben, wenn in aller Eile durch das Fenster hindurch mit lauter Stimme und unter lebhaften Gebärden eine Neuigkeit mitgeteilt wurde. Oft nickte man nur, ohne verstanden zu haben, der Freundlichkeit wegen. War aber das Mienenspiel bedeutsam genug, so konnte die Arbeit rasch über den Nähtisch gehäuft werden und... einen Augenblick aus der warmgeheizten Stube auf den dunklen Flurgang, die gehäkelte Wollpelerine fest um Schulter und Brust gestrafft und die Haustür einen Spalt weit geöffnet: So, so, na ja – das war also geschehen... und schnell wieder in die warme Stube, emsig und befriedigt.

Der kleine Junge, der so gern in den Kaufladen mitging, wo die beiden zähnefletschenden Delphine von der Decke hingen, wohnte im letzten Hause der Kurstadt. Als die Telegraphie erfunden war und eingeführt wurde, war dort das Telegraphenamt gewesen. Man mochte der Hast des elektrischen Verkehrsmittels allzuwenig Zutrauen geschenkt haben, da man sein Amt ans Ende der langgestreckten Stadt wies; es mußte bald verlegt werden. Ein Antiquitätenhändler, der Jodokus hieß, bezog die wenigen Räume mit seinen vielen Bildern und Merkwürdigkeiten und mußte dann der Mutter des kleinen Jungen weichen, denn das Haus gehörte der Familie. Eine sonderbare Freitreppe an der Seitenwand führte in den ersten Stock, und die hohen Fenster dieses Stockwerkes sahen über einen Garten und über den Fluß des engen Tales auf den jenseitigen Waldhang, dessen Tannenwipfel sich vom Himmel abhoben wie ein Zug hochgereckter Gestalten in breiten, schleppenden Gewändern. Zu ihnen hinauf sah der kleine Junge zuweilen, wenn das Zimmer dämmrig werden wollte. Und die Arme und Schleppen der Wipfelweibchen bewegten sich leise und feierlich.

Die Mutter des kleinen Jungen war im tiefsten Wesen eine muntere, lebensvolle Frau, deren offenherzige Güte das Haus hätte mit Freude füllen können. Aber sie trug schwarze Kleidung und stand oft in bitteren Tränen vor dem Bilde des Gatten. Dem kleinen Jungen und seinem Schwesterchen war der Vater so früh gestorben, daß sie sich seiner nicht mehr erinnern konnten. Und doch war der Entschwundene bei ihnen. Es verging kein Tag, an dem die Mutter nicht von ihm gesprochen hätte: wie man ihn, einen der besten Baumeister der ungarischen Hauptstadt, geachtet hätte und er doch so liebevoll und besorgt um sie alle gewesen wäre, und wie stattlich und schön er sich geführt habe. Weder die Mutter noch die beiden Kinder zweifelten nur einen Augenblick daran, daß der Vater mit ihnen sei und alles um sie wisse. So lebte eine tiefe, ungestillte Sehnsucht in dem Hause.

Zu dieser Zeit kam der kleine Junge in die Schule. Er war für die ersten beiden Klassen von einem frohbeherzten, jun-

Walther Klemm: Alte Wiese in Karlsbad

gen Lehrer daheim unterrichtet worden und gleich in die dritte Klasse eingetreten. Schutzloser als seine Altersgenossen tat er diesen gewichtigen Schritt ins Leben, denn er fand sich umstrudelt von einem lärmenden Schwarme, der durch zweijährige Schulerfahrung gewitzt war und den Neuling, mit dem breiten, gestärkten Umlegkragen und der hübschen Foulardmasche unterm Kinn, alle Überlegenheit fühlen ließ. Auch mußte es den kleinen Jungen in den Augen seiner Kameraden herabsetzen, daß er den langen Schulweg allein zu gehen hatte; es gab keinen Gespielen weitum in seiner Nachbarschaft.

Kinder sind nicht wohlwollender als die Natur, sie beurteilen jeden nach dem, was er mitbringt und betätigt, nicht nach dem, was hinter ihm stecken oder was aus ihm werden könnte; auch die Natur zahlt keine Vorschüsse eines guten Glaubens. Würde Karlsbad damals schon unter jenem fast weltstädtischen Pulsschlag gelebt haben, den auch Kinder fühlen, so würden sich die Kameraden des kleinen Jungen weniger um die Foulardmasche, den breiten Kragen und darum, daß er den Schulweg einsam machen mußte, gekümmert haben, und er hätte leichter sein leidenschaftliches Verlangen nach Freundschaft und Gemeinsamkeit stillen können. Er wäre so gerne gewesen wie die andern, er kam aber nicht dazu, wie die andern sein zu können, trotzdem er mit einer gewissen Tapferkeit darum kämpfte und schon nach den ersten Wochen der Schulzeit, die zwischen Herbst und Weihnachten liegen, manches zu bestehen hatte, was für einen kleinen Jungen nichts weniger bedeutet als ein tüchtiger Strauß für einen Mann.

Der Lehrer hatte ihn neben den Sohn eines Arztes gesetzt, denn er wußte, daß die Mütter von Jugend auf befreundet waren. Aber der Arztsohn wohnte inmitten der Stadt und kannte eine Menge Jungen. So befremdete ihn die lebhafte

Kameradschaft des Neuen, der all seine Kindeseinsamkeit in einem Anlaufe überholen wollte, und er stellte sich ihm gegenüber spröder an, als er sonst wohl gewohnt war. Der kleine Junge gab trotzdem nicht auf, fühlte er doch, daß er sich selbst durchzusetzen habe und nicht nur eine Kameradschaft. Er lief auf dem Heimwege, der an der schönen Barockkirche vorüberführte, in der Horde mit, deren Haupt der Arztsohn war, achtsam, eine Gelegenheit zu finden, bei der er sich hervortun könne, um Aufmerksamkeit und Wohlwollen zu gewinnen. Diese Gelegenheit kam mit dem ersten Schnee.

Die schulheißen Lungen erquickt von der Winterluft, die Blicke vom Glanze trunken, jagte die Horde den Schulweg nieder und warf sich über den ersten großen Schneehaufen. Der kleine Junge war langsam gefolgt und wurde mit Bällen überschüttet. Er hob seinen Schulranzen wie einen Schild vor sich und drang frohlockenden Herzens gegen das Schneegeschmetter an. Da fiel ein Warnungsschrei, das Geböller stockte, und als er die Tasche senkte, sah er, wie seine Kameraden durchbrannten. Nur der Freund und Nachbar hatte Pech. Der Riemen seiner hastig aufgegriffenen Tasche war von einem langen, schlanken Herrn gepackt worden. Da warf sich der kleine Junge, ohne viel zu überlegen, an den gespannten Riemen, so daß dieser der Hand des Herrn entglitt und der Freund davon konnte, denn der Große wandte sich nun gegen ihn.

»Was fällt dir ein«, rief die zornige Stimme.

»Er hat mir nichts getan ... er ist mein Freund«, war die helle Antwort.

Der Herr hatte die Hand gehoben, sie blieb über dem kleinen Jungen stehen, das zornige Gesicht nahm einen überraschten Ausdruck an. Die Augen des Kleinen sahen offen und furchtlos, er stand weiß überstäubt am ganzen Körper und rührte sich nicht.

»Wie heißt du ... du ...«

»Er hat mir nichts getan«, blieb die Antwort.

»Geh!«

Und der kleine Junge ging zögernd hinterdrein; von den andern war nirgends eine Spur. Sie hätten auf ihn warten sollen. Leise dämmerte in der jungen Brust eine Bangigkeit. War es nicht recht gewesen, dem Freunde beizuspringen? Sie hatten ihm wirklich nichts getan. Daß er ganz weißbeworfen aussah, war nichts. Im Gegenteil, sie hatten endlich mit ihm angebunden und wären sicher mit ihm zufrieden geworden, wenn er erst richtig auf den Schneehaufen gekommen wäre. Keiner zu sehen. Doch! Da drückte sich einer um die Ecke und lauerte dem Langen nach. Der kleine Junge blieb stehen, der andere zog sich zurück und schalt ihn mit wichtigen Mienen, denn das wäre der Lehrer Jäger gewesen, und nun säßen sie alle drin, wenn er aber einen Namen verraten würde, dann ginge es ihm schlecht.

Lähmender Schreck: ein Lehrer. Hätte er ihm nachlaufen und seinen Namen sagen können! Er war danach gefragt worden und hatte nur den Freund verteidigt. Langsam ging er, ohne des andern Knaben weiter zu achten. Was werde nun morgen geschehen?

Er hatte bemerkt, daß die Mutter ängstlich um sein Wohlverhalten besorgt war, sollte sie nun diese wirre Angelegenheit erfahren, ehe er noch recht wußte, was mit ihm geschehen werde? Er beschloß zu schweigen und abzuwarten. Im Innersten war ein Gefühl rege, daß er nicht unrecht gehandelt habe. Der andere Junge, der ihn beschimpft und bedroht hatte, war feige gewesen. Ein Feiger durfte ihn nicht bange machen. Und als er wieder daheim war, wußte er sich so sicher und geborgen, daß sein Herz unbekümmert schlug.

Erst am andern Morgen, da er den Stufen näher kam, die unter das Schultor führten, fiel ihn die jähe Angst an. Im Stiegenhause an dem Pfeiler gegenüber der Tür standen jeden Morgen zwei Lehrer, um die eintretenden Schüler zu überwachen. Da hieß es die Mütze schwenken und sich hübsch verbeugen. Das hatte der kleine Junge immer gern getan, denn er hatte zuweilen einen freundlichen Blick empfangen. Wenn nun ...? Er nahm die Treppen und sah seinen Klassenlehrer und den Lehrer Jäger. Er hörte seinen Namen, blieb mit der Mütze in der Hand stehen und blickte dem Klassenlehrer in die Augen. Sein Vertrauen zu ihm war grenzenlos. Da geschah das Merkwürdige, daß sein Lehrer errötete und freundlich fragte: »Hast du den Herrn Lehrer Jäger noch nicht gekannt?« Der kleine Junge schüttelte den Kopf, sprechen konnte er nicht. »Also dann paß auf ... ein andres Mal.«

Er wartete noch eine Weile und ging dann ein wenig verwundert in die Klasse. Die Sache stimmte nicht ganz. Die beiden Lehrer hatten geschwiegen. Nun wußte ja der Lehrer Jäger seinen Namen. Gestern wäre er von ihm beinahe geschlagen worden, und heute hatte man nur gefragt, ob er den Lehrer noch nicht gekannt habe. Und wenn er ihn schon gestern gekannt hätte?

An diesem Abend kniete der kleine Junge auf dem breiten Lehnstuhle beim Fenster und sah zu den Wipfelweibchen hinauf. Es schneite langsame, große Flocken. Da war ihm sonderbar fromm zumut wie noch nie. Weihnachten, Weihnachten bald. Als müßten es andere Weihnachten werden in diesem Jahr. Nicht nur Christbaum und Lampenkarussell, nicht nur die rote Ampel im Alkoven und die dicken, tränenden Kerzen auf dem Glaslüster, nicht nur die Geschenke – mehr noch, viel mehr.

Doch, einmal in die Welt gestellt, sollte er nahe diesem besonderen Weihnachten noch ein anderes, schweres Erlebnis haben. Zur zweiten Klasse gehörte einer, der auch einen langen, einsamen Weg in die Schule hatte, Sohn eines polnischen Arztes. Ihm ging es nicht gut. Er mußte sich nach der Schule schleunigst drücken, sonst hatte er eine boshafte Rotte hinter sich her, die ihn seines Namens wegen verhöhnte; er hieß Kasimir. Die Karlsbader Kirche steht ober dem Sprudel auf einem steilen Hange, viele Stufen in immer engeren Halbkreisen führen ihrem Haupttore zu. Vielleicht war es eine dunkle Erinnerung an geheiligten Schutz, daß der kleine Kasimir eines Tages vor dem verfolgenden Hornissenschwarme diese Treppe hinaufzufliehen versuchte. Aber man überholte ihn und zog ihm die blaue Tuchmütze über Ohren und Augen, so daß er regungslos stehenblieb, ohne zu sehen, denn er wagte nicht, seine Augen zu befreien. Unser kleiner Junge hörte dem Gezeter eine Zeitlang zu, und da sich Kasimir nicht rührte, die andern aber wieder näherrückten, stieß er, von Mitleid und Ärger erfüllt, einen der Angreifer zur Seite, um den Gepeinigten zu befreien. Er faßte dessen Mütze an dem runden Seidenpompon, um sie hochzuziehen. Er hatte aber Unglück: der Pompon riß ab. Die Quäler heulten vor Vergnügen, Kasimir streifte erschreckt die Mütze zurück, und in diesem Augenblick kam der Lehrer Jäger die Stufen herauf. Der kleine Junge hielt die weiche Seidenkugel in der Hand, und Kasimir bezichtigte ihn heulend des gewalttätigen Angriffes. Darüber war der kleine Junge mehr erschrocken als über das plötzliche Erscheinen des Lehrers.

»Nein ... ich habe ...«

»Schweig mir, frecher Bub! Morgen um elf in die zweite Klasse!«

»Herr Lehrer ...«

»Du schweigst!«

Also schwieg er, blaß und zitternd. Der Lehrer ging. Der kleine Junge warf seinem ungerechten Ankläger den Mützenschmuck vor die Füße. Er hätte vor Empörung weinen mögen, aber er hielt an sich und schlich durch die andern hindurch, die noch schweigend dastanden; sie wußten gut, daß er für ihre Bosheit büße.

Es war die erste Strafe, und sie war ungerecht. Er konnte sie der Mutter nicht verschweigen, denn er würde morgen wohl erst nach zwölf Uhr heimkommen. Besser vorher gesagt als nachher. Also erzählte er, was ihm widerfahren war. Er hatte stark darauf gebaut, daß die Mutter seine Partei nehmen und über die Niedertracht der Welt tief erschüttert sein werde.

Sie hörte ihn wohl zu Ende, aber sie sah keineswegs entrüstet, weit eher ärgerlich zur Seite und meinte kurz:

»Was hast du dich dreinzumischen, wenn dieser Kasimir so ein lahmer Bursche ist!«

»Wirst du nicht zum Lehrer Jäger gehen und ihm sagen, wie es war?«

»Nein. Sitz du nur deine Stunde ab!«

Damit ging die Mutter aus dem Zimmer, und die Tür fiel etwas kräftiger ins Schloß als sonst. So stand er da, der kleine Junge, und auch die Mutter hielt nicht zu ihm. Das Schwesterchen aber spielte für sich, sie bettete die Puppe in den Wagen. Er näherte sich langsam und sah zu. Sie war sehr geschäftig, die Schwester mit der Puppe, und es kam dem kleinen Jungen vor, als ob er stark an brüderlicher Autorität eingebüßt habe, denn die Schwester sagte nichts, sie rollte den Puppenwagen sogar weg. Da verzog er sich an seinen Tisch, packte den Schulranzen aus und stand dann eine Weile, still und allein. Er sah auf den verschneiten Wald hinüber, und weil sein Blick hoch aufgerichtet war, merkte er kaum, daß die Augen voll wurden und überliefen.

Auf Weihnachten zählten sie die Wochen längst nicht mehr, nur Tage noch, viele Tage wohl, aber doch nur Tage. Vielleicht war die Mutter doch nicht über ihn, sondern über etwas ganz anderes an seiner gerechten Sache erzürnt! Er wischte seine Wangen ab. Es kam um diese Zeit viel darauf an, daß die Mutter eines guten Glaubens war. Wenn sie ihm wenigstens übers Haar gefahren wäre, was er sonst schon nicht mehr gerne mochte, denn er war Schüler der dritten Klasse und mußte draußen seinen Mann stehen. Hatte er nicht verteidigt, was recht war? Hätte sein Vater anders getan als er? Und doch, die Mutter hatte ihm kurzweg abgeschlagen, mit dem Lehrer Jäger zu sprechen: sitz nur deine Stunde ab! Warum?

Den ganzen übrigen Tag trug der kleine Junge diese bange Frage mit sich herum und fand keine Antwort. Reden wollte er nicht mehr davon, das wäre klein gewesen, als ob er sich fürchte, auch eine ungerechte Strafe durchzubeißen. Und er nahm sich vor, dem Lehrer Jäger nichts zu sagen, was nach Entschuldigung ausgesehen hätte, selbst wenn der Lehrer fragen sollte. Und auch die Mutter schwieg.

So wurde es spät, und es kam ans Gute-Nacht-Sagen, da mußte der Friede für einen ganzen, schweren Lebenstag geholt werden. Er näherte sich der Mutter bangen Herzens. Sie küßte ihn wie sonst, und da er nicht so schnell wieder fortfand, sagte sie:

»Du darfst morgen früh vor der Schule mit in die Rorate gehen.«

Er sagte nur leise: ja – sprang schnell in sein Bett, vergrub sich in die Kissen. Sein Herz jauchzte. Sie stand doch auf seiner Seite, die Mutter.

Wer damals durch das kleine, verschneite Karlsbad vor Tages ging, der konnte seine Freude an den verschlafenen Gassen haben. Die Gaslaternen winkten von funkelndem Lichtkreis zu Lichtkreis weiter, durch manche Fensterladen sickerte der Schein, und die Höhen umhegten die Häuser über den Gassen mit ihrem dunkelblauen Waldschnee. Alles war eng und geborgen, man begegnete kaum jemand und fühlte sich doch nicht allein.

Die Mutter ging neben ihm in kurzen, trippelnden Schritten, sie hatte ihren Samtpelz an und einen Kapotthut mit schwarzen Jettperlen über ihrer klaren Stirn, sie trug ein Seidenridikül, in dem das Gebetbuch und der Wachsstock lagen. Die Mutter schwieg, in ihrem Herzen schon dieser besonderen Messe der Adventszeit zugewandt. Wie schön war doch der Name der Messe Rorate! Hoffnungsselig klang dieses Wort alljährlich, denn ihm folgte Weihnachten.

Sie stiegen den Kirchberg an, gingen dann über die Stufen zum Kirchentor. Und es war dem kleinen Jungen, da er mit seiner Mutter die Stelle überschritt, wo ihm Unrecht geschehen war, als gäbe es kein Unrecht mehr. Der Altar strahlte von vielen, vielen Lichtern. In den Bänken saßen schon die Leute, und neben den aufgeschlagenen Gebetbüchern brannte je ein Wachsstock.

Die Mutter grüßte flüsternd eine Frau, zu der sie sich gesetzt hatte, und die Frau reichte ihr den brennenden Wachsstock, daß sie den ihren entzünde. Und der kleine Junge saß regungslos und sah in den Glanz des Altars, folgte der feierlichen Handlung des Priesters, dem Orgelspiele, dem Gesang und den Gebeten, aber alles war ihm nur eine weihevolle Begleitung zur Andacht seiner Mutter. Freier und froher wurde er, als habe der Mutter fromme Hingegebenheit seinen Kummer milde zugedeckt wie der Schnee den Boden und ausgeglichen, daß ihm keine Strafe mehr etwas anhaben könne.

Da fielen dem kleinen Jungen die fremden Worte ein, die er zu Beginn der Messe vernommen hatte. Zu verstehen waren die Worte nicht gewesen, aber »Rorate« war der Anfang. Und diese Erinnerung – als werde er nun erst bewußt, daß er wirklich bei seiner Mutter in der Adventmesse saß – erfüllte ihn mit einer großen, lichten Freude.

Der Priester hatte gebetet: »Rorate, coeli, desuper ... tauet, Himmel, hernieder ...«

Der kleine Junge, seine Mutter, die Lehrer und die anderen Leute, die ihn seine Tasche den Schulberg hinauftragen sahen, alle glaubten, er gehe, um lesen, schreiben und rechnen zu lernen. Nun, das tat er ja – er tat es auch.

Emil Merker

Verwilderung im August

Die Landschaft hat nicht viel lieblich Einladendes. Sie ist verdrossen, eintönig. Breit, hüllenlos liegt sie da in nackter, maßloser Fruchtbarkeit. Manchmal scheint sie auch verzückt in einer wilden Trostlosigkeit. Unabsehbar dehnen sich braune Weizenäcker, smaragdene Zuckerrübenfelder. Die Böden sind fett und schwer; oft regnet es wochenlang. Dann sind die lehmigen Hohlwege ungangbar, bei jedem Schritte hängen sich Erdklumpen an die Sohlen, das Gehen wird ein erbitterter Kampf voll stummer Wut gegen diese zähe, freudlose Erde, die zu sich niederziehen und nimmer loslassen will. Monatelang, im Herbst, im Winter, schieben sich schwere, graue Wolken über den Horizont, regnen ein wenig, ziehen weiter, hinweg über vereinzelt aufgerichtete Pappeln, schwarzes Weidengestrüpp an schlammigen Bachufern, über einsame Zeilen dürftiger Zwetschgenbäumchen, die die Feldwege säumen, über eine Handvoll verlorener Dörfer. Freilich, ein paar Sommermonate durch hebt auch ein Gleißen an, eine flammende Sonne brennt in den weißen Racheln, die Erde birst, auf den hartgetretenen Feldwegen klaffen handbreite Risse; unten im Flußschutt stehen mannshohe Königskerzen, wuchert breitblätterige, geile Pestwurz, schwarzes Bilsenkraut.

Der Besitz Frau Evelyns ist eigentlich kein Gutshof, ein größerer Bauernhof ist er, weiter nichts, auf dem der Verwalter mit ein paar Knechten und Mägden sein Auslangen findet. Das Herrenhaus, nichts als ein länglicher, plumper Kasten, in dessen Erdgeschoß ein ungeheures Atelier eingebaut ist, steht in einem verkommenen Park. Ach, Park! Ein paar uralte

Nußbäume sind da, eine schwarze Ulme, eine gespaltene Linde. Darunter ist einfach Wiese, die gemäht wird, wenn es Zeit ist, wie jede andere Wiese. Die Wege sind längst vergrast. Blumen gibt es keine. Dagegen wuchern in den feuchten Mauerwinkeln Kletten und Krauseminze. Krauseminze und Nußblätter zerreiben die Mädchen, wenn sie abends, zu dreien, zu vieren ineinandergehängt, die dunkelnde Dorfstraße entlangziehen, zwischen den Fingern, um das herbe Aroma zu riechen. Einen Brunnen gibt es im Park, einen Springbrunnen, der merkwürdigerweise noch plätschert und sein Wasser auf eine nackte Steinfrau herabregnen läßt, die mit geschlossenen Augen und geschlossenem Mund, halb von Algen überzogen, unter ihm kniet. In dem verwahrlosten Atelier stehen und liegen auch noch ein paar steinerne Köpfe umher, ein hölzerner, zersprungener Satyr, die Maske eines wahnsinnigen asiatischen Teufels, ein Pack vermodernder Zeichnungen; zwischendurch verschiedener anderer Kram, Schaufeln, Harken mit ausgebrochenen Zähnen, alte, durchlöcherte Weidenkörbe, verrostete Gießkannen.

Der Gatte Frau Evelyns, die den Hof ererbt hat, war Bildhauer. Sie spricht nimmer von ihm. Die Frau unter dem Springbrunnen ist sie selbst. Jahre sind seither vergangen, aber jeder kann es noch erkennen. Er hat ihr kein Kind als Vermächtnis hinterlassen, nur ein paar verkrampfte Skulpturen, als er früh starb. Frau Evelyn ist noch nicht alt, wenig über dreißig. Sie könnte noch einmal heiraten. Sie dankt.

Sie nimmt halbjährlich die Verrechnung des Verwalters entgegen, sie hört seinen Berichten zu, nickt zu seinen weiteren Dispositionen, gegen die sie nie Einspruch erhebt. Sie könnte in der Stadt leben. Das wäre bei einer jungen, nicht uneleganten Dame begreiflicher als in diesem weitläufigen Haus auf dem Lande, wo die Wintermonate mit ihrer frühen Dunkelheit so ganz ohne Amüsement sind und auch im Sommer weiter nichts ist, als daß die grünen Bäume das immer etwas feuchte Haus umrauschen.

Sie wohnt trotzdem nicht in der Stadt, sondern hier, und wirkt. Sehr im stillen. Man spricht nicht von ihrer Tätigkeit; aber jede Schwangere, jede Gebärende und Stillende, jede Sterbende weiß davon.

Gegenwärtig ist es August, die Bäume sind schwarz vom dichten Laub, die Felder flirren in Sonne, die Ernte ist im Gang, garbenbeladene Wagen fahren in die Scheunen, leere fahren aus, die Leute auf den Feldern glänzen vor Schweiß, der Segen der Sonne drückt die Menschen an die Erde. Ein paar Mägde sind im Haus tätig mit Himbeersaftkochen, mit dem Einlegen von Sauerkirschen und Pflaumen, mit dem Ansetzen von Arnika, mit Nußschnapsabziehen aus den grünen, herbduftenden Früchten, von denen die Hände schwarz werden.

Ein halbflügges Ding flattert zwischen ihnen hin und her, ein vierzehnjähriges, unruhiges Mädel, ein armes, ungesundes Geschöpf, Gisl, das Kind entfernter Verwandter, früh verwaist, das nun hier lebt, freilich ohne daß Frau Evelyn viel mit ihr anzufangen weiß.

Aber ihretwegen schreiben wir dies hier nicht auf. Wegen des jungen Peregrin schreiben wir es. Das ist ein Sechzehnjähriger, ein Student, ein Schweigsamer, der Sohn einer Freundin der Frau Evelyn. Peregrin, ein merkwürdiger Name. Nun, er ist allerdings wirklich ein Fremdling; man weiß nicht, woher er kommt, das will sagen, wer sein Vater ist. Seine Mutter hat nie jemandem den Namen des Vaters genannt, auch Frau Evelyn, ihrer besten Freundin, nicht.

Da ist er nun, und von Anfang an ging es mit ihm verquer. Wenn Erwachsene ihre Berechnung in Betracht junger Leute anstellen, ist sie immer falsch. Frau Evelyn meinte, er würde guttun, kalmierend, ablenkend, sänftigend auf Gisl, das fahrige Wesen, einwirken, und sagte darum gern ja, als seine Mutter anfragte, ob er ein paar Sommertage auf dem Gut verleben dürfe, solange sie selber wegen einer Operation im Krankenhaus sein müsse. Es wurde nicht so, wie Frau Evelyn gehofft hatte. Es ging schlimm an und wurde nicht besser.

Der junge Mensch war gekommen, arg verspätet gekommen, weil er für nötig befunden, sich erst um ein tschechisches Dienstmädchen, das er im Zuge getroffen hatte und das sich nicht Rat wußte, zu kümmern. Er hatte ihr den nicht leichten Koffer ins nächste Dorf geschleppt. Man hatte mit dem Kaffee auf ihn gewartet, Gisl war vor nervöser Neugierde bereits unerträglich. Nun war er endlich da, machte vor Frau Evelyn eine ernste Verbeugung, nahm ihre dargebotene Rechte und küßte sie. Dann gab er Gisl die Hand und sagte ein wenig zerstreut: »Servus!«

Sie warf den Kopf zurück, sah von unten zu ihm auf und sagte: »Sie machen das ja reichlich ungeschickt.«

»Was?« fragte er verdutzt.

»Die Hand küssen!« Aber eigentlich war es die ihr selbst verrückt erscheinende Enttäuschung, daß er nicht auch ihr die Hand geküßt, nicht einmal den Versuch dazu gemacht hatte.

Es war in der Laube gedeckt, Frau Evelyn ging den Kaffee holen. Peregrin, der müde ist vom Kofferschleppen, setzt sich an den Tisch. Gisl sagt schneidend: »Sie hätten sich vielleicht erst waschen können!« Er schaut sie an, schaut seine Hände an, die rechte, die linke, innen und außen, und sagt: »Ich bin nicht dreckig!« Dann sieht er auf und setzt hinzu: »Ich denke, wir sagen ›Du‹ zueinander.« Sie beachtet es nicht, sagt nur spöttisch: »Sie sind Student? Nach Ihrem Gesicht zu schließen wahrscheinlich auch Philosoph oder gar Dichter.« In einer Sucht, ihn möglichst zu beleidigen, häuft sie sinnlos: »Muttersöhnchen, was? Vorzugsschüler, Primus, wie? Sie sehen so dürftig aus.« Er sieht sie verwundert an und schweigt.

»Warum sagen Sie denn nichts? Fällt Ihnen nichts ein? Sie sind wohl nicht sehr schlagfertig?«

»Doch«, sagt er, und da hat sich auch bereits das Undenkbare vollzogen, noch ehe Frau Evelyn zurückgekommen ist. Gisl hat einen Schlag auf den Mund bekommen, einen Klaps nur, doch schwellen ihr im Augenblick die Lippen. Peregrin aber sitzt schon wieder ruhig da, die Hände in den Hosentaschen, als ob nichts geschehen wäre. Kaum daß es in seinem Gesicht gezuckt hat. Gisl aber ist aufgesprungen, schwankt, lächelt verzweifelt und irr, weiß, daß sie ein Fratz war, sich unmöglich benommen hat, gezüchtigt worden ist; und ist ratlos, wie sie das überleben soll. Sie rennt weg und zeigt sich vor Nacht nicht mehr.

Mit zusammengebissenen Zähnen untersucht Peregrin abends sein Bett und zieht vielleicht eine Stunde lang unter dem Leintuch, aus dem Deckbett, aus den Kissen wohlversteckte Nadeln hervor. Dann steht er eine Weile am Fenster und horcht in das Rauschen der Ulme hinaus. Schließlich zieht er sich aus. In der Stube hängen Studienköpfe, Aktzeichnungen, die man, um sie loszuwerden, achtlos ins Gastzimmer gehängt hat. Er besieht sie, während er die Hosenträger löst, die Krawatte, einen ärmlichen Waschselbstbinder, aufknotet und das Hemd aufknöpft. Auch ein Bild Frau Evelyns aus jungen Jahren ist hier, es hängt hoch über der Kommode. Peregrin steht im Nachthemd auf einem Stuhl und besieht es: ›Sie ist jetzt noch viel schöner‹, denkt er.

Am Morgen beim Frühstück fällt ihm das Bild wieder ein, und er sieht die Frau forschend an. Um diese lidverhangenen

Augen, deren Blick ist, als ob er alles abgetan, ist ein Geheimnis, denkt er unruhig.

»Warum schaust du mich so an, Peregrin?« Er sieht weg.

Nachher stöbert er unter den Büchern, er findet eins, das ihm paßt, er strolcht durch den verwilderten Park, setzt sich endlich unten beim Springbrunnen, in dessen Wasser er seine Füße hängen läßt. Da ist auch dieser Teufel, Gisl, wieder neben ihm. Auch sie ist barfüßig, ihr kurzes Röckchen brauchte sie nicht erst hochzuziehen, wie sie sich neben ihn setzt und gleichfalls die Beine ins Wasser hängt. Heute duzt sie ihn.

»Glaubst du, ich weiß nicht, warum du gerade hier sitzt und die Figur anstarrst?«

»Ich starre sie nicht an.«

Gisl achtet nicht darauf, in ihren Augen glitzert es: »Weil sie nackt ist.«

Er zuckt die Achseln und fragt gleichmütig, kaum ironisch: »Soll ich lieber dich ansehen?«

»Esel«, sagt sie wild und gibt ihm einen derben Stoß. Nach einer Weile flüstert sie: »Weißt du, wer das ist?«

Da gehen ihm plötzlich die Augen auf. Wie hat er das nicht gleich erkannt!

Peregrin tut sich ab von den Frauen im Hause. Im Hause sind nur Frauen. Er fährt mit aufs Feld, schichtet die Garben auf dem Leiterwagen zurecht, er steht breitbeinig oben, eine derbe Magd reicht zu, der Knecht hilft auch mit, weil er die beiden alten Braunen ruhig allein lassen darf. Er ist dreißigjährig, spricht womöglich noch weniger als Peregrin. Sympathie verbindet die beiden. Sie fahren heim, Peregrin sitzt hoch oben in den Garben, der Knecht geht nebenher. Sie laden ab, sie fahren wieder hinaus. Peregrin ißt mit am Gesindetisch, löffelt Milchsuppe, ißt Schwarzbrot mit Quark und kommt nur ungern, als Frau Evelyn nach ihm schickt.

Er stiftet überall Verwirrung, ohne daß er es will, nur dadurch, daß er da ist. Das ist allen spürbar. Er ist der geheimnisvolle Kern dieser Augusttage, unter deren Glut alle stöhnen, außer ihm, der gelassen da, dort auftaucht, nicht erhitzt, nicht schwitzend, nur mit brauner Haut und gleißendem Haar. Er treibt sich mit den Hunden herum, denen er im Schatten der Nußbäume beibringen will, über eine Leine zu springen. Er macht es ihnen vor, wirft seine unbeschuhten Beine über die Schnur; doch sie begreifen nicht, wozu es gut ist, darüber zu springen, wenn sie untendurch oder an der Seite herumlaufen können, und schauen nur mit vor aufgeregter Lust fletschenden Zähnen zu ihm auf. Er hilft im Stall beim Ausmisten, sieht zu, wie die Jungmagd melkt. Es ist dämmerig, ein starker, kräftiger Geruch steht in der Luft, es ist bedrängend warm. Ihre Hände streichen über das Euter, sie sieht schräg zu ihm empor, er erwidert ihren Blick, lächelt zerstreut. Sie gibt ihm kuhwarme Milch, die er gleich im Stalle trinkt. Sie sagt etwas, aber er hört nicht darauf, geht langsam weg.

Er sitzt am Morgen beim Frühstück Frau Evelyn gegenüber, sie bietet ihm eine Zigarette an; ein sechzehnjähriger Junge wird doch eine Zigarette rauchen! Er dankt, sieht weg, schweigt, raucht nicht. Sitzt da, und seine schlanken Beine sind nackt von den Sandalen bis hoch über die Knie, weil sich die ohnedies kurzen Leinenhosen beim Sitzen noch weiter hinaufschieben. Sein weißes, halboffenes Hemd mit dem weichen Umlegekragen, mit den Manschetten, aus denen die ganz festen, breiten Hände kommen, wirkt sehr keusch. Seine Befangenheit läßt lange Pausen im Gespräch entstehen. Gisl wirft aus Fahrigkeit ihre Tasse um, lacht exaltiert, rennt weg, ist wieder da, ehe man es vermutet, umflackert ihn, paßt auf, spioniert. Bis er plötzlich die Ohren spitzt, auf ein bestimmtes

Peitschenknallen aufspringt, verlegen bittet, weggehen zu dürfen. Frau Evelyn, noch am Tisch sitzend, sieht ihn zum Tor hinausfahren, auf dem Leiterwagen stehend, die Zügel in der Hand, die Peitsche schwingend; der Knecht sitzt dahinter, raucht, braucht sich gar nicht zu kümmern.

Aus der Küche kommt Duft von Johannisbeeren. Anna stellt ein Tellerchen voll beiseite, damit es bis Mittag kühl ist. Die bucklige Hausnäherin sitzt an der Maschine, bessert für Peregrin Wäsche aus. Er ist nicht sehr gut damit ausgestattet. Man spricht von ihm, gewissermaßen voll Andacht. Was das für ein Name sei? Frau Evelyn, die eintritt, sagt, daß er ›Fremdling‹ bedeute. Darauf schweigt man unter den Frauen nachdenklich noch eine gute Weile, als sie schon wieder gegangen ist. Das Johannisbeerkompott zu Mittag, das man ihm heimlich zusteckt, ißt er nicht; er sitzt damit vorm Haus auf dem Bankl und füttert es in einen rotznasigen, vier-, fünfjährigen Dorfjungen hinein, der dickbäuchig vor ihm steht.

Zehn Tage oder elf ist der Junge hier und ist noch immer so verschlossen. Ein verkommenes, räudiges Kätzchen hat er einmal draußen irgendwo aufgestöbert und heimgebracht. Das pflegt man nun in der Küche wie eine kranke Prinzessin. Er kommt mitunter, hockt sich vor der Backschüssel nieder, in der es liegt, sieht sich ernsthaft an, wie es die mageren Glieder streckt. Es ist nichts Schönes, dieses Kätzchen, und mauzt erbärmlich.

Kommt Peregrin ins Dorf, ist auch schon eine Rotte Jungen um ihn herum. Er ist selten aufgelegt, viel mit ihnen zu reden. So trotten sie hinter ihm drein, schweigen auch oder flüstern nur ehrerbietig. Manchmal, wenn er nicht kommt, wagen sie sich sogar bis herauf, pressen die schmutzigen Gesichter an die Gitterstäbe. Er geht mit ihnen hie und da hinunter zum Fluß, sie immer wie ein Schwarm Fliegen hinter ihm drein. Es liegt ihm nichts an ihnen. Er muntert sie nicht dazu auf, er duldet sie nur. Er kümmert sich wenig um sie, wenn er sich, seine Badehose schwenkend, den verwachsenen Weg zwischen Schilf und Weidendickicht, über dem flirrende Libellen mit blaugleißenden Flügeln stehen, schmal hindurchwindet.

Er ist immer als erster ausgezogen; aber einmal, als er schon fertig ist, der schwarze Trikotfetzen wie eine Trauerbinde seine Hüften umspannt, steht er da und geht merkwürdigerweise nicht ins Wasser. Und plötzlich bleiben den anderen die Mäuler offenstehen. Denn während er fest einen nach dem andern ins Auge faßt, knüpft und zieht er mit ein paar verächtlichen Griffen die Schleife des Bandes wieder auf, tut die Hose mit ein paar wegwerfenden Rucken ab, hebt sie mit der Zehe des rechten Fußes in Reichhöhe, knüllt sie zusammen und schleudert sie in den Fluß.

Scheu und ohne die Lider zu heben, tut nach einer Weile einer der Jungen, ein großer Blonder, das gleiche, dann die anderen.

Lauernd, mit einem Glimmen in ihren eng beieinander stehenden Augen, erzählt es abends Gisl vor dem Schlafengehen Frau Evelyn. Sie war hinter dem Weidenstumpf am andern Ufer versteckt und hat alles gesehen. Nun wartet sie, das unselige Geschöpf, was Frau Evelyn sagen wird. Aber die sagt nichts, erledigt es als belanglos mit einer bloßen Kopfbewegung und streicht Gisl über das Haar. Da geht es mit dieser auf einmal durch, sie schlingt die Arme um den Nacken der Frau und heult los, dies verstörte, nervöse Waisenkind. Auch jetzt sagt Frau Evelyn nichts, schaut nur in den dämmernden Abend hinaus und hat den Arm um die zuckenden, noch dürftig-schmalen Schultern gelegt.

Sonniger Junge ist Peregrin keiner, wahrhaftig nicht.

Er sitzt in dem wenig benützten Salon, die Glastür zur Terrasse ist offen, er hat die Sandalen von den Füßen geschoben und diese in den Fauteuil hinaufgezogen. Vor dem Fenster wühlt ein ruheloser Wind das Laub der Ulme durcheinander, so daß sein Gesicht fortwährend von Blätterschatten und grünlichen Lichtern überlaufen ist. Es ist eine gute Stille weit und breit.

Da schiebt sich unnützerweise Gisl herein und zerreißt sie mit ihrer bloßen Gegenwart. Sie schielt zu ihm hin, er kümmert sich nicht darum, liest weiter. Sie packt umständlich und aufdringlich ihren Geigenkasten, den sie auf den Flügel gestellt hat, aus. Ihr Mund ist verkniffener als je. Sie wird spielen. Gut spielen wird sie; er wird aufhorchen, er wird klein werden und sie ansehen, aber für sie gar nicht existieren. Vielleicht wird er etwas sagen, was sie gar nicht hören wird. Sie wird nur die Geige gleichmütig hinlegen, noch ein wenig herumstehen, als ob niemand da wäre, und dann hinausgehen.

Sie beginnt; sie kratzt mit dem Bogen jämmerlich über die Saiten und erbleicht, weil sie einsieht, daß sie nichts kann. Sie wird zornig. Das hat sie gewußt, daß sie nichts kann! Aber jetzt hätte es müssen über sie kommen, daß sie trotzdem gut gespielt hätte. Sie wird wild, die Töne kreischen. Sie gibt sich gar keine Mühe, sie rein zu greifen. Was! Mag sie noch so mißtönig spielen, der *muß* sagen, daß es großartig sei, der versteht doch nichts, der ist doch ganz unmusikalisch. Sie spielt kein Musikstück. Das könnte sie auch kaum. Sie spielt nur ihre eigene, verwilderte kleine Seele. Sie schielt zur Seite, sie lächelt. Vielleicht wird er sich die Ohren zuhalten; dann wird sie ganz nahe herangehen und erst recht schrillen lassen. Vielleicht wird er auch einfach weggehen.

Er tut nichts von alledem. Er sitzt und liest weiter. Sie hält erschöpft inne. Er rührt sich nicht. Sie geht zu ihm, schiebt ihm den Bogen zwischen Buch und geneigten Kopf, nun berührt sie mit der Spitze seine Nase. Er faßt nur gelassen mit der Rechten darnach, schiebt ihn beiseite und liest weiter. »Was sagst du zu meinem Geigen? Hm?«

»Grauenvoll«, sagt er, ohne aufzusehen, und wendet gleichmütig ein Blatt um.

»Du hast zu sagen, daß es schön war. Erstens aus Höflichkeit, weil du doch hier zu Gast bist, ein armer Schlucker, der sich bissel rausfuttern möchte. Und zweitens, weil du doch gar nichts verstehst. Sogar Hubermann sagte, daß ich Talent habe, und der dürfte mehr Urteil haben!«

»Na also! Was fragst du dann mich?«

Die Bogenspitze umkreist ihn wie eine lästige Fliege: »Das war Grieg, was ich spielte. Du hast es natürlich nicht gemerkt!«

Er lacht: »Blödsinn.«

»Wenn ich will, hast du es sogar für Beethoven zu nehmen, du lächerlicher Bub du.« Und sie tickt ihm bei jedem Wort auf den bloßen Nacken.

»Laß mich in Ruh!«

Sie blinzelt durch die gekniffenen Lider: »Das müßte ein ganz scharf geschliffener Degen sein.« Und sie drückt ihm die Spitze gegen die Kehle: »Du kannst natürlich nicht fechten. Dazu bist du doch viel zu feige.«

Nun greift er mit der Linken nach dem Bogen, legt das Buch weg, faßt ihn auch mit der Rechten, biegt ihn durch, daß das Roßhaar beängstigend schlaff hängt. Im nächsten Moment wird es knacken. Sie lauert gespannt, in ihrer grauen Iris glimmert es.

»Du traust dich ja nicht!«

Er sieht sie kalt an, sagt langsam und leise: »Du stehst mir nicht dafür«, gibt ihr den Bogen zurück und bückt sich, die

Sandalen überzustreifen, um wegzugehen. Da saust der Stab über seinen Rücken.

Peregrin ist aufgesprungen, in seinen Augen flammt es dunkel, er hat ihr Gelenk umfaßt, daß im Augenblick ihre Finger weiß werden, dreht und dreht, langsam, ohne sie aus den Augen zu lassen, mit jenem oft geübten Jungengriff, der auf die Knie zwingt, der sie noch weiter, noch niedriger hinabnötigt, bis ihr Kopf auf dem Fußboden liegt. Dann schnallt er die Sandale an, nimmt sein Buch und geht. Sie liegt noch immer lautlos und reglos, lange, nachdem das Knirschen seiner Schritte auf dem Kies schon verklungen ist.

Peregrin steht ein bißchen verlegen herum. Hinter dem Gutshof geht ein schmaler, versteckter Weg, weil auf der anderen Seite eine hohe Mauer, die den Friedhof umsäumt, ansteigt. Kletten mit ungeheuren Blattschirmen wachsen dort, meterhohes Brennesselgebüsch, es riecht feucht und scharf. Peregrin blickt ein wenig um sich, ob ihn jemand sieht, dann biegt er dort ein. Er geht langsam, man muß auf den Weg achten, er ist manchmal voll Unrat. Nach einer Wendung, als man ihn nicht mehr sehen kann, bleibt er stehen, vor sich starrende, dunkelgrüne Nesselstauden, Blätter und Stengel bewehrt mit den dünnen, gläsernen Stacheln. Nun streichelt er leise mit den flachen Händen über sie hin, indes ein Lächeln seinen Mund umspielt. Er zuckt zusammen: der erste brennende Schmerz. Nun ein zweiter, ein dritter, am Unterarm, wo die Haut zart ist. Er schließt die Augen, haut jäh hinein, während der Schmerz ihn schüttelt.

Etwas müd Erloschenes in den Zügen, die Hände, die Arme bis zu den Ellbogen voll weißer Blasen, geht er endlich weiter. Er versucht an der Kirchentür; sie ist offen wie gewöhnlich. Er tritt ein, die ein wenig dumpfe Kühle umfängt ihn. Auf den Steinfliesen schlurfen seine langsamen Schritte. Er besieht sich die häßlichen Kreuzwegstationen, eine nach der andern. ›JESUS fällt das erste Mal unter dem Kreuze‹; ›JESUS wird seiner Kleider beraubt und mit Galle getränket‹; so entziffert er die nachgedunkelten, vom wurmstichigen Holz abblätternden Inschriften. Er wendet sich ab. Das Lichtpünktchen der Ewigen Lampe glimmt mühsam hinter dem roten Glas. Peregrin kniet nieder und kühlt seine brennenden Hände an den Steinen. Und dann, da die Stellung ihn bald müde macht, legt er sich nieder, preßt die Hände bald mit dem Rücken, bald mit der Innenfläche immer wieder woandershin, liegt wie ein Büßer, die Augen geschlossen, den Mund an den ausgetretenen Steinen, über die die Füße schon so vieler Generationen gegangen sind.

Am Abend, es dunkelt schon, holen sie, der Knecht und Peregrin, noch einen Wagen Klee. Während der Knecht die Sense führt und das pralle, schon vom Abendtau feuchte Laubwerk in breiten Schwaden niedersinkt, treibt sich Peregrin am Rain herum, pflückt da etwas, pflückt dort etwas. Als man heimfährt und die beiden langsam neben dem Wagen herstapfen, stehen seine Hosentaschen ab, aus denen es blau schimmert und hie und da graugrüne Stengel herausstehen. Bewahrt man einen Strauß Kornblumen in den Hosentaschen auf?

Spät – es sind warme Nächte, zunehmender Mond – macht Frau Evelyn noch einen Gang durch den Park, Gisl an ihrer Seite, eng an sie geschmiegt, trostbedürftig. Sie kommen auch an der Nixe vorüber, um deren Marmorkopf ein blauer Kranz liegt. Als Gisl es sieht, schiebt sie im Nu die Spangenschuhe von den Füßen, ist schon im Wasser, hat den Kranz heruntergerissen, zerfetzt die Blumen in immer kleinere Stücke.

Es ist ein wundervoller Sommerabend nach einem glühendheißen Erntetag, Menschen und Tiere sind verschwitzt. Peregrin und der Knecht reiten die zwei schweren Braunen in die Schwemme. Unten, nachdem er das blaue Hemd über den Kopf gestreift, die Hosen aufgekrempelt hat, steht der Knecht im Wasser, wäscht sich seinen vom Brand des ganzen endlosen Sommers braunroten Nacken, der sich vom übrigen helleren Körper in scharfer Linie abhebt. Dann beginnt er mit Bürste und Striegel die Pferde zu bearbeiten, die bis zum Bauch im Wasser stehen. Auf dem breiten Rücken der Liese sitzt währenddessen Peregrin, seine Zehen, die gerade bis zum Wasser reichen, pritscheln mit den Wellen, seine Augen schauen über den blendenden Spiegel gegen den Sonnenuntergang hinter den verkohlten Uferbäumen, dann fängt er an zu singen:

»Ich hab ein wildes, rotes Blut,
ich zieh hinein in'n Krieg.
Wenn ich zerschossen an der Erden lieg,
dann, erst dann ist's gut.

Ein junges, heißes Blut ich bin,
hab doch am Leben keine Freud.
Besser als morgen stürb ich noch heut
mit meinem wirren Sinn.«

Der Knecht hört schweigend zu, striegelt das Hinterteil des Pferdes und wehrt die Bremsen ab.

Endlich einmal, nach Wochen, hat es geregnet. Nicht geregnet, gegossen. Ist gut. Die Ernste ist so ziemlich herein, Kartoffeln und Rüben aber können die Feuchtigkeit brauchen.

Frau Evelyn hat einen Gang, Peregrin begleitet sie. Es ist keine leichte Sache. »Da ist ein Mädel, so alt ungefähr wie du, Peregrin. Nun trotzdem. Sie erwartet schon ein Kind. Hat abzuhelfen versucht, das ratlose, verlorene Geschöpf. Nun liegt es in seinem Blut.«

Peregrin sagt nichts, hängt den Kopf.

Es ist trostlos, alles, die ganze Landschaft. Auf einmal hat der Sommer sich selbst vergessen, ist griesgrämig geworden. Die Bäume, die Wiesen, alles ist kalt und trägt schwer am Leben. Ein Köter hat sie angefallen und kaum vorübergelassen. Nun steht er noch immer feig vor der sichernden Haustür und kläfft herüber zu Peregrin, der an der Wand des Häuschens lehnt, in dem Frau Evelyn verschwunden ist. Sie kommt nicht wieder. An das Mädel da drinnen denkt Peregrin nicht. Er hat seine eigenen Sorgen und schaut bös auf den Kläffer.

Als Frau Evelyn endlich erscheint und sie heimgehen können, wartet Peregrin schon gespannt. Und wieder kommt das Biest angeschossen, mit seinen räudigen, triefenden Augen, dieses Ungeziefer von einem Hund, und fährt um sie herum. Peregrin stößt nach ihm, ohne ihn zu treffen. Und als nun das Vieh Frau Evelyn richtig ans Bein gefahren ist, da flackert eine maßlose Wut in seinem Gesicht auf, blitzschnell hat er sich gebückt und zugepackt, umdrosselt ihm mit beiden Händen den Hals, unbekümmert darum, daß ihm die Pfoten Hände und Arme blutig kratzen, preßt zusammen, und angeekelt haut ihn Peregrin gegen den Straßenpfeiler.

Sprachlos hat Frau Evelyn zugesehen, es dauerte nur Sekunden. »Peregrin«, sagt sie endlich schwer. Sie schweigen beide den langen Heimweg. Es fängt wieder an zu regnen. Erdklöße hängen sich an die Schuhe, es geht sich elend.

Als Frau Evelyn am Abend in die Mühle hinuntergeht, um Gisl zu holen, die den ganzen Tag nicht heimgekommen ist, liegt einer am Abhang des Hohlweges hinter einem niederen

Robinienbusch, platt auf dem Bauch, den Kopf in die nach vorn geworfenen Arme verwühlt. Schläft er?

Ja, schläft man im nassen Gras, in dem schon kühl werdenden Abend? Aber Frau Evelyn sagt nichts, sie geht vorüber.

»Tante, schau, was wir gestickt haben: Dein Monogramm«, sagt Gisl freudestrahlend und zeigt das jämmerliche Genähe aus rotem Garn, mit dem sie eins der neuen Batisttaschentücher verdorben hat.

»Ja, aber es ist Zeit zum Heimgehen.«

Ach, solange dieser arrogante Bengel da sei, wolle sie überhaupt nimmer hinauf. Sie gehen schließlich doch. Als sie zum Robinienstrauch kommen, ist die Stelle leer, nur das Gras ist zerdrückt.

Die Tage glühen wieder, nur ein feuchter Brodem, der aus der Erde steigt, erinnert noch an den Regenguß. Die Stunden fiebern in der steigenden Sonne dem Mittag entgegen, stehen still in Glut und Selbstversunkenheit und neigen sich schließlich in hohem Bogen Abenden zu, die mit endlosem, goldigem Abschiednehmen und Nichtfortfinden zermürben.

Endlich ist der letzte Tag von Peregrins Besuchszeit da. Weiß Gott, daß alle froh darüber sind! Die Mutter ist zwar noch im Krankenhaus, aber eine Nachbarin wird die Führung des kleinen Haushaltes übernehmen. Nächste Woche geht ja auch die Schule wieder an. Peregrin sitzt an der weißgetünchten Hauswand unter dem offenen Fenster der Plättstube, den Kopf an die glühende Mauer zurückgelehnt, an der die Fliegen summen. Es ist etwas Trägverschlafenes in dieser frühen Nachmittagsstunde. Er hat die Lider halb über die Augen gesenkt und lächelt. Drinnen die Mägde bügeln; seine Hemden, seine Hosen, damit er mit sauberer Wäsche heimkommt. Seine Linke ruht geschlossen neben ihm auf der Bank. Darin sind eine Anzahl haselnußgroße Kiesel. Truthühner, die, immer hungrig, das Wirtschaftsgebäude umstelzen, beäugen ihn mißtrauisch und feindselig. Er blinzelt sie unter den halbgeschlossenen Lidern an, er kann sie nicht leiden. Mitunter legt er eins der Steinchen auf sein übergeschlagenes Knie, zielt ein bißchen und schnellt es mit Daumen und Zeigefinger ab. Manchmal trifft er, dann geht ein aufgeregtes Tschikkern los. Sie plustern sich auf, empört, rucken ihre dummen Köpfe hin und her. Der Truthahn stolziert gegen ihn an, seine Flügel schleifen im Kies, sein Hinterteil entfaltet den Federfächer, sein Kamm ist blaurot vor Wut. Auf diesen garstigen, rohen Fleischlappen zielt Peregrin. Er trifft ihn nicht. Eine Zwiesel müßte man haben! Nun ist er auch mit seinen Geschossen zu Ende und zu faul, sich neue zu holen.

Drin die Mägde reden von ihm, er versteht jedes Wort. Er ist halb wie im Traum, lächelt schläfrig. Das Kätzchen ist verendet, trotz der Pflege der beiden Mädchen. Es starb wohl keines natürlichen Todes.

Gisl stelzt vorüber, sie ist grün und mager. Sie stellt sich vor ihm auf, sagt ernst: »Na, morgen werden wir dich los!«

Er nickt phlegmatisch; sie tritt näher an ihn heran. »Weißt du, dich, dich könnte ich vergiften!« Er nickt nur noch einmal, ohne die Lider zu heben. Sie ist ratlos vor Haß. Sie sucht nach etwas, was sie ihm noch antun könnte. Ihre Augen irren umher: »Unten der Verwalter hat Rattengift, das sieht aus wie Staubzucker. Gib acht, vielleicht bringt dir die Tante heute abend recht schön überzuckerte Himbeeren.«

Er nickt wieder: »Wäre nicht schlecht«, sagt er. Und nach einer Weile: »Was fürs ›Interessante Blatt‹. ›Der Giftmord auf dem Gutshof.‹ Nebenstehend das Bild der jugendlichen Verbrecherin.« Er lächelt kaum.

Sie läuft fort, Peregrin ist müde und traurig. Am Abend, der Koffer ist schon gepackt, sitzt er noch im Gartenzimmer. Frau Evelyn bringt Erdbeeren mit Schlagsahne und Zucker.

Gisl schaut auf Peregrin, er lacht nur verächtlich. Sie mag keine Erdbeeren und verschwindet.

So sitzen sie allein beisammen, Frau Evelyn und der Junge, und schaufeln mit ihren silbernen Löffelchen das Obst.

»Schmeckt's, Peregrin? Zum letztenmal!« Frau Evelyn lächelt.

Er nickt: »Vielleicht wirklich zum letzten Male. Vielleicht essen wir uns jetzt den Tod.« Er sagt es bedächtig und führt ein Häufchen Schlagsahne zum Mund. Und er erzählt von Gisls Worten. Frau Evelyn sieht ihn an: »Und da ißt du so gleichmütig?«

»Natürlich! Das ist ja Unsinn. Und wenn's wahr wäre –!«

»Wenn's wahr wäre?«

»Läg' auch nichts daran.« –

Wie ist das? Er sieht sie nicht an und weiß doch jede Falte ihres Kleides, wie sie da im niedrigen Lehnstuhl, den Kopf gegen ein Polster zurückgelegt, ihm gegenübersitzt.

»Du schläfst wohl schon, Peregrin?«

»Nein, aber ich werde bald gehen«, sagt er schwerfällig. »Morgen muß ich zeitig auf.«

Frau Evelyn sieht ihn an, in der Linken ihr Schüsselchen, die Rechte spielt mit dem Löffel, es ist der mit den Spuren ihrer Zähne. Vor Jahren hat sie diese Spuren hineingebissen, in einer schlimmen Stunde; der ihr gegenüber saß, war der Bildhauer. Seither liebt sie dies Löffelchen mit einer bitteren Genugtuung.

»War es schön hier, Peregrin?«

Er schüttelt den Kopf: »Nein, es war nicht schön.«

»Wirst du an niemand gern zurückdenken?«

Er schweigt.

»An Gisl wohl nicht?«

Er schüttelt den Kopf.

»An mich?«

Er schüttelt ihn wieder, langsam und schwer. Es ist überall lauter Irrsinn. Alles verbrannt. Nirgends ist frohe Ruh. In mir auch nicht, geht es ihm wirr durch den Sinn.

Sie schweigen eine Weile, dann sagt er in die Dunkelheit: »Doch, an einen werde ich gerne zurückdenken. An den Knecht.«

Frau Evelyn wird in die Küche gerufen. Als sie wiederkommt, hat nicht mehr ihr Löffelchen, sondern das Peregrins das Mal von den Zähnen.

Wie verbrannt, das ist richtig, denkt er, als er eine Stunde später in seinem Bett liegt und den Kopf in das Kissen vergräbt. Am ganzen Körper wie verbrannt. Es ist schwül im Zimmer, draußen zieht ein Gewitter auf. Die Polster, die Laken sind glühend. Er wirft die Decke weg, wechselt immer wieder die Lage, eine kühlere Stelle zu finden.

Jung sein, wovon man immer in so überschwenglichen Tönen spricht, das war auch was Rechtes! Lauter böse Wirrsal, nichts weiter. Ein Fremdes brach über einen herein, das einen nichts anging, das etwas wollte, wovor einem graute.

Er wirft sich herum. Hinter seinen geschlossenen Lidern ist Frau Evelyn, sie liegt im Lehnstuhl... Ihr Mund... Er preßt den Kopf in das Kissen, wenigstens ihr Löffelchen hat er an seinen Lippen gefühlt!

Aber, und das ist das Schreckliche, er liebt sie ja gar nicht, er ist nur versengt von der Begierde nach dem Geheimnis ihres Leibes. Und Helligkeit? Nein, Helligkeit war nicht in ihm, nur verworrenes Dunkel.

Er findet keinen Schlaf. Noch einmal Licht machen, ja! Vielleicht noch ein bißchen lesen. Da fällt ihm ein, daß er sein Buch hat unten im Gartenzimmer liegen lassen; die Mythologie. Plötzlich lauscht er, von einem Gedanken gespannt, in die Dunkelheit: Phaedon, was er nachmittags gelesen... wie war das mit Phaedon? Der umarmte...

Er atmet schwer, in harten Stößen schlägt sein Herz gegen die Brust.

Nein, nein! Er wirft sich, von dem Gedanken erschreckt, in das Bett zurück und starrt mit aufgerissenen Augen gegen die Zimmerdecke. Aber lächelnd, mit einer beklemmenden, atemberaubenden Süßigkeit kommt die Vorstellung in seinem Blute gekrochen: Die Steinfrau, sie...

Ehe er es will und weiß, ist er auf. Er schwankt leicht.

Vor dem offenen Fenster liegt die Nacht in warmer Dunkelheit, fast greifbar. Er tastet sich über die Holztreppe, die bei jeder Stufe leise knarrt. Die Haustüre, ob sie offen ist? Er drückt nieder, lautlos gibt sie nach. Er schleicht sich am Gebüsch entlang, nirgends ist mehr Licht. Katzen miauen auf dem Scheunendach. Die Bäume stehen schwarz und riesenhaft, kaum heben sich ihre Konturen von dem wolkenumzogenen Himmel ab. Nun sieht ihn niemand mehr, hier herunter kommt keiner. Es dämmert weiß durchs Dunkel, das Wasser plätschert. Schweratmend steht er einen Augenblick still. Das Wasser ist warm. Er schließt die Augen. Nun hat er seine Arme um ihre Knöchel, ihre Füße gelegt, seine Hände gleiten an ihr empor, seine Arme umschließen zart und scheu ihre Schultern. Der warme Regen des Springbrunnens überrieselt ihn und sie. Er hat ihr den Mund auf den Nacken gelegt... »Evelyn!«

Und – es antwortet leise, bebend wie seine eigene Stimme: »Peregrin! Laß die Steinfrau – – –, die ist tot.«

Er erwacht und weiß nicht, wie er jetzt noch weiterleben soll. In fliegender Hast ist er am Ufer, in seinen Kleidern. Da ist jemand um das Bassin herumgekommen, ein weicher Frauenarm legt sich um seinen Nacken, zieht seinen Kopf an sich, ein Gesicht schaut ganz nahe in das seine: »Junge, hab nicht so verstörte Augen...«

Und jetzt geschieht das Seltsame. Er reißt sich los, stürzt

fort, rennt an Bäume, kommt zur Mauer, muß hinüber, schürft sich blutig, rennt quer über das abgeerntete Kornfeld, dessen Stoppeln ihm die Sohlen zerstechen. Das tut nichts, es tut ihm wohl. Rennt, rennt, wirft sich irgendwo ins Gras, rafft sich wieder auf, rennt weiter und verkriecht sich schließlich in einen Schober, in dem er fröstelnd kauert, bis es dämmert. Durch den grauenden Morgen schleppt er sich heim.

Ehe es Tag ist, sitzt er schon auf der Station und wartet, der Knecht, der mitgegangen ist, den Koffer zu tragen, neben ihm. Sie sitzen schweigend, dann geben sie sich die Hand, und Peregrin steigt ein.

Ob sie wohl im ganzen zehn Worte miteinander gesprochen haben?

Erst nach Jahren erfährt Peregrin, daß man am selben Morgen Gisls Leiche aus dem Fluß gezogen hat.

VICTOR FLEISCHER

Mutter Ruhmann

Der Oberlehrer Enders stand schon eine Weile vor dem Haus, darin sein pensionierter Amtsvorgänger wohnte, und zögerte noch immer einzutreten. Schlechte Nachricht mußte er bringen. »Dem Gefreiten Ruhmann geht es gar nicht gut«, schrieb der Kollege in dem kleinen Ort bei Wien an den Freund im Erzgebirge. »Die Operation hat nichts geholfen, es wird wohl bald zu Ende sein mit dem jungen Menschen. Er weiß es auch und hat nur einen Wunsch noch, den er ständig wiederholt: seine Mutter will er noch einmal sehen. Sie soll gleich herfahren. Nun, ich kann mir denken, daß es dort mit dem Geld ein bißchen knapp ist; drum hab' ich mich an ein paar gute Menschen gewendet und auch genug zusammengebracht, daß es für die Reise langt. Das Geld schick' ich Dir hier. Ich weiß nur nicht, ob Du die Frau vorbereiten sollst: wenn sie ihn noch lebend wiedersieht, ist das vielleicht schlimmer, als wenn sie zu spät kommt... Man hat ihm nun auch das zweite Bein abnehmen müssen, und wie gesagt, das hat auch nichts geholfen... Sie soll sich beeilen mit ihrer Reise...«

Ja, wie sollte man das den Eltern beibringen? Mit dem Geld zur Reise ist nichts getan. Der alte Ruhmann liegt selbst seit Monaten zwischen Leben und Sterben, die Frau, die seit vierzig Jahren keine drei Stunden weit vom Dorf weggewesen ist, wird ihn jetzt nicht allein lassen können... Aber hinschikken muß man sie doch...

Mit schwerem Schritt trat Enders über die Schwelle.

Indes in der Küche Frau Ruhmann flüsternd mit dem Freunde

beriet, was denn zu tun sei, belauschte der schwerkranke alte Mann seinen eigenen Herzschlag. Er wußte zuviel vom Körper und den Organen, als daß er nicht längst verstanden hätte, was das schwache, unregelmäßige, aussetzende Pochen bedeute. Zwischen ohnmächtigen Stunden halber Bewußtlosigkeit kamen immer wieder diese hellen, unheimlich hellen Augenblicke, und oft schon hatte er gedacht, wie gut es wäre, wenn man etwas fester auf das klopfende Herz drücken könnte, so fest, daß es auf einmal ganz still werden müßte, damit die Qual ein Ende habe... nicht die eigene, die Qual der Frau, die seit vielen Wochen Nacht um Nacht bei dem Schlaflosen wachte... Die eigenen Leiden ertrug man ja gern, weil die eine Hoffnung doch stärker war als alles Wissen: die Sehnsucht nach dem Kind, der Wunsch, den Sohn aus dem Krieg heimkehren zu sehen, noch einmal wenigstens seine Hand zu drücken, einmal sein Gesicht zu berühren... Um wieviel leichter war es, an ihn zu denken, seit man wußte, daß er verwundet bei einem Kollegen in Pflege sei... Ein ungefährlicher Gewehrschuß... Gewehrschuß... Ja, warum sollte es denn kein Gewehrschuß sein?... Das Bein würde bald ganz heil sein, und dann konnte der Karl wohl als Rekonvaleszent nach Hause kommen...

Behutsam wurde die Tür geöffnet, Oberlehrer Enders trat herein und hinter ihm Frau Ruhmann.

»Gute Nachrichten?« fragte der Kranke gleich.

»Ja«, sagte Enders. Und Frau Ruhmann wußte gar nicht, woher sie die Kraft hatte, zu lügen: »Ja, es geht ihm schon viel besser... Er darf schon aufstehen, und denk nur, er will, ich soll hinkommen, damit ich's selber sehe und dir's dann erzählen kann, wie gut es ihm schon geht...«

Die beiden, die nun mehr als ein Menschenalter miteinander gelebt und keiner je dem andern ein unwahres Wort gesagt hatten, vermochten nicht, einander in die Augen zu sehen.

Der Alte hielt die Blicke auf seine abgemagerten Hände gesenkt. »Ja, das mußt du auch tun, du mußt gleich hinfahren zu ihm«, sagte er, und dann schauten sie einander an, als wollten sie beide fragen: Glaubst du mir jetzt die Lüge?

»Ach, es wird nicht nötig sein«, wendete die Frau ein. Die Kraft wollte ihr versagen, aber sie hielt sich aufrecht. »Ich kann dich doch nicht allein lassen...«

Er lächelte. »Hast Angst, ich könnt' dir davongehen indessen?... Sei ohne Sorge, ich bleib' schon da und wart' auf dich ...«

Und gleich, damit die eindeutigen Worte sie nicht quälten, sagte er noch: »Der Kollege wird die paar Tage schon für mich sorgen, nicht wahr?«

»Ja... gern... Und nun will ich ihm nur sofort telegraphieren, daß die Mutter kommt, da hat er die Freude schon im voraus...«

Frau Ruhmann machte ihr Reisebündel zurecht, dann stand sie wieder neben dem Bett des Kranken. Lange sahen sie einander in die Augen, wie eben Menschen, die Abschied nehmen und nicht wissen, ob sie noch einmal die Stimme des andern hören werden, und nur die Blicke redeten. Aber endlich ward die stumme Zwiesprache zu schmerzlich und drängte nach erleichternden Worten. »Du Gute«, sagte der Alte leise, und dann nur noch: »Ja, sag ihm, daß ich an ihn denke bei Tag und bei Nacht...«

Frau Ruhmann saß nun im Zug und hielt die Augen geschlossen. Die weite Reise, die sonst allein ein Ereignis, vielleicht das größte in ihrem Leben gewesen wäre, kam ihr gar nicht zu Bewußtsein; nur den einen Gedanken hatte sie: daß sie von dem einen Sterbenden zum andern eile; nur die eine Angst: daß sie zu spät kommen könnte. Sie wollte es nicht denken, wollte nicht und kam doch nicht los von dieser Vorstellung, und verzweifelt begann sie zu zählen, wie die Räder stoßweise polternd über die Schienen ratterten. Bleiern fiel Müdigkeit auf sie nieder; nach Monaten durch Willensstärke ertrotzten Wachens schlief Frau Ruhmann zum erstenmal wieder ruhig ein, merkte nicht mehr, wie der Zug dahineilte, nicht, wie er da und dort anhielt und weiterfuhr, merkte nicht, wie der Abend kam und die Nacht, saß auf der harten Holzbank und schlief, eingehüllt von barmherziger Schwäche, bis am Vormittag ein unlängst noch fremder, seit wenigen Wochen vertrauter Ortsname gerufen ward, mit aufrüttelndem Klang in ihren Halbschlaf eindrang und sie, jählings aufgeschreckt, sofort begriff, daß sie nun aussteigen müsse.

Als sie von der Station weg allein neben der Fahrstraße dem Städtchen zuschritt, donnerte drüben gerade eine Gewehrsalve über die Kirchhofsmauer hin.

Das war der Veteranenverein, der dem jungen Kameraden die letzte militärische Ehrenbezeigung leistete. Die Mutter ahnte es wohl und lief geraden Weges zum Friedhof hinüber, vorbei an den uniformierten Männern, die jetzt zum Ort zurückmarschierten. Sie hastete weiter, packte endlich ein paar Leute an und fragte, ob der Schulmeister dabei sei.

Dann stand sie mit dem fremden Mann, der ihren Sohn sterben gesehen, an dem halboffenen Grab; ihre Augen schauten brennend heiß ins Leere, und sie hörte aus allen Trostworten doch nur heraus: er ist tot, ist gestorben, bevor die Mutter kam.

»Er ist eingeschlafen«, sagte der Lehrer, »mit der Freude, daß Sie dasein werden, wenn er erwacht. Das Telegramm hat ihn ganz glücklich gemacht. Mehr Freude hätten Sie selbst ihm auch nicht bringen können als das Stückchen Papier.«

Und wieder lärmte der Zug durch die Nacht, wieder saß Frau Ruhmann in die Ecke gedrückt, immer wieder überwältigt von Müdigkeit, aus der sie jede halbe Stunde die Angst aufschreckte, daß sie nun auch nach Hause zu spät kommen werde. Sie hätte weinen mögen, um Erleichterung zu finden, und hielt doch die Tränen zurück, damit ihre Augen dann nicht gerötet seien, denn sie konnte die Zeit und die Entfernung nicht abschätzen und wollte mit ruhigem Gesicht zu ihrem Mann ins Zimmer treten.

Endlos war die Nacht, unsäglich weit schien dann der Weg von der Stadt zu dem Gebirgsdorf hinauf.

Der alte Oberlehrer saß aufgerichtet im Bett. Seine angstvoll gespannten Sinne hatten sie gleich erkannt, als sie unten die Haustür aufklinkte. Er beugte sich vor, als wollte er ihr entgegeneilen.

»Dem Karl geht's gut«, sagte sie noch in der Tür und wunderte sich, daß sie seinen fragenden Blick so ruhig aushielt. »Gott verzeih' mir die Sünd'!« betete sie im stillen und lachte mit frohem Klang: »Er marschiert schon ganz ordentlich durchs Zimmer. Man merkt ihm gar nichts an. Ja ...«

Der Kranke sah sie an mit jenem hellsichtigen Blick des unbetrügbaren Wissens, das die schönen Zweifel letzten Hoffens überwunden hat. Aber auch er lächelte, um sie nichts merken zu lassen. Langsam ließ er sich in die Polster zurücksinken.

»Ja, ja ... heute schneit es wieder ... Aber es wird doch bald Frühling werden ... Dann wird der Karl da sein und mit mir im Garten unten in der Sonne sitzen ...«

Dann sprach er den ganzen Tag kein Wort mehr.

Am Abend begann er, wie immer seit Wochen, zu fiebern. Frau Ruhmann stand neben seinem Bett und hielt seine Hand. Sie suchte den Puls und fand ihn nicht; so schwach war er.

Da schlug der Oberlehrer auf einmal die Lider auf und sah sie an.

»Hast du meine Reisetasche fertig gemacht?« fragte er.

»Ja«, gab sie zurück, ohne nachzudenken, was er wohl meinte.

»Das ist recht«, sagte er. »Ich muß jetzt abreisen. Ich will ihn von dir grüßen, du Gute...«

Ganz leise kamen die letzten Worte zu ihr her.

Die Kerze flackerte, und Frau Ruhmann merkte nicht, daß die Augen ihres Mannes starr und ausdruckslos wurden. Dann horchte sie erschreckt, um seinem Atem zu lauschen, horchte lange vergeblich, legte ihre Hand auf seine erkaltende Stirn und strich ihm sanft übers Gesicht, um seine Lider zu schließen.

Sie fühlte, daß ihre eigenen Augen weit offenstanden, und sah doch nichts als einen ungewissen, verschleierten Lichtschein.

Josef von Führich

Ein Maler erzählt aus seiner Heimat

Außer den kirchlichen Festen des Jahres, die mich seit frühester Jugend, noch ehe ich etwas Wesentliches von ihrer Bedeutung verstand, immer mit einer eigenen Begeisterung erfüllten, waren meine größten Feste: ein Gang über Land mit meinem Vater nach diesem oder jenem Ort hin. Der gewöhnlichste und mir liebste Ausflug dieser Art war der nach Reichenberg, später auch nach Friedland und dem nicht weit davon gelegenen Wallfahrtsorte Haindorf. Wenn mir als Knaben schon die ärmliche Kirche meines Geburtsortes mit ihren wenigen Bildern und Schnitzwerken an Altären und Kanzel imponierte, so fand ich an den genannten Orten für mich unversiegbare Quellen des Staunens und der Bewunderung. Wenn ich dem Vater bei einem Schreiner im Orte oder einem Bauer auf einem nahen Dorfe ein Brautgeräte, Laden, Bettstellen, Schränke anstreichen und mit bunten Blumen und Landschaften schmücken half, so hatte ich das frohe Gefühl, ein brauchbares Glied der Familie zu sein. Mein Vater unterstützte meine Naturschwärmerei mit der Erlaubnis, durch zwei Sommer die Kühe hüten zu dürfen. Wer war glücklicher als ich?

Wenn ich bei meiner kleinen Herde, an einem kleinen Feldraine hingelagert, die weite schöne Gegend überschaute, über welcher die flatternden Wolkengebilde rätselhaft hinzogen und große wandelnde Schatten über Gebirge und Täler breiteten, wenn ich den Stimmen der Luft und Wälder lauschte, unterbrochen vom fernen Gesang der Hirten, dem Brüllen und Blöken der Herden, dem Holzschlag aus dem

Walde und dem Glucken und Murmeln der Bäche: dann zogen wunderbare Bilder an mir vorbei – aus mir heraus und in mich hinein. Die Einsamkeit sprach mit beredter Zunge zu mir. Damals verstand ich wenig davon, erst heute verstehe ich meine Jugend.

Die Gegend meiner Heimat hat nicht die Großartigkeit der Alpenwelt, aber immer noch Reiz genug, um jedem Empfänglichen für schön zu gelten. Lange, mit allerhand Holz, besonders aber mit ernsten, duftigen Tannen- und Fichtenwäldern bedeckte Bergzüge, mit weiten, offenen Tälern, die oft kleinere von überraschend schöner und romantischer Lage mit Felsen und Wald einschließen, klare Bäche und ein großer, von den Bergen niedergehender Quellenreichtum, herrliche Wiesen, lieblich begrünte Hügel, wo Gruppen säuselnder Birken stehen, eine weite Aussicht von der Höhe mit einer alten Buche oder zerstürmten Fichte gekrönt, die man weit sieht, von solchen Stellen sich hinabziehende Gründe, Fichten und Tannen, deren einförmiges, geheimnisvolles Rauschen im Tale etwa von dem Geklapper einer Mühle unterbrochen wird, liebliche Dörfchen mit großen Linden vor den Bauerngehöften und von den Dörfern aufwärts Äcker und Saatfelder bis zum Saum der Wälder, die sie teilweise wieder herabziehen und mit duftenden Kräutern bedeckte Bergwiesen traulich und heimlich einschließen – das war die Natur, die mich umgab, in jeder Tages- und Jahreszeit mir immer neu und lieb.

Aber der Geist, der überall, wo die Kirche herrscht, seinen sanften Lebenshauch verbreitet, verleiht auch der Natur eine höhere Weihe, indem er den Wanderer an schönen und bedeutenden Punkten der Landschaft durch Kapellen, Kreuze oder sonst ein einfaches Bild an seine höhere Heimat und an die Geheimnisse unserer Erlösung erinnert. So kunstlos und ärmlich auch diese Monumente der Frömmigkeit oft sind, so führen sie doch eine tief eindringliche Sprache. Diese lernte ich früh.

Wenn wir sonntags eine Anhöhe erstiegen und der Vater, bevor wir uns umsahen, beim Kreuze den Hut abnahm und halblaut sein Gebet sprach: »Wir beten dich an, Herr Jesu Christ, denn durch dein heiliges Kreuz hast du die Welt erlöst« – wenn er im Anblick der reichen Segensfülle der Natur mir von der schuldigen Dankbarkeit gegen Gott sprach – oder wenn er im rauschenden Walde, an der Muttergotteskapelle vorbeischreitend, ein Ave gebetet –, so war ich mir zwar damals der tiefen Eindrücke nicht bewußt. In späteren Lebenslagen kam mir dann oft die Erinnerung an so manche Heimkehr mit meinem Vater, wenn der Abend in die Täler sank und ich inniger seinen belehrenden Gesprächen horchte und sie erwiderte – wenn wir in der duftenden Stille durch die Dörfer wandelten und der Vater die etwa vor der Türe sitzenden Landleute mit dem schönen Gruß »Gelobt sei Jesus Christus!« grüßte oder denselben Gruß eines Vorübergehenden mit den Worten »In Ewigkeit!« erwiderte, oder wenn er beim Klang der Abendglocke das Angelus Domini sprach und nun der Kirchturm unseres stillen Örtchens aus der Dämmerung hervortrat und hie und da ein freundliches Licht, wenn uns die Mutter freundlich entgegenkam und ich bei einem Gerichte Kartoffeln die kleinen Abenteuer des Tages erzählte: – das und so vieles andere kam mir später oft wieder zu Sinne unter veränderten inneren und äußeren Verhältnissen.

Erhard J. Knobloch

Gretel

Ich war damals siebzehn. Sie um einiges jünger. Gretel hieß sie. Kein besonderer Name, gewiß. Aber wenn ich abends in meiner Kammer lag und ihn zärtlich und leise vor mich hinhauchte, war mir, es gäbe keinen schöneren Namen auf der ganzen Welt.

Alles konnte man ausdrücken mit diesem Namen, ohne auch nur ein anderes Wort hinzuzufügen: alle Zärtlichkeiten, alle Sehnsucht, Freude, Bitten und Qualen, eben alles, was ein junges Herz bis zum Überschäumen füllen kann. Gretel! Das war plastischer Stoff, man konnte ihn formen, mit der Zunge, mit dem Gaumen und dem Atem. Tausendfachen Sinn konnte man ihm einhauchen. Und ich wurde verstanden. Das las ich in ihren Augen, hörte es am Klang ihrer Stimme, wenn sie meinen Namen sagte. So hörte ich ihn überhaupt zum erstenmal, meinen Namen!

Willy Lang: Elbe bei Tichlowitz

Ja, ich war jung und verliebt. Meine erste Liebe. Und es war Sommer. Das Getreide stand hoch im Halm. Bald würden die Schnitter kommen.

Es war ein Sonntag. Ein Tag voller Sonne und Sommer, so recht geschaffen für zwei junge verliebte Menschen. Wir gingen Hand in Hand durch die Felder – und schwiegen. Wir waren glücklich, uns so halten zu dürfen, so an den Fingern, wie Kinder. Ach, das war viel. Was sollten da Worte? Die Vögel sangen ja, die Ähren rauschten, und der Wald raunte herüber.

Es ging etwas bergan. Die goldenen Ähren blieben zurück und lagen nun zu unseren Füßen wie ein wogendes Meer. Dort hinten ein Dorf. Man sah nur die roten Dächer zwischen Baumwipfeln und einen Kirchturm darüber.

Am Waldrand stand eine Bank unter zwei Birken, deren Stämme miteinander verwachsen waren, eng verschlungen wie ein liebendes Paar.

Hier ließ ich mich nieder. Gretel war etwas zurückgeblieben, sie pflückte Blumen, Glockenblumen und Margeriten. Ich sah ihr zu. Ein schönes Bild, wie sie so in der Wiese kniete, in den wiegenden Gräsern und Feldblumen. Über den Hang guckten die Ähren und nickten ihr zu.

Gretel kam heran, leicht in den Hüften wiegend. Ja, sie war schön, sehr schön. Blondes Haar fiel ihr in Locken auf die Schultern, der leichte Wind und die Sonne spielten darin; es umrahmte ein feines, weißes Gesicht, aus dem zwei Augen blickten, so blau wie der Himmel und so hell wie der Bergbach. Auch ihre freien Arme waren weiß, trotz der Sommersonne, durchsichtig hell. Wenn ich sie fest umfaßte, würde sie zerbrechen, mußte ich denken. Da war sie heran und hielt mir den Strauß hin. Ist der nicht schön? Ja, sehr schön – Mutter würde sich freuen.

Dann saßen wir zusammen, hielten uns an den Händen und

sahen über das Land, waren still und glücklich. Ab und zu sah ich sie heimlich an, umfaßte ihr sonnendurchflutetes Haar, tastete über ihre geliebten Züge und glitt die weißen Arme hinab zu den schmalen Händen, die den Strauß hielten. Sie lächelte, ohne ihr Gesicht zu wenden.

Ich sah, wie an ihren Armen die feinen blauen Äderchen durch die Haut schimmerten. Sie führten geradenwegs zum Herzen. Mit dem Finger fuhr ich behutsam darüber hin. Wie ich so ihre Hand hielt, fiel mir ein etwas dunklerer Strich über dem linken Handgelenk auf, kaum sichtbar, wie eine Ader stark. Ich hatte ihn vorher nie bemerkt. Eine alte Narbe mußte es sein. Vielleicht, daß sie sich einmal gerissen, an einem Nagel vielleicht oder an einem Glasscherben.

Gretel hatte meinen Blick bemerkt und errötete leicht. Es war ja auch dumm von mir, so lange auf diesen Fleck zu starren. Was war denn zu sehen? Nichts. Ein kurzer feiner Strich, und man mußte schon genau hinsehen, um ihn zu entdecken. Hatte ich sie verletzt?

Aber Gretel lächelte schon wieder, etwas verlegen, als müßte sie sich entschuldigen, und sie sah mich nicht an.

»Ach das. Das ist lange her«, sagte sie. »Vielleicht zehn Jahre. Ich weiß es nicht mehr genau. Sehr klein war ich damals noch. Ich habe mich selbst mit dem Messer geschnitten. Ich wollte Schmerzen fühlen, weißt du, leiden, büßen für eine Schuld, die ich glaubte auf mich geladen zu haben. Ach, ich war ein kleines dummes Mädel damals, gell?« Ich nickte und fuhr zärtlich mit dem Finger über die Narbe.

»Das kam so«, erzählte sie weiter, »ein paar Tage davor hatte ich im Garten gespielt. Da fand ich in der Laube Vaters Klappmesser, das er hier vergessen haben mochte, als er die Sträucher ausschnitt. Ich wollte es ins Haus tragen. Aber eigentlich müßte ich es erst einmal ausprobieren, dachte ich, und klappte es auf. Von einem Johannisbeerstrauch schnitt ich ein Zweiglein. Oh, wie fein das ging! Dann schnitt ich in das Stämmchen einer jungen Kirsche, ganz tief. Dabei ertappte mich die Mutter. Sie war sehr ernst, und ich verstand das nicht, das Schneiden ging doch so schön. Sie nahm mir das Messer aus der Hand und hob mich zu sich auf den Schoß. Und sie erzählte mir eine lange Geschichte, daß jedes Ding eine Seele habe, jede Blume und jeder Strauch, jeder Wurm und jeder Vogel, und alles käme aus Gottes Hand.

Sieh, das Bäumchen hier, es fühlt wie du, und vielleicht muß es nun sterben. Da war ich sehr traurig, denn das hatte ich nicht gewollt, und ich sann lange, wie ich diese Schuld wieder gutmachen könnte. Fast den ganzen Tag saß ich bei dem Bäumchen, streichelte es und weinte. Du darfst nicht sterben, nein, nein. Ich will dafür büßen.

Einige Tage später bekam ich das Messer wieder zu fassen, ich hatte aufgepaßt, wo es der Vater verwahrte. Und ich rannte damit zu meinem Bäumchen, hockte mich hin und schnitt mich in den Arm – so, siehst du. Es tat sehr weh, daß ich am liebsten geheult hätte. Aber ich unterdrückte es. Wenn nur alles wieder gut war und das Bäumchen nicht mehr zu sterben brauchte! Im Frühjahr darauf stand es in seinem ersten Blütenschmuck, wie mit Schnee überschüttet. Da hätte ich laut aufjauchzen mögen vor Freude; denn ich dachte ja nicht anders, als daß meine Reue und mein Opfer das Bäumchen haben wieder gesund werden lassen.

Und – weißt du, ich glaube es auch heute noch«, fügte sie leise hinzu. Und nach einer Pause: »Nun lachst du mich sicher aus. Weil ich so dumm bin, gell?« Dabei beugte sie sich errötend über die Blumen in ihrer Hand, als müsse sie sich schämen für ihren Kinderwunderglauben.

Alfred Kubin

Besuch in der Heimat

Auf diesen Besuch hatte ich mich schon lange gefreut. Die Reise sollte das Geschenk sein, welches ich mir zum vollendeten fünfzigsten Jahre machte. Ich hatte mir nichts Besonderes vorgenommen, wollte mich nach Lust und Wunsch vom Augenblick treiben lassen und die Erinnerungen der Kindheit, die sich an meine Geburtsstadt knüpften, nochmals beleben. Als dreijähriger Junge habe ich mit meiner Mutter Leitmeritz verlassen, um diese Stadt – meine Mutter war inzwischen gestorben – erst mit zehn Jahren für ein paar Monate wiederzusehen. Mein Vater heiratete damals die Schwester der Dahingeschiedenen, welche bei den Großeltern in einem alten Haus am Stadtplatz wohnte. Es waren demnach immerhin vierzig Jahre vergangen, bis ich die Stätte meines frühesten Erdenwandels wieder besuchen sollte; ich war auf den kommenden Eindruck begreiflicherweise sehr gespannt.

Drei Tage war ich diesmal zu Beginn meiner Böhmerlandfahrt im düstern Eger Gast meines Verlegers Stauda, dann fuhr ich weiter nach Karlsbad, wo ich einen schwerkranken Freund aufsuchte, der bald nach diesem Zusammentreffen seinem Leiden erlag. Die Weiterfahrt durch das nordböhmische Land stand teils noch unter dem Druck der Traurigkeit über den Zustand meines Freundes, teils machte sich auch schon, während sich ein leiser Regen einstellte, jene einzigartige, seltsam träumerische Stimmung bemerkbar, die mich in den nächsten drei Tagen nicht mehr verlassen sollte und die sich erst auf der Weiterreise nach Prag langsam löste. In einem etwas hergenommenen Wagen des schwachbesetzten Zuges hatte ich eine ganze Abteilung für mich allein und machte es mir auf den Lederpolstern bequem. Ich sah zum Fenster hinaus, wo in einem hellen Dämmergrau mir unbekannte Landschaften vorüberglitten. Ich konnte mich ungestört meinen Gedanken überlassen, die alle gefärbt waren durch das eigentümlich Versonnene der ganzen Vergänglichkeitsstimmung, welche mir diese Reise zu einem so unvergeßlichen Erlebnis machen sollte. Große Kohlenlager tauchten auf, wir fuhren an Brüx vorüber, der Heimatstadt meines Vaters, ein Blick erfaßte gerade noch den auffallenden, kegelförmigen Schloßberg, von dem er mir gar oft erzählt hat. Im weiteren Verlauf der Fahrt kam ein blaßglänzender Streifen in Sicht – die Elbe. Die Landschaft hatte sich inzwischen weit geöffnet, und ein merkwürdiger Bergbuckel mit einem Kreuz auf der Höhe unterbrach die flachen Bodenwellen, mich dunkel bekannt ansprechend; es war der Radobil, wie man mir später sagte. Nun ging's durch einen ganzen Hain schon halb in Blüte stehender Obstbäume und an einem weithin sich erstreckenden Friedhof entlang – der Zug hielt, wir waren in Leitmeritz, mir zunächst gänzlich fremd, denn gerade diesen Bahnhof der Stadt hatte ich früher nie betreten.

Inzwischen hatte sich der Sprühregen in einen ganz respektablen Landregen gewandelt. Von einem jungen Paare, meiner Base und meinem Vetter, wurde ich empfangen und durch einige längere Gassen zu einem rötlich aussehenden einfachen Gebäude geleitet – meinem Geburtshause. Es befand sich noch im Besitz meiner Tante, die mich nun aufs herzlichste aufnahm. Ihr Gatte, der Bruder meiner Mutter, war seit Jahresfrist nicht mehr unter den Lebenden. Nach der Begrüßung und einem guten, böhmischen Essen gab es dann, da der Regen mittlerweile aufgehört hatte, noch einen Spaziergang in Gesellschaft des heitern Volks der jungen Verwandten. Was ich dabei sah, enttäuschte mich recht. Da waren eine Anzahl neuer Gebäude, langweilige Schulen, Villen, allerhand Anstalten. Dann wurden neue Anlagen durchwandert, schließlich ein höhergelegener Aussichtspunkt erstiegen, während die Dämmerung langsam vorschritt; auf dem Rückweg erkundigte ich mich nach dem Kinderspielplatz, jener weitläufigen Grube, von hohen Pappeln umstanden, wo es immer so laut und lustig zugegangen war. Sie war aufgefüllt, und eine mir völlig uninteressante Neuanpflanzung, eine Art Stadtpark, wie man ihn überall sehen kann, machte sich jetzt breit.

In den Abendstunden unterhielten wir uns dann, wie das so üblich ist, beim Durchblättern verschiedener Alben mit Photographien von zahlreichen Personen, unter denen viele ihre Erdenrolle längst ausgespielt haben, die teils durch Alter und Krankheit dahingerafft wurden, teils auch im Krieg ihr Leben lassen mußten. Während ich nun die hübschen, kecken und mutigen oder die resignierten Gesichter der mancherlei Tugute und Tunichtgute meiner zahlreichen Sippe besah, fühlte ich mich wieder stärker an die traumhafte Stimmung und das große Rätsel, das uns alle gemeinsam umschlingt, verhaftet. Aber so viel wußte ich jetzt: ich mußte ganz allein sein, um die unendlich zarten Stimmen von einst nochmals für mich erklingen zu lassen.

Im Bett liegend, war ich angenehm berührt durch den leisen, süßen Duft, der durch das geöffnete Fenster von den blühenden Obstgärten draußen hereindrang. Beim verhallenden Geräusch der in der Nähe vorbeirollenden Züge schlummerte ich ein. In tiefster Nacht wachte ich dann nochmals auf – es war mir, als hätte ich einen Ruf, dessen Herkunft ich nicht erkannte, gehört. Doch fand ich mich auch in der gänzlichen Finsternis bald zurecht und dachte an das ganz Ungewöhnliche, daß ich in dem Hause liege, wo ich vor fünfzig Jahren meinen ersten Schrei ausgestoßen hatte. Unter dem leisen Zirpen von Fledermäusen oder irgendwelchen Nachtinsekten sank ich gar bald wieder in tiefen Schlaf, aus dem mich erst das regelmäßige Stampfen einer fernen Maschine weckte. Mich erhebend, stellte ich sofort die ungeminderte Stärke der sonderbaren Fremdgefühle in mir fest, die mich seit Karlsbad erfüllten. Sympathisch war ich von der großen Bibliothek eines leider abwesenden Vetters überrascht, dessen Wohnräume man mir überlassen hatte. Allerhand Familienandenken, darunter eine große, kolorierte Photographie des gemeinsamen Großvaters, des alten Stabsarztes, standen herum und mischten in das Gefühl der Fremdheit etwas Altvertrautes, eine Art seelischer Heimatsberechtigung.

Gleich nach dem Frühstück machte ich mich aber auf die Beine, es zog mich ja schon förmlich fort. Ziellos bummelte ich dahin, kam an eine kleine Holzbrücke, die mich zur Schützeninsel brachte. Nur war sie leider keine Insel mehr; denn der so malerische, ganz unmerklich sein grünes Wasser dahintreibende kleine Elbearm, in dem dic mir unvergeßliche Badeanstalt verankert gewesen war, wo ich – für mich damals ein großes Wunder – die silbern glitzernden Fischchen in ihrem durchsichtigen Element beobachtet hatte, ein Erlebnis, das als Merkstein in meiner frühesten Erinnerung gelten muß, war zugeschüttet. Die mächtigen Ulmen und Rüstern dieses schattigen Paradieses standen noch. Ich geriet ins Gespräch mit einem alten Mann, der hier zu lustwandeln schien. Er war ebenfalls Leitmeritzer und seit mehr als fünfzig Jahren nicht mehr dagewesen; er suchte gleich mir die Spuren von früher und wollte sich zu mir gesellen, eine Absicht, die ich ablehnte, worauf er sich in die Büsche schlug. Ich trieb mich nun vorerst in der Nähe herum und kam zu einem dunklen, schwer übersichtlichen Gebäude: es war die Conrathsmühle. Das hier beim Wehr aufgestaute Wasser, darin ein morscher, halbversunkener Nachen, die rissigen, obenauf mit Flaschenscherben gegen Diebe besetzten Gartenmauern, darüberhängende blühende Äste von Aprikosen- und Pfirsichbäumen, dann die Pappelstümpfe, die wenigen, rostigen Laternen, davon eine bei einem Fenster, hinter dessen grünen Läden man in einen ungemein behaglich eingerichteten Raum mit Teppichen, Polstermöbeln, Schnitzereien, einem Vogelbauer und einem niedern Kachelofen sah – all dies, ja sogar die verschiedenen Unratablagestellen, bot sich meinen neugierigen Blicken und tauchte zugleich in mir wie aus einem Abgrund des Vergessens auf. O unbegreifliches Wiedererkennen!

Weiter herumschweifend und halb traumwandelnd kam ich dann in eine Stadtgegend, so abgeschieden, so seltsam still in ihrer Menschenleere, als schliefen hier die lebenden Wesen und hätte die Zeit ihre Geltung verloren. Es war eine Kleinbürgerwelt, auf engem Raum langgestreckte, einstöckige Häuserzeilen oder winklige Kleinbauten zu ebener Erde; ein unübersichtliches Gewirr kleiner Gäßchen, das Ganze unter fahlem Himmel eintönig beleuchtet. Und doch sagte mir ein deutliches Gefühl: Das hast du alles schon einmal in dich aufgenommen! War ich denn überhaupt noch wach? Ich fühlte mich wie verwandelt! Völlig hingegeben an diesen Zauber längst dem Gedächtnis entsunken geglaubter Bilder, spürte ich mich wieder von diesen auf unbeschreibliche Art leise erregt. Freilich, eine ganze wilde, stürmische Jugend und Jahrzehnte schicksalsvoller Manneszucht lagen dazwischen! Eine ausgetretene Stiege führte langsam durch ein verschnörkeltes Portal auf einen ebenso öden, aber durch – obwohl sich an zahlreichen Stellen abgebröckelter Bewurf zeigte – dennoch vornehme Palastfronten abgeschlossenen Platz. Die eine ganze Seite nahm ein riesiger Dom in edlem Barockstil ein, dessen Turm nebenan, nur mit einem Mauerbogen mit der Kirche verbunden, emporragte. Auf dem holprigen Pflaster des Platzes jagten sich zwei Hunde, sie verschwanden in einem Pförtchen, das auch ich benutzte, nachdem ich mich genugsam umgesehen hatte, um wieder in das Labyrinth mehr verwahrloster Wohngebäude zu gelangen. Da versperrte plötzlich ein Schutthaufen meinen Weg – ich umging ihn. Durch einen mit hohem Unkraut bestandenen Hof gewahrte ich im Nebel die Binsen und Uferweiden der Elbe; Wasserdunst stieg herauf. Hinter mir machte sich nun jemand etwas zu schaffen; ein Bursche, anscheinend ein Maurerlehrling, trug in einem Schaff Schutt herbei. Ohne mich im geringsten zu beachten, pfiff er die bekannte Melodie: »Nur einmal blüht im Jahr der Mai, nur einmal im Leben die Liebe!« Da quoll in mir jäh ein Gefühl heimatloser Verlorenheit und bitterer Trauer über, es würgte im Halse, die Augen wurden mir feucht. Ich hatte ein ganzes Leben vertan, war nun abgenützt, gealtert und durchdrungen von der Wertlosigkeit allen Strebens. Da hilft kein Nachsinnen, es ist dahin!

Man rief mich an: »Sucht der Herr hier jemand?« Ich verneinte und ging weiter. Zuerst kam ich an einem Krankenhaus vorüber, wo zwei Mädchen mit verbundenen Köpfen hinter einem Fenster an die Scheiben klopften und lachend einladende Gesten machten; dann folgte eine Schmiede, wo im tiefen, durch einen Gang gesehenen Hintergrund ein Pferd beschlagen wurde. Wie bedeutsam kam mir das alles in dieser stillen Stunde vor! Gleich geheimen Offenbarungen bewegten mich diese schlichten Vorgänge.

Aus der Ferne ertönte Marschmusik. Dem Geräusche nachgehend, stieß ich auf einen langen Zug tschechischer Truppen und kam in belebte innere Stadtteile. Endlich fand ich mich zurecht, es war Mittag.

Von meiner Erlebnisfülle konnte ich den Verwandten natürlich nicht so ohne weiteres Mitteilungen machen. Ich blieb noch zwei Tage in Leitmeritz, aber was ich dort noch trieb, will ich hier nicht berichten. Ich kann nur sagen, daß die geheimnisvolle Stimmung vergehenden Lebens weiter anhielt.

Bei den verschiedensten Motiven erkannte ich überrascht noch eine Menge Urelemente meines Formgedächtnisses wieder; nur wo ich Neuerungen sah, blieb ich kühl. Aber vereinzelte Winkel, wo ich einst gespielt, die Wälle und sumpfigen Gräben der Festung Theresienstadt jenseits der Elbe, die Elbschloß-Brauerei, in deren Gastgarten sich meine Eltern verlobten, bewiesen mir deutlich, wie sehr die ganze Welt meiner Einbildung auf diesen ersten Kindereindrücken fußt.

Die drei Tage flossen rasch dahin, und als ich zum Abschied die Tante umarmte, konnte ich ihren Einladungen, bald wiederzukommen, nur meine beharrlichen Zweifel entgegensetzen. Am Reisemorgen wurde ich von allen zur jungen Generation gehörigen Verwandten zu der mir von früher wohlbekannten Haltestelle neben dem Tunnel gebracht. Als die Stadt Leitmeritz bei einer Biegung dem Blick entschwand, wußte ich dankbar die Gnade des Schicksals zu schätzen, das mir diese wunderbare Beschwörung einmal erlebter Gesichte phantomartig gewährt hatte. Bei der Weiterfahrt durch immer üppiger werdendes Land klärte sich der bis dahin umflorte Himmel, und die Sonne strahlte nach Tagen wieder einmal mit vollen Registern. Zugleich zerfloß aber auch jener Gefühlszauber, der mich in widerstandsloser Hingabe an den Traum einer in der Zeitenferne untergegangenen Kindheit gefangengehalten hatte.

Nach mehreren Stunden rascher Fahrt näherten wir uns Prag, meiner nächsten Station. Aber o weh! Die tschechische Hauptstadt hatte eine mir neuartige Maske angenommen! Nichts von verträumtem Wiedererkennen, nichts von einem alle Starre lösenden Aufgehen in einem umfassenderen Lebensstrom. Hier fand ich den harten Gegensatz zu den mir in Leitmeritz gewordenen leisen Märchen: eine robuste, dröhnende Welt des Emporkommens. Gern rettete ich mich nach ein paar Tagen aufreibenden Aufenthaltes nach Hause.

Gustav Leutelt

Der Einzieher

Das Waldgetön und die Dorfgeräusche klingen hier noch ineinander; der Vortrupp des Strauchwerkes stößt eben bis an die Pfadgabel heran, und von unten her blickt ein roter Kamin, der sich mit dem schmalen Streiflein des letzten Hausdaches über den Hang emporreckt. Der Bursch aber, der auf dem Bergwege steht, scheint weder nach dem Schauern der Wipfel hier oben, noch dem Gepolter des Wagens hinzuhören, das von untenher kommt. Er preßt die geballte Rechte gegen die Stirn und blickt unter gerunzelten Brauen gegen die beiden Männer zurück, die den Talweg hinabgehen.

Vorher war er den beiden an der Weggabel begegnet und hatte vorbeigesehen, wie er das jetzt immer tun muß, seit das Unglück über ihm ist. Die Männer hatten zu flüstern begonnen, ganz leise; aber Gezeichnete sind scharfhörig – er hatte verstanden:

»Gräßlich, wie der Mensch aussieht!« Und:

»Der reine Neger.«

Es hatte ihn wieder gedemütigt, trotzdem Worte und Gebärden des Abscheues nichts Neues mehr für ihn waren. Was ging die Fremden auch sein Aussehen an?

Aber es waren gebildete Leute, die sich nicht nach ihm zurückgewendet hatten, um keine Neugier zu zeigen. Den Dorfgenossen hätte er die Worte noch verziehen; von jenen feinen Leuten kränkten sie ihn schwer. Der junge Mensch hatte unter dem grünen Bogengewölbe der Buche gestanden. Jetzt, wo er aus ihrem Schatten heraustrat, erhellte, warum die Fremden so geredet hatten.

Unter dem lichtblonden, schlichten Haar des Gebirglers

war ein Kopf von negerhafter Farbe. Die Wangen zeigten einen fast bleiernen Glanz; aber die Wulstlippen und die breite Nase des Äthiopiers waren nicht in den Zügen.

Solche Leute sind in den Bergen nicht häufig. Ihr Beruf als Einzieher der Glasperlen färbt sie durch ein Silberfalz, das bei der Arbeit gebraucht wird. Alle die bunten, zerbrechlichen Glaskügelchen, die als Schmuck in Schnüren und tausend Aufmachungen in die Welt hinausgehen, werden innen mit blanker Silberfolie glänzend gemacht. Die schlägt sich aus einer Lösung nieder, einem gefährlichen Naß, das vom Einzieher in die Perlenreihen gesogen und nur zu oft in kleinen Mengen verschluckt wird. Vom Blute der Haut beständig zugeführt, dunkelt das Metall dort unter dem Einfluß des Lichtes und macht den Arbeiter negerhaft.

Der Mann schritt unstet bergan wie einer, der vor andringenden Gedanken entlaufen will; plötzlich aber hemmte ihn etwas, und er horchte auf.

Von der Talseite kam es:

Gloria, Gloria, Viktoria!
Mit Herz und Hand fürs Vaterland!
Die Vöglein im Walde,
Sie sangen, sangen wunderschön:
In der Heimat, in der Heimat,
Da gibt's ein Wiedersehn.

Die Brauen des Mannes krausten sich noch mehr. War er doch vorausgeeilt, um diesem Singsang der Rekruten zu entgehen, und nun drohte er ihn noch einzuholen.

Mit einemmal sah er die Bäume, die Sträucher und die grauen Steine der Bergwiese nicht mehr. Er war wieder in dem großen Saal der Stadt, und der Doktor stand in seiner Uniform vor ihm und fragte, wovon er so schwarz geworden sei. Da hatte er treuherzig erzählt, wie er Holzschläger gewesen war und ihm der fallende Baum den Arm zerschlug; just den rechten. Er mußte sich um leichtere Arbeit umsehn und war so zu dem Einziehen gekommen. Und schwarz werde man dabei vom Silber, das in die Perlen komme.

Die Herren von der Kommission waren alle um ihn her gewesen, und es hatte ihm wohlgetan, wie freundlich sie redeten. Aber dann blickte der Arzt auf den Offizier, und der schüttelte ganz leicht mit dem Kopfe.

»Untauglich!« hatte er dann noch gehört und war von dem Korporal nach der Tür geschoben worden. Und noch während des Ankleidens sann er über den Zusammenhang zwischen jenem fragenden Blick und dem Kopfschütteln des Offiziers nach.

Jetzt wußte er, daß man den Gezeichneten nicht brauchen wollte; er hätte dem Offizier ja die ganze Front verderben können. Sein Makel schloß ihn aus. Warum auch hatte er sich der guten Bezahlung wegen derart entstellen lassen?!

So sehr er bereut, der Lockung gefolgt zu sein, so wenig kann ihm jemand helfen; auch der Doktor nicht. Von dem war ihm umständlich erklärt worden, daß sein Verfärben der gleiche Vorgang sei, wie ihn der Photograph hervorrufe. Sonst aber hatte der Mann die Achseln gezuckt und gemeint, er werde sich eben damit abfinden müssen.

Abfinden! – Wenn man ihm das nur leichter machen wollte. Vor der Roheit konnte er sich zur Not retten; doch vor der Neugier nicht, die wie Teilnahme aussehen will. Und von den herzlosen Äußerungen bis zum Geflüster hinterdrein, welch eine Stufenleiter von Demütigungen!

Während den Mann so die Gedanken heimsuchten, war er eilfertig durch ein kleines Wäldchen gegangen; aber der Gesang war nicht zurückgeblieben. Immer noch schwamm das Gloria, Gloria über die Wipfel hin und drang durch jede Lücke herein. Der warme Hauch trug Töne, die zitternde

Luft mischte sich mit ihnen, und wenn sie im Ersterben waren, so wollte die Schauer der Gewächse sie wieder ermuntern. Aber auch das überströmende Licht des Abendhimmels war mit den Tönen da, ebenso allgegenwärtig, und ein Wesen hemmte doch das andre nicht, und vielleicht war auch in ihm ein Klingen; nur nicht für stumpfe Menschenohren geschaffen.

Sein Blick tauchte in den Glanz über den fernen Waldrükken, die in leuchtenden Schleiern fast vergehen wollten. Seltsame Lichtspiele webten längs der Hänge; Zieraten wohl von dem wunderbar aus Strahlen gewobenen Kleide Gottes, das alles Licht nun einmal ist.

Als hätte ihn jemand angerufen, blieb der Mann stehen; aber nur seine Augen tranken. Dies Licht, das wie ein Segen aus seiner Höhe niederwallte, könnte es ihm doch die alte Reinheit wiedergeben und aus seinen Zügen wegwischen, was ihn zum Abscheu machte! Ein inbrünstiges Gefühl stieg in dem Schauenden auf, und wieder einmal erhob er die Stirn frei, als dürfe er soeben ein Himmelsgeschenk empfangen; aber dann sank sein Kopf gegen die Brust herab, und er verdeckte die Augen mit der Hand.

Da meinte das Ohr, seine Zeit sei gekommen, und haschte nach den Lauten, die zwischen den Stämmen herdrangen. Und der Gesang näherte sich bereits.

Der junge Mann zuckte empor und ging auch sogleich nach dem schmalen Fußsteige, der sich in die Wiesen hinaufzog. Er war kaum hinter die nächsten Birken gekommen, als die Singenden unten am Wege auftauchten. Aber ihr Lied klang schon recht schwach und wurde fast nur von zweien der Burschen bestritten, die sich umschlungen hielten und ihre blumengeschmückten Soldatenkappen weit nach hinten geschoben hatten. Die wenigen andern gingen fast alle ruhig hinterdrein.

Rudolf Karasek: Im Isergebirge

Das Flirren der Birkenblätter hinderte; der Emporsteigende hielt jedoch an und schaute den Marschierenden nach. Fast neidisch blickte er auf die beiden Rekruten und rührte sich nicht eher, bis die hinter der Wegbiegung verschwunden waren. Dann stieg er langsam weiter.

Die Wiesenstreifen wurden immer dürftiger, und die Steinblöcke darin mehrten sich. Auch die Schlängelspur des Pfades ahmte endlich hier oben die Wegbiegung nach, und in der Erdfalte dahinter stand ein Häuschen, das so grau war, daß man es aus der Ferne kaum von den Steinblöcken unterscheiden konnte. Der Schatten des jenseitigen Hanges griff bereits über sein Dach hinaus, und nur der Vogelkirschbaum reckte seine obersten Äste noch ins Licht empor.

Aus dem offenen Fenster sah eine Frau nach dem Kommenden.

»Bist du endlich da?« sagte sie ohne Umschweife und setzte hinzu: »Na, wenn du nur nicht mit der Mütze heimkommst.«

Der Mann hielt beim Stiegenaufgang einen Augenblick an, indem er entgegnete:

»Ach, Mutter, ich freu' mich gar nicht darüber.«

»Aber warum denn?«

Der Befragte zuckte die Achseln, und einzig das Kreischen der aufgedrückten Haustür gab eine Antwort. Dann war der Mann in der Stube und hing seinen Hut an das Ende der Ofenstange.

Sicher kannte die Frau die Art ihres Sohnes genau; sie fragte nicht mehr und stellte ihm nur einige Speisen hin, bevor sie nach dem Nebenstübchen ging.

Der Schweigsame rückte bloß den Stuhl gegen das Fenster und blickte hinaus. Ihm war, als warte er noch auf etwas, das über ihn kommen müsse, von den Höhen herab oder aus dem leuchtenden Abendgold; lächelte bitter darüber und sann doch wieder und wieder dem nach. Immer düsterer wurden seine Gedanken, immer schwärzer stand draußen das Dunkel aus den Wäldern auf, und schärfer und schärfer zackte die Kammlinie in den hellen Abendhimmel hinein. Über dem Rande des Lichthofes aber, der langsam der versunkenen Sonne nachglitt, blinzelte ein blasses Sternlein.

Er hatte es schon beim ersten Aufzucken gesehen und knüpfte jetzt gleichsam seine Hoffnung an das Himmelsfünklein. Ein tröstender Strahl von dort oben möge in die Nacht seiner Seele fallen und ihm einen Ausweg aus dem Irrgange seiner Not zeigen.

Einen Ausweg? Erarbeiten wird er einen solchen müssen, nicht tatenlos warten, bis das Geschick sich wendet. Er muß etwas tun, das auch über den Abscheu der Leute siegt und sein Aussehen vergessen macht. O, Tag und Nacht wird er darüber sinnen...

Wenn man die Perlen nicht mehr mit dem Mund einziehen müßte, das wäre so etwas. Bei Gott! Kein Unglücklicher mehr brauchte sein Antlitz zu schänden. Er könnte das letzte Opfer sein, das der alte Brauch fordert...

Draußen ballte das Dunkel die Dinge noch mehr zusammen, schuf aus Baum und Gestein Klumpen und Wülste, glich Schluchten und Täler aus und legte schwarze Tafeln über die Hänge. Aber der stille Mensch am Fenster wurde nicht düsterer mehr. Das unscheinbare Sternlein hatte seinen Trost niedergesandt und ihm den Weg ins Hoffnungsland gewiesen. Sich selbst befreien, selbst die Ruhe erarbeiten wollte er, und mit diesem Vorsatze suchte er endlich das Lager auf...

In seinem Morgentraum hatte noch das Jauchzen der davonziehenden Rekruten geklungen, das ihm gestern beim Heraufsteigen nachgekommen war. Dann ging er ins Freie.

Der Tag hatte heute ein eigenes Licht. Das Grün leuchtete satter von Blatt und Halm, die Wälder ragten deutlicher in die Luft, und selbst von den Schwingen der Vögel glänzte es. Mühelos schritt er dahin, und seine Brust hob sich wie befreit vom Druck der vergangenen Tage. Gunst des Augenblickes: er empfand das dunkel; ganz so wie bei dem Spinnwebfaden im Wind, am Gipfeltrieb der jungen Fichte. Machte ihn nicht die Sonne erglänzen, er verschwände in dem weiten Bilde von Berg und Tal, das hinter ihm steht. Die Gunst des Augenblickes läßt ihn vor der dunklen Wucht der Wälder, den Millionen der Wipfel hervortreten und schmeichelt ihn in die Sinne des Mannes. Augenblicksgunst – und nicht einmal für den Glänzenden, nur für ihn, der das sah.

Dann fesselten den Weitergehenden zwei helle Punkte, die immer wieder aus dem Hangschatten drüben emporwippten und ebenso hinabsanken ins Dunkel: zwei Vöglein, die ihr

Liebesspiel in den Sonnenglanz emporwirbelte und wieder in den Schattenbereich hinabzog. Gezwitscher hauchte aus den Wipfeln – Liebesgeflüster, und das Bächlein band dessen Strophen zusammen.

Der junge Mann atmete tief. Unwillkürlich sah er gegen die Richtung des Waldausganges, und es schien, als wollte er seine Schritte dorthin lenken. Aber etwas in ihm widerstrebte, und wieder und wieder hielt er inne. Endlich trieb ihn der Anblick des Liebesspieles doch vorwärts. Er brauchte nicht weit zu gehen. Das Häuschen, dem er zustrebte, stieß mit seiner Giebelseite fast an den Wald, der hinter dem Plankenzaun des Gartens herschwenkte. Er bog sich dann plötzlich zurück, als gehe er dem Bächlein aus dem Wege, dessen weicher Wasserleib weiter oben eine ganze Schlucht in den Hang gerissen hatte. Aber weder die Laute der Wellchen noch das Rauschen der Waldwipfel übertönten das Gespräch, das man aus dem geöffneten Fenster hörte.

»Du«, sagte eine Frauenstimme, »den Johann haben sie doch nicht genommen.«

Ein kurzes Lachen war zu hören, bevor die Antwort kam: »Das hab' ich ja schon vorher gesagt.«

Es war etwas Verletzendes in diesem Lachen, und der Klang der Worte schmiegte sich dem so an, daß der Mann vor dem Fenster zusammenzuckte. Wieder krampften seine Brauen sich zusammen wie tags vorher, und eine heiße Blutwelle mußte in seinen Zügen aufsteigen; er riß den Hut herunter und strich sich mehrmals über Stirn und Augen.

In der Stube wurde weitergesprochen; aber von völlig anderem. Und merkwürdig, so wenig angenehm die ersten Worte den Mann berührt hatten, so mißvergnügt schien er darüber, daß sie jetzt keine Fortsetzung fanden. Erst nach geraumer Zeit entschloß er sich, den Lauscherposten aufzugeben und ins Haus zu gehen.

Sein Gruß hatte vor Aufregung rauh geklungen, als er in die Stube trat. Die ältere Frau sah ihn darüber forschend an, das junge Mädchen aber reichte dem Hinzutretenden flüchtig die Hand und griff gleich wieder nach ihrer Arbeit. Sie fädelte goldglänzende Perlen an, die auf ihrem Schoß lagen, und hielt den Kopf so, daß sie nicht auf den Gekommenen zu sehen brauchte.

Die Frau sprach zuerst:

»Sie sind also glücklich bei der Musterung gewesen, Herr Johann?«

»Wer weiß?« war die kurze Antwort.

»Wieso?«

»Vielleicht wär' ich ganz gern Soldat geworden.«

»Aber warum denn? – Und jetzt im Kriege!«

»Ach was, es würde ja so niemand um mich weinen.«

Es war augenscheinlich, daß die Antworten des Mannes eigentlich an das junge Mädchen gerichtet waren. Aber dieses schwieg, und nur der Umstand, daß es bei der Arbeit immer öfter die Perlenöffnungen verfehlte, ließ auf eine Erregung bei ihm schließen.

Es entstand eine Pause, in der immer nur die beiden Feilenstriche der Frau und das Knicken der abbrechenden Perlen zu hören waren. Die Arbeitende blickte mehrmals mißbilligend auf ihre Tochter hinüber, dann hob sie wieder an:

»Ihrer Mutter hätte es aber doch leid getan.«

»Der Mutter schon; – der Anna wohl nicht.«

Bei diesem Angriff konnte das Mädchen nicht mehr schweigen. Es blickte flüchtig gegen den jungen Mann und sagte verdrießlich:

»Ach, hör doch auf!«

»Es ist so«, beharrte er.

»Wenn du so bist, wär's freilich kein Wunder.«

»So?! Wie bin ich denn?«

»Du bist so empfindlich geworden.«

»Und das ist auch kein Wunder. Der müßte ein Klotz sein, der es bei so vielem Tadel der Leute nicht würde. Mein Gesicht habe ich mir doch nicht aus Liebhaberei eingetauscht. – Und sie sollen mir's nicht beständig vorreden.«

»Ach, da müssen Sie nicht darauf hören!« suchte die alte Frau zu begütigen.

»Kunst wär' das. Schon wie sie auf einen hersehen oder tun, als guckten sie ganz wo anders hin. Und das Gezischel – und Bedauern – und das Getu...«

»Aber die Anna hat doch nicht...«

»Warum sitzt sie denn gerade so, daß sie mich nicht anzusehen braucht?« Die Nasenflügel des Mädchens zitterten.

»Du fängst ja zeitig mit dem Kommandieren an. Sitzen werde ich noch dürfen, wie ich will.«

»Und was war das für ein Lachen vorhin, als deine Mutter von der Assentierung red'te? Und warum hättest du's denn im voraus gewußt, daß ich den Herrn nicht taugen werde?«

Das Mädchen sprang auf, daß die Perlen von ihrem Schoß nach allen Seiten hin rollten.

»Wenn du zu nichts anderem hergekommen bist, als deine Launen an mir auszulassen, dann geh lieber gleich wieder. Und ich will dich nicht mehr sehn. So einen Gallapfel wie dich krieg' ich noch alle Tage.«

Und damit lief die Erzürnte, heftig in ihre Schürze weinend, nach dem Nebenstübchen und schlug die Tür zu.

Der junge Mann erhob sich. Der alten Frau trübe zunikkend, ging er. An der Tür aber wendete er sich, und als er den Raum noch einmal mit langem Blicke umfaßte, sah das Weib zwei Tränen über seine Wangen herabrinnen.

Die Wellchen kamen immer bald zur Ruhe, solange er sie auch schon in den Teich hineintanzen sah, und dann lag die glatte Flut wieder glänzend bis hinüber an den Damm und die Schleuse.

Auch er hatte sich beruhigt. Nach dem Umherstürmen oben im Walde hatte er sich hier gelagert und war von den Wassern in ihren Bann gezogen worden. Deren gleichbleibende Stimme hatte immer eindringlicher geworben und gesprochen von Frieden und Ruhe. Er wollte hinwegträumen, was geschehen war, und schloß die Augen; aber das Bild des Häuschens kam durch seine geschlossenen Lider, und dann schlüpften zwischen das Geplauster des Bächleins Lachen und lieblose Worte und wurden noch eindringlicher als das Singen der Wellchen.

Das Lachen und die Worte sind es gewesen, die seinen Entschluß reiften. Er hatte halb geahnt, halb gesehen, daß sich ihr Herz ob seines Unglücks immer mehr von ihm wendete, und als er heute vor dem Fenster gelauscht, war ihm darüber volle Gewißheit geworden. Da ging er mit dem Vorsatz hinein, ihr die Freiheit geben zu wollen. Mit größter Überwindung nur hatte er die trotzigen Reden geführt und es so selbst zum Bruch getrieben. Dann, draußen vor dem Fenster, war er doch wieder schwach geworden und hatte gewartet, ob ihn das Mädchen nicht zurückrufen werde. – Und dann war er gegangen …

Jetzt war auch das vorüber und mußte abgetan bleiben für immer. Aber die Erinnerungen alle möchte er vorher noch ertränken dort im tiefsten Wasser. Er würde die Unseligen nicht los werden; sie könnten ihn überfallen bei Tag und Nacht, und sein Blut ist doch noch so jung. Immer wieder würde er vom Glück träumen wollen – vergeblich träumen. Wenn er sein Herz zur Ruh bringen könnte dort unter den kühlen Wassern, sein verpfuschtes Leben retten vor all der Lieblosigkeit um ihn …

Wieder sprachen die Stimmen der Wellchen: nicht schmeichelnd, nicht lockend; nur mit dem Tonfall des verstorbenen Vaters, der auch ein vergrämter Mann gewesen war und das Leben nicht geliebt hatte.

Soll er es noch weiter ertragen?...

Er fühlte, wie er langsam seinen Willen verlor unter dem Lauschen. Da rührte ein Kinderstimmlein an sein Ohr und noch eins, und beide hoben ihn aus der Tiefe der Versunkenheit.

Es waren die Kinder seines früheren Arbeitsgenossen aus der Holzfällerzeit. Das Mädchen trug ein Töpfchen, das es am Bache füllte; der Knabe aber zog zwei gläserne Handspritzen hervor, und beide Kinder vergnügten sich, mittels dieser Spieldinge das Wasser über die Teichfläche hinausregnen zu lassen.

Der Mann am andern Ufer schaute; doch seine Gedanken waren nicht bei dem Spiel der Kinder. Die gingen schon wieder die Bitternisse der letzten Tage an. Hatte er doch sogar bei den Kleinen um Duldung geworben, da er ihnen jene Spielereien schenkte.

Aber es war doch nicht wie früher, als er von den Widrigkeiten niedergetreten schien. Das tröstliche Sternlein hatte ihm den Weg gezeigt, den er gehen mußte, um allem die Stirn bieten zu können. Nicht um Duldung mochte er mehr werben; die Leute sollten ihn noch achten lernen.

Um dieses sein Lebensziel will er jetzt werben. Eine Maschine mag er erdenken, die das Aufziehen der Silberlösung in die Perlen besorgt. Und dies Kinderspielzeug dort, das er geschaffen, weist es ihm nicht den Weg? Wie jetzt der Knabe den Stempel aufzieht, dringt ja das Wasser ins Spritzenrohr ein.

Mit einem Ruck setzt er sich auf. Das ist es, er hat's gefunden. An die Kolbenstange noch ein Hebel, den ein Tritt in Bewegung setzt, während dem Arbeiter zur Einführung der

Perlenreihen die Hände frei bleiben. O, das ist so einfach, so selbstverständlich – und niemand vor ihm hat das erdacht! Diese Arbeit wird kein Menschengesicht mehr schänden, und alle, die nach ihm kommen, sollen es ihm danken.

Freudig erhebt er sich. Er muß jetzt heim, um das Modell der Maschine zu schaffen. Es eilt ihm.

Wieder streicht er sich über Stirn und Augen, aber anders als in der heutigen Morgenfrühe. Mit erhobener Stirn blickt er ins Freie – weiter hinaus als bis zu dem nächsten Wiesenhange drüben. Er sieht sein Häuschen und den Arbeitstisch darin vor sich, und die Augen fangen ihm darüber zu leuchten an.

Im Teich huscht noch immer das Schaumgekräusel über die grüne Dämmerung der Tiefe, doch der Mann achtet nicht mehr darauf. Sein Leben hat ja doch wieder ein Ziel gefunden.

Franz Grundmann

A Geschichtel vo dr Weibertreu

Ei'm Dessendorfe labte a Schleifer. Goutels-Jusef. Un da storb. A storb drei Tage vir'm neuen Juhre, un o'm Sylwestertage wur a begroben.

Denkt euch ok, su a Malär! Vir'm Sylwesterobde, wu's doch überol su lustig zugieht. Wu su viel gelacht wird un gesungen un getrunken! Kon ma's dan ormen Schleifer vrübel nahmen, wenn's m' ne gefiel ei san'n ejsnen (einsamen), finst'ren Grobe? Wenn a sich rausmachte un sichs osahn wullte, wos denn eigentlich wieder virgiehn (vorgehen) wird?

Kej Mensch kon 'm su wos v'rübel nahmen.

Also stond Jusef uf un spozierte durchs Dorf. 's ging ou wirklich raijcht lustig zu. Ei en'n Wirtshause wor a Kränzchen. Ei'm andern ane Underhaltung, un ei'm dritten priegelten se einander schun. Hin un wieder begahnten (begegneten) Jusefen Leute, 's worn gude Bekannte drbei, vo dan moncher ne mieh su rajcht of'n Pfuten (Pfoten – Füssen) stiehn kunnte.

Jusefs orme Seele seufzte.

»'s wär halt doch schiene«, docht a, »wenn ma dos ou noch mitmachen könnt!«

Ober do drmit wors vrbei ...

Ei an Hause ofn Barge brannte a Lichtel. 's wor ei dan Hause, ei dan Jusef bei Labzeiten gewohnt hotte, un wu ötz ane orme, vrlossene Wittfroe soß un sich sicherlich de Oogen (Augen) holb blind flennte.

»Mußt doch sahn, wos meine orme Berta macht«, dochte Jusef un a ging bis zu dan Fanster hie. 's wor'n zwor weiße Virhänge vir, ober dos macht nischt, ane unsterbliche Seele sitt ju bekanntlich sugor durch Mauern un Holzwände. Also soog Jusef ou, wos ei san'n Stübel virgiehn tot.

Flenn tot de Berta ne, dos ließ sich of'n ersten Blick drkenn. Sie stond bei'm Ufen un kochte wos. Un of 'm Kanapee – se hotten sich's vir fünf Juhrn ogeschofft un worn's noch de Hälfte schölg (schuldig) – of dan Kanapee also soß Knöppel-Korl.

Knöppel-Korl wor Jusefs bester Freind gewaast, un 's wor rajcht schiene vo'n, doss a sich sanner Wittfroen a bissel onahmen (annehmen) tot.

»Ma sitt's halt glei, wos a ufrichtiger Freind is«, dochte Jusef. »De andern Komroten sitzen ei'n Wirtshäusern 'rum, mei Freund Korl ober bleibt schiene bei manner Berten un spricht'r Trust zu.«

Underdessen wor de Berta mit ihrer Kocherei fertig gewur'n. Sie stellte an Krug of'n Tiesch, zwej Gläser un an Tallv'll (Teller voll) Kristbrutschnitten (Weihnachtsbrotschnitten). Dann schankt se ei de Gläser ei. Hätt Jusef san'n irdischen Leib mitgehout, do wür'm sein 's Wosser ei'm Maule zusommen geloofen. Denn wos die Zweje do drinne tronken, wor Punsch.

War Punsch trinken tutt, is ne gor lange traurig, dos ging dr Berten un Knöppel-Korl'n su. Sie soßen beisommen of'm Kanapee, un ma merkte 's, doß Korl 's Triesten (Trösten) vrstanden hon mochte, denn die Berta soog (sah) ei'm Gesichte aus wie ane Pumpelruse (Pfingstrose) su rut, un v'rliebte Oogen tot se machen wie a jung Madel.

Unsem Jusef wullte dos ne gefollen. – 's wär'm ju ne lieb gewaast, wenn a sei Weibl gor zu vrzweifelt gesahn hätt', ober doß se sich a poor Stunden noch san'n Begräbnisse schun zu an andern ofs Kanapee setzen un Punsch trinken wird ... war hätte denn dos gedocht?

Drinne worn se mit'm Assen (Essen) un Trinken fertig.

»Gout sei Dank«, dochte Jusef, »nu wird a doch endlich giehn.«

Ober Korl ging ne. A blieb sitzen un zug (zog) de Berta noch nähnder zu sich.

Se blieb ruhig sitzen.

A gob'r a Schmotzel (Kuss).

Sie blieb ruhig sitzen.

A tot'r etwos ei's Uhr soon (ins Ohr sagen) un gob'r noch an Schmotz.

Sie blieb immer noch sitzen. Wie sich Korl ober dann mit ihrem Mieder zu schoffen machte, do stond se uf un – löschte de Lompe aus.

Mieh soog (Mehr sah) Jusef nemieh, un a wullte on ne mieh sahn. Wie a begossner Pudel schliech a sich fort vo dan Fanster, of'n Friedhof un kruch ei sei kahles (kaltes) Grob. Dort steckt se nu, die orme Schleiferseele, un macht sich de wunderlichsten Gedanken über de Weibertreue.

Ferdinand Hanusch

Erlöst

Der letzte Weber hatte den großen Ablieferungsraum der Firma Klinger verlassen. Obwohl noch zehn Minuten auf drei Uhr fehlten, drangen doch schon die ersten Schatten der Dämmerung durch die hohen Fenster.

»Endlich!« seufzte Herr Spindler auf, Schere und Brille auf die polierte Tafel werfend. Er suchte seinen Rücken geradezurichten, wobei sich sein Gesicht schmerzlich verzog.

Ein leises, furchtsames Klopfen an der Tür wurde vernehmbar. Das Gesicht Spindlers zog sich in Falten, die Zornesader schwoll ihm an, seine Augen sprühten Haß.

»Herein! – Ob man denn heute einmal Ruhe haben wird.« Seine Augen hefteten sich an die Tür. Ein altes, zusammengeschrumpftes Männchen, das eine schwere Bürde auf dem Rücken noch mehr zusammendrückte, zwängte sich durch sie.

»Guten Tag, Herr Spindler!« grüßte der Mann demütig, während er seinen Knotenstock in den Winkel lehnte. »Heute schon etwas spät«, fuhr er entschuldigend fort, als er das mürrische Gesicht des Übernehmers sah.

»Her da! – Her da!« kommandierte Spindler statt aller Antwort. »Wenn das Geschäft bis neun offen wäre, würdet ihr um zehn auch noch kommen.« Er riß dem Alten die Ware aus den Händen, setzte sich die Brille auf, nahm die Schere und fing an zu blättern.

Das bartlose Gesicht des Webers wurde erdfahl, die tiefliegenden, von buschigen Brauen beschatteten Augen starrten wie geistesabwesend auf die weiße Leinwand.

»Herrgott, das ist wieder ein Schund von einer Ware«, fuhr

der Übernehmer auf. »Da haben Sie eine ellenlange Fadenstraße.«

Er blätterte weiter.

»Da ein Nest wie ein Scheunentor.«

Der Weber fing am ganzen Leib zu zittern an.

»Sie Schwein, Sie können sich wohl Ihre Pfoten nicht abwaschen, bevor Sie hinter den Stuhl steigen – was? – Da schauen Sie sich die Flecke an!«

Der Weber neigte den Kopf, sah aber nichts als ein großes Stück Leinwand, das immer größer und größer wurde. Im Hintergrund stand ein vielfüßiges Ungeheuer mit einem häßlichen, fratzenhaften Gesicht, das an der Leinwand zerrte.

»Strafe! – Strafe!« schrie es mit einer furchtbar häßlichen Stimme, die dem alten Manne durch Mark und Bein ging.

»Sie haben wohl den Schuß wieder gestohlen und verkauft? – Ein reiner Fetzen ist die Ware. – Sie haben zwei Kronen Strafe.«

Dröhnend warf er die Stücke aufeinander, ging zum Schreibpult und schrieb den Lohnzettel.

»Da haben Sie.« Ohne den Weber anzublicken, reichte er ihm den Zettel.

»Herr – Herr – Spindler, Herr Spindler, ich möchte Sie schon bitten, wenn –.«

»Dort ist die Kasse!«

Wortlos taumelte er zur Kasse, wortlos steckte er das aufgezählte Geld ein, nahm seine Kette und verließ das Lokal...

In den Straßen der Stadt herrschte reges Treiben, Männer und Frauen eilten, mit Paketen beladen, ihrem Heim zu. Andere trugen Tannenbäumchen auf den Schultern, die einen angenehmen Duft verbreiteten. Freunde schüttelten sich die Hände, wünschten sich gute Feiertage und eilten davon. Durch die eisüberzogenen Fenster drang Lichtschein, der noch mit dem schwindenden Tageslicht kämpfte. Helle, freudige Kinderstimmen mischten sich in das Heulen des Windes, der durch die Gasse strich und mit den niederfallenden Schneeflocken spielte.

Eilig schritt der Weber dahin. Er kam an einer Kirche vorüber. Durch die offene Tür drangen Orgelspiel und Gesang; von dem Turm läuteten die Glocken, das stimmte ihn fast feierlich.

»Friede auf Erden und den Menschen ein Wohlgefallen«, klang es an sein Ohr. – Er blieb einen Augenblick stehen.

»Friede – Friede«, murmelte er.

Da tauchte wieder das fratzenhafte Gesicht des Herrn Spindler vor ihm auf.

»Strafe! – Strafe!« schrie wieder jene entsetzliche Stimme.

»Hund, verfluchter!« schrie der Weber laut. Die Leute blieben stehen und schauten ihn mißtrauisch an – er eilte davon.

In einer Branntweinschenke kaufte er sich eine Flasche Schnaps, dann eilte er weiter durch die Gassen und Gäßchen, bis er ins Freie gelangte. Der Wind entwickelte sich zu einem Sturm, massenhaft fiel Schnee.

Von Zeit zu Zeit, wenn ihn die Müdigkeit übermannen wollte, zog er seine Flasche heraus und nahm einen Schluck. Wie wärmte das, wie ging das in alle Glieder! Das dauerte aber nur einen Augenblick, dann wurde die Müdigkeit nur noch größer. Der Berg war steil, die Bürde schwer, immer öfter und öfter mußte er stehenbleiben, um sich einen Augenblick auszuruhen. Hunger peinigte ihn, aber er hatte nichts, um ihn zu stillen. Wieder trank er Branntwein, doch wollte auch der seine Wirkung nicht mehr tun, weil die Kräfte schon versiegten.

»Dort oben in der Kapelle, dort werde ich mich ein bißchen ausruhn«, stammelte er, während kalter Schweiß über sein Gesicht rann.

»Noch zehn Schritte – noch fünf – noch einen – endlich.« Er warf die Bürde auf die kalten Steinfliesen, setzte sich darauf und lehnte sich in den Winkel.

»Nur ein bißchen ausruhen, bis die Schwäche vorüber ist, dann geht es schon wieder besser.«

Der Sturm heulte über die schneebedeckte Landschaft. Glockentöne drangen an sein Ohr, in das sich das Schreien ruhesuchender Krähen mischte.

»Nur ein bißchen, nur noch ein bißchen, dann muß ich wieder gehen«, murmelte er mit geschlossenen Augen.

Bim-baum, bim-baum – wie schön das klingt, wie es in den Ohren summt.

»Weihnachten, ja Weihnachten sind schöne Feiertage, schöne Fei-er-tage. Dort kommt mein Weib, wie schön sie heute ist. Nein, daß sie sich auch noch so aufputzt; es ist eine wahre Schande für ein Weberweib, sich so aufzuputzen. Aber schön ist sie, so schön war sie überhaupt noch nicht, nein, wie schön! Und die Kinder! Nein, was denn das sein muß?

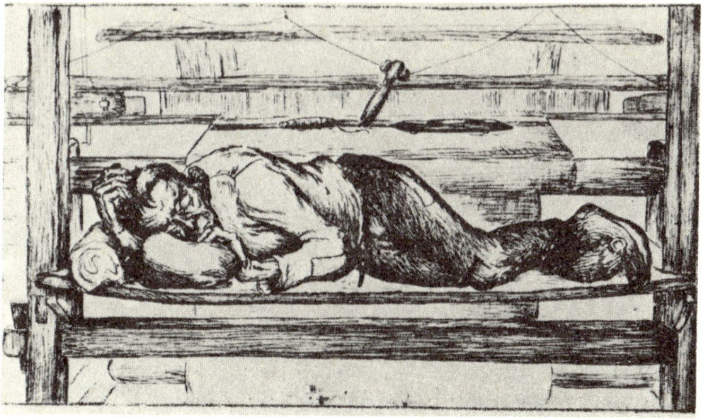

Rudolf Krauss: Rastender Weber

Die roten Backen, die weißen Kleider, die schönen Blumen – und wie sie nur springen – ha, das ist eine Freude! Und dort kommen noch so viele Leute, alle schön angezogen, mit freudigen Gesichtern – alles ist Freude – Freude – o wie schön, wie sch-ö-n!«

Bim-baum, bim-baum, dringt es noch einmal an sein Ohr – dann wird ihm so wohl – alles um ihn wird grau und verschwimmt in ein Nichts.

Der Sturm heult; mitleidig treibt er den niederfallenden Schnee in den Winkel der Kapelle und bedeckt den Erlösten.

Fritz Mauthner

Ein Landstädtchen

Geboren bin ich zu Horzitz, einem kleinen Landstädtchen zwischen Königgrätz und Trautenau, nicht gar weit von der Sprachgrenze; mein Geburtsort gehört zum tschechischen Gebiete, doch war es in meiner Kindheit noch ganz selbstverständlich, daß die Honoratioren des Städtchens entweder Deutsche waren oder doch mit einigem Stolze etwas Deutsch redeten. Zu den deutschen Honoratioren gehörten (damals noch selbstverständlich) die jüdischen Besitzer der kleinen mechanischen Webereien. So ein Fabrikbesitzer war auch mein Vater. Horzitz ist jetzt bekannter geworden durch die Tatsache, daß es am Tage nach der Schlacht von Königgrätz das preußische Hauptquartier war. Für uns Kinder war Sadowa einer der nächsten Ausflugsorte, Königgrätz die nächste große Stadt. Als diese Namen historische Berühmtheit erlangten, lebte ich längst nicht mehr in Horzitz.

In Horzitz übernachteten der König und Bismarck nach der Schlacht, der König feldmäßig auf einem Sofa im Rathause, Bismarck in dem Hause unseres Arztes, das neben dem unsern lag. Von Horzitz sind die ersten Briefe über die Schlacht datiert, die beide Männer an ihre Frauen schrieben. Es ist bezeichnend für die Volksphantasie, daß über den Aufenthalt des Königs sich nicht so viele Legenden bildeten wie über den des Grafen Bismarck. Wahr ist, daß auch Bismarck zunächst kein anständiges Bett vorfand, bis der Herzog von Mecklenburg ihm eins verschaffte; viel später warf der Fürst seinem ›Bürschchen‹ fast heftig vor, dieser hätte eine solche Wohltat auf das Konto des ihm feindlichen Prinzen Karl geschrieben. In seinen Gedanken und Erinnerungen macht der

Fürst dem Generalstabe, also Moltke, leise den philologischen Vorwurf, er habe den Namen des Städtchens ›Horritz‹ geschrieben (wohl ein Druckfehler für Hořitz), gesprochen werde ›Horsitz‹; was wieder nicht ganz richtig ist. Ich schreibe so, wie der Name von Deutschböhmen geschrieben wird; ausgesprochen wird ungefähr ›Horschitz‹.

Nach der Monographie Jähns' (›Die Schlacht von Königgrätz‹) besaß Horzitz im Jahre 1866 drei- bis viertausend Einwohner, von denen am Tage der Schlacht die allermeisten entflohen gewesen wären. Beides wird nicht ganz stimmen. Die Stadt hatte über fünftausend Einwohner, und nur die Wohlhabenden dürften die Flucht ergriffen haben; natürlich vor allem die Hausbesitzer, deren Abwesenheit den Preußen, als sie die Soldaten und dann die Verwundeten unterbringen wollten, zunächst unbequem auffallen mußte.

Ich war noch nicht ganz sechs Jahre alt, als wir Horzitz verließen. Ort und Gegend ist mir aber ganz gegenwärtig geblieben, weil wir noch viele Jahre lang unsere Schulferien dort verlebten, also mit völliger Freiheit in der Landschaft umherstreiften. In zwei oder drei Sommern waren wir mit den Eltern da, nachher fielen wir einem Onkel zur Last, der sich denn auch später einmal die lärmenden Neffen durch einen Gewaltstreich vom Halse schaffte: unterhalb des Gotthardsberges, auf dem jetzt das ernste Denkmal für die gefallenen Preußen steht, hauste zum Schrecken der Einwohner ein Räuber, dessen gutmütige Art an Raabes ›Horacker‹ erinnern mochte; der Onkel aber machte sich die Schauergerüchte zunutze, packte uns zusammen und schickte uns eines Tages nach Prag mit der Begründung, wir wären in Horzitz unseres Lebens nicht sicher. Viel Geldwert wäre bei uns Knaben nicht zu holen gewesen.

Das Städtchen liegt genauso da wie andere Landstädte Böhmens. Ein sehr großer, viereckiger Marktplatz, ›Ring‹ genannt, ist mehr die Stadt selbst als bloß der Mittelpunkt. Vom Ringe aus einige schlechte Gäßchen, von denen die beiden längsten sich gegen Süden und gegen Norden erstrecken; die gegen Süden in der Richtung nach Königgrätz bis zur ›untern Kapelle‹; die andere gegen das Riesengebirge zu bis zur ›oberen Kapelle‹. Auf dem weiten Platze verloren eine Mariensäule und ein Röhrbrunnen. Die untere Hälfte des Rings von Bogengängen umgeben, den sogenannten ›Lauben‹, in denen es bei den Wochenmärkten und besonders bei den Jahrmärkten geschäftig genug zuging. Den Häusern der obern Hälfte, die offenbar neuern Ursprungs waren, fehlten die Lauben. Das Haus meines Vaters, das er in meinem zweiten Lebensjahre erbaut hatte, stand da auf der obern Hälfte des Rings und dünkte uns Kindern überaus vornehm, weil rechts und links vom Toreingang je ein Pilaster stand mit steinernen Eulen. Als ich das Haus in meinem vierzigsten Jahre nach langer Entfremdung wiedersah, kam es mir nicht mehr so gewaltig vor; merkwürdig, sogar die Bäume des Gartens, die doch recht viel größer geworden sein mußten, kamen mir jetzt kleiner vor. Von den Dachfenstern des Elternhauses war die Schneekoppe zu sehen; ich war elf Jahre alt, als ich sie zum ersten Male erstieg.

Ich habe vergessen zu sagen, daß es in Horzitz auch ein Schloß gab; es war ein unschöner mächtiger Bau, in welchem die Staatsbeamten sich eingerichtet hatten. Hinter dem Schlosse wuchsen in meiner Kinderzeit die ersten Fabriken empor, auch die meines Vaters.

Wollte man von Horzitz nach Prag fahren, so konnte man in meiner frühesten Jugend erst von Pardubitz an die Eisenbahn benützen. Als ich aber im Sommer des Jahres 1867 wieder in meiner Heimat war, da ging die Bahn schon bis Königgrätz, von wo eine schwerfällige, einspännige Britschka in zwei Stunden auf der Kaiserstraße quer über das Schlachtfeld, direkt über Lipa und Sadowa, hart an Chlum vorbei, mich nach Horzitz brachte. Der Eindruck war an diesem friedlichen schönen Augusttage noch traurig genug. Zwar die zerstörten Häuser und Hütten waren wieder aufgebaut, und die Kanonenkugeln in den Mauern des Wirtshauses von Sadowa, das jetzt die deutsche Inschrift ›Zum Schlachtfelde‹ trug, sahen nach Reklame aus. Aber rechts und links von der Straße standen Grabsteine; hier waren Offiziere gefallen und an Ort und Stelle begraben worden; bei dem achtzigsten Grabstein hörte ich zu zählen auf. Noch furchtbarer schienen mir die Massengräber der preußischen und österreichischen Soldaten, die in den schnittbereiten Kornfeldern überall deutlich zu erkennen waren, weil die Bauern dort nicht gepflügt und nicht gesät hatten. Von Lipa aus besuchte ich die niedere Höhe von Chlum, wo nichts mehr an die blutigen Stunden der Entscheidung erinnerte, und über Langenhof hinaus die hügeligen Wiesen, wo die ›schöne‹ Reiterschlacht stattgefunden hatte, über welche Jähns den bedenklichen Satz zu schreiben gewagt hat: »Wahrlich ein Schauspiel auch eines Königs in vollem Maße wert!«

Der Kutscher erzählte wilde Geschichten von der Schlacht. Die Legendenbildung war nicht müßig gewesen. Die Flügel einer Windmühle hätten dem Feldzeugmeister Nachricht von den Bewegungen der Preußen gegeben. »Aber ein dummer Kerl war Benedek doch. Er hätte die beiden großen Linden drüben bei Horenowes abhauen sollen. Dann hätte der Kronprinz nicht den Weg von Königinhof hergefunden.« (Bekanntlich marschierte die schlesische Armee wirklich stundenlang auf diese weithin sichtbaren Linden zu; daß es aber auch etwas wie Landkarten gäbe, das wollte der Kutscher nicht glauben.)

In Horzitz selbst wurde mir in aufgeregter Weise viel über die Tage vom zweiten bis fünften Juli des vergangenen Jahres erzählt, Wahres und Falsches durcheinander; aber auch nicht ein einziger Zug von Roheit oder Disziplinlosigkeit der Preußen. Als die schlimmste Tat wurde berichtet, daß sie an der Bistritz zu irgendeinem Zwecke, ich glaube zum Ausbessern der Brücke, Scheunentore ausgehoben hätten. Gegen 20000 Mann waren in Horzitz untergebracht; und dann waren alle besseren Häuser zu Spitälern umgewandelt worden. Allgemein wurde gerühmt, daß die österreichischen Verwundeten ebensogut verpflegt wurden wie die preußischen. Ich habe schon angedeutet, daß das Interesse wie der Haß fast ausschließlich dem Grafen Bismarck galten. Er wäre auf dem Hofe des Doktorhauses ›beinahe‹ in eine Mistgrube gefallen und hätte ›beinahe‹ den Hals gebrochen; kein Kind in Horzitz, das nicht Lust gehabt hätte, sich dieses ›Beinahe‹ zu rühmen. Als ich im Jahre 1875 abermals nach Horzitz kam, zur Beerdigung meines Großvaters, vernahm ich nichts mehr über die Schlacht von Königgrätz.

Hugo Scholz

Auf der mitternächtlichen Suche

Bei uns daheim bestand der Brauch, in der Nacht von Karfreitag auf Karsamstag den Herrn Jesus zu suchen, so wie ihn vor 2000 Jahren die Frauen von Nazareth gesucht hatten, damals nach der Kreuzigung und Grablegung. Und es waren also wieder Frauen und Mädchen, die sich auf den Weg machten. Sie trafen sich an einem bestimmten Ort, mitten in der Nacht. Von allen Seiten kamen sie, bis aus dem Oberdorf und bis von der Hohen Seite her, Bäuerinnen und Häuslerweiber, alle fromm im Glauben und selbst Mütter, die den Schmerz der einen nachfühlen konnten. Sie trugen Laternen mit sich, deren Lichtlein lange Schatten warfen, die sie wie stumme Gefährten begleiteten.

Ich wußte, daß sich auch die Müllerin an dem Gang beteiligte, vielleicht auch ihre Tochter Ida. Mein heimlicher Wunsch aber war, daß Ida ihre Mutter in diesem Jahr vertrete, war sie doch erwachsen genug, um den Herrn in der Karfreitagnacht suchen zu helfen.

Freilich war es ein wenig frevelhaft, daß ich diesen heiligen Gang für mich nützen wollte, für einen persönlichen Zweck. Gott würde es mir verzeihen, denn ich wollte ja Ida nur etwas fragen. Nie hatte ich Gelegenheit, mit ihr zu sprechen, es war also gewissermaßen ein Notstand, in dem ich mich befand. Ich ging kurz vor Mitternacht die Dorfstraße hinunter, um Ida zu begegnen.

Die Lichter der Laternen gaukelten wie Glühwürmchen heran. Sie kamen auch hinter den Uferweiden des Mühlbaches hervor. Ein Lichtlein war wie das andere, die Schatten waren alle gleich lang und schwarz. Ida würde ich trotzdem erkennen.

Dies eine Lichtlein mußte das ihre sein, denn es schien mir gar so hell und warm. Ja, es war Ida, und sie war wie in einen Heiligenschein gehüllt, daß mir das Herz stockte. Aber es hieß: jetzt oder nie. Ich trat aus dem Dunkel auf sie zu. Ida hob verwundert ihr Laternchen und leuchtete mir ins Gesicht. Ich sah ihre großen Augen, sah sie ganz nahe vor mir und holte tief Atem. Doch ich brachte kein Wort heraus. Sie aber ließ ihr Laternchen schon sinken und ging stumm weiter. Ich stand im Finstern und bekam Mut, ging neben dem Mädchen her und fragte Ida, ob sie am Ostertage mit mir durch die Felder gehen möchte.

Ida aber schwieg. Kein Wort kam über ihre Lippen. Mir wäre es fast lieber gewesen, sie hätte mich abgewiesen, aber sie schwieg nur, daß ich völlig verwirrt wurde. Ich bat sie, doch ein Wort zu sagen. Sie blieb stumm. Ich fühlte mich beleidigt. Schließlich blieb ich stehen und ließ Ida allein weitergehen. Ihr Laternchen gaukelte verloren dahin, bis es sich mit den andern vereinte.

Der Zug der Frauen brach auf. Es ging hinauf auf den Herzogberg, wo ein Kreuz stand. Lautlos bewegte sich die fromme Schar, fast geisterhaft. Schweigend, wie die Frauen gekommen waren, gingen sie miteinander zu drei Kreuzen, den Herrn zu suchen. Es war geheiligter Brauch, auf diesem Gang kein Wort zu sprechen. So, wie die Glocken von St. Barbara und St. Georg seit dem Gründonnerstag schwiegen und alles in eine stumme Trauer gehüllt war, so hüllten sich auch die frommen Frauen auf ihrem Gang in tiefes Schweigen. Nur so konnten sie hoffen, den Herrn zu finden.

Davon aber wußte ich damals nichts. Ich erfuhr es erst später, viel zu spät. Nie wieder habe ich versucht, Ida zu begegnen – ich wollte mir nicht ein zweites Mal eine Abfuhr holen, wie ich meinte. Es war aber nur ihr frommer Glaube, der ihr verboten hatte, zu antworten.

Ida blieb lange unvermählt. Erst in späten Jahren nahm sie ein Witwer zur Frau. Vielleicht hat sie manchmal noch an jenen nächtlichen Schweigegang gedacht, so wie ich auch.

Oswald Janisch

Der Bahnwärter

In der sanften Kurve der Bahngeleise
Zwischen Bludov und Postrelmov
Lebt vor einem luftigen Gitter
Von Winden und Sonnenblumen
Hinter einem farbigen Bienenhaus,
Genügsam und gelassen,
Der Bahnwärter Wawretschka.
Fröhlich trabt er im Frühlingswind
Und wunschlos in den Sommerreisenächten
Seine Strecke entlang.
Kommen die Herbststürme,
Drückt er die Dienstmütze fester in den Nacken,
Stellt sich dem Wind entgegen
Wie ein Felsblock.
Über dem nahen Laubwald
Ziehen Krähen zum Stadtrand
Und stürzen in Wolkengebirge.
Schnee fällt, und der Wächter stapft
Mit Schafspelz und Schaufel durch Schneebarrikaden
In des Winters Dunkel.
Doch in Wawretschkas Häuschen
Leuchtet das Licht.
Und das Mütterchen
Kocht Erbsensuppe mit Würsten,
Denen Wawretschka frohgemut entgegensieht.
Auch das Bier fehlt nicht,
»Pivo«, schaumhaubenbekrönt,
Denn Wawretschka ist König

Geheimer Reiche der Stillen im Lande.
Ohne Wawretschka fährt kein Zug jemals weiter,
Ist alles unsicher, vom Verhängnis bedroht
Und vom Schicksal gezeichnet.
Throne bersten und Reiche stürzen,
Doch Wawretschka bleibt
Wie ein ziehender Eisberg
In des Ozeans Strömung,
Wie das Unterholz, das aufrecht verharrt,
Selbst wenn Eichen fallen.
Auch die Bienenkönigin in Wawretschkas Reich
Bleibt weiterhin Königin,
Und die Winden blühen und die Sonnenrosen
Auch weiterhin zwischen Prag und Olmütz, zwischen
Napajedl und Humpolec.
Doch plötzlich fliehn alle Gleise Wawretschkas
In den Fluchtpunkt, der die Unendlichkeit schneidet.
Das Mütterchen trägt ein schwarzes Kleid.
Der Hund verstummt und verweigert das Futter.
Selbst in den Faltenstiefeln des alten Wärters
Hängt Ewigkeit.
Der Donner der Züge
Durchbricht die Stille der Sonnenblumen
Ohne Wawretschkas Obhut,
Der weithin verreist ist
Zur Endstation, die versiegelt bestimmt ist.

Mechtilde Lichnowsky

Beethoven in Grätz

Anfangs 1800 bewohnte er ein Zimmer an der Südwestecke des Hauses mit Blick auf Fichten und Buchen in nächster Nähe, und wenn er sehen wollte, wie die Sonne abends von den weiter am westlichen Horizont liegenden bewaldeten Hügelrändern verschlungen wurde, brauchte er sich nicht allzusehr nach rechts aus dem Fenster zu beugen. Links an der Ostecke stand die Linde, die, 150 Jahre älter, heute noch steht und für alle einheimischen Bienen das duftende Gold ihrer Blüten trägt, während ihre Wurzeln wie in einem unhörbaren Akkord tief in die Erde greifen. Er allein, der große Gast, hörte den Akkord, und er wechselte seinen Kontrapunkt nach Belieben, seine Tonart und die Orchestrierung; was oben die Zweige taten, übertrug er den Hoboen und Klarinetten, dem Stamm durfte er die Behandlung der Pauke überlassen, auch den leisen Trommelwirbel, während die Bienen tausendfältig Geigen und Violen zu übernehmen hatten; die Baßgeigen, so wichtig im Orchester, die spiele ich selbst, mochte er sich gesagt haben. Die Linde war kein Baum, sie war ein großes Orchester.

»Du wirst noch Herrliches in Vollendung schaffen«, sagte die Linde, aber niemand hörte sie, denn die Sprache der Bäume ist duftende, nicht für Ohren wahrnehmbare Weisheit; »viel Zeit ist dir nicht gegeben, nur noch 27 Jahre. Ich werde viel, viel länger leben. Es wird nicht Altersschwäche sein, die mich langsam vernichten wird; einer von den scharfen Blitzen dieser Gegend wird in mich fahren und mich fällen. Du bist ein Großer, ein Leuchtender unter den farblosen Menschen, und du wirst noch leben, wenn niemand sich meiner erinnern könnte, selbst wenn du in 27 Jahren dieser Welt entrissen sein wirst.«

Wenn der Vollmond hinter der Linde aufging, spielten in fehlerloser Haltung Laub und Zweige das Muster einer schwarzen Spitzenmantilla über seinem Gesicht, als wäre es das verführerische Antlitz einer spanischen Tänzerin.

In seinem Zimmer stand der musikalische Schreibtisch, der Bach, Haydn und Mozart spielen konnte, wenn der linke Fuß auf einen Hebel drückte, der die riesigen metallgespickten Walzen seines Inneren in Bewegung setzte, während der Gast an der heruntergeklappten schwarzpolierten Tischplatte Noten schreiben mochte. Viele Nischen und Schublädchen waren um ein frei gebliebenes, mit kleinen Säulen verziertes Quadrat so angebracht, daß es einer Bühne glich, die, mit gelb und schwarzen Hölzern liebevoll getäfelt, zu warten schien, daß etwas hervorragend Schönes aufgeführt wurde.

Stand sein Spinett auch in diesem Zimmer? Vielleicht; niemand weiß es heute. Der Erard-Flügel wäre zu groß gewesen, ein herrliches Instrument mit einer in Gold und Smaragdgrün emaillierten breiten Leiste über den Elfenbeintasten und »Erard, Paris« in schöner schwarzer Schrift signiert. In dem Haus gab es einen großen Tisch aus Mahagoni in der Form eines Oktogons, an welchem beliebig Scheiben als Notenpulte aufgeklappt werden konnten, für Trio, Quartette oder mehrstimmige Kompositionen, wenn das Hausorchester spielte.

Den langen Gang im Westflügel des Hauses, mit Winkeln und Ecken wie eine chromatische Tonleiter gebaut, willkürlich ohne Grundriß, wie oft mag er ihn auf den flachen Sohlen seiner Hausschuhe durcheilt haben, hörbar nur, wenn der Schritt auf eine gelockerte Steinplatte fiel. Die Fenster sahen in den weiten Schloßhof und auf die gegenüberliegenden Fenster, die dünnglasig alle Himmelsfarben aufnahmen.

Es war still in diesem Haus, dessen Mauern manchmal zwei

Meter Dicke aufwiesen, weil es im 12. Jahrhundert als Festung diente, still, wie es auf einer einsamen Bergkuppe still ist. Der Hügel, auf dem es steht, fällt steil in die beiden Täler, am Ostabhang zu einem Bach, den man rauschen hört, nur wenn er Hochwasser führt, am Westabhang in das Mohratal. Die Mohra ist ein Fluß, der sich über Felsen und Geröll sein Bett eigenwillig gerissen hatte und jahrein, jahraus seine Wasser hörbar laufen ließ, durchsichtig braun wie Augen, mit einem kleinen Schaum, wenn es über Felsen springt, und mit Krebsen unter seinen Steinen und Forellen, die sich gegen den Strom in ruhigere Tiefen stellten.

Des Hügels Rücken war auch damals, als der große Gast dort weilte, mit Fichten, Buchen und Lärchen bewachsen, je nach Bodenbeschaffenheit, und häufig nach beiden Tälern zu gefurcht, weil sich kleine Adern mit Wasserfällen gebildet hatten. Und in den Wäldern wohnten viele Waldtiere, wuchsen alle Arten von Pilzen in überreicher Fülle. Oft wird er wohl im Moos die hellblauen Schalen eines leeren Vogeleis gesehen haben, es pochten die Spechte, kein Tier brauchte je zu klagen, denn sein Urfeind, der Mensch, war dort ein seltener Gast, und der andere Feind, der Fuchs, wußte schnell und lautlos das zu erledigen, was ihm seinem Wesen nach nötig war. Und in diesem naturbegnadeten Erdenwinkel mochte der Gast die Worte geprägt haben: »Luft ist mein Reich; wenn der Wind braust, wirbelt meine Seele.«

Als wären sie Mitglieder der eigenen Familie und näher als das, waren ihm alle Arten von Wolken bekannt, die dünn gezogenen, die minutenlang bei Sonnenaufgang und vor der Abenddämmerung in Feuertönen und pfirsichfarben schwebten, die kleinen, fast durchsichtigen Schäfchen, die im Himmelsblau weideten, und auch die gewitterschweren, die sich vor dem Westwind rundeten; grau und braun und schwarz waren diese blitzschwangeren Dunstballen; zwischen ihnen die letzten sichtbaren Reste eines unheimlich grünspangefärbten Äthers. Ja, für ein Kind von besonderer Art gehört der Himmel und alles, was dort tagsüber und nachts geschieht, zu dem eigenen Wesen, als einschließende und bedachende Familie; und das bleibt so ein Leben lang.

Diese Waldgegend ist wie eine riesige Insel in anders gearteter Landschaft; sie erinnert in keiner Weise an das Bild von Caspar David Friedrich: »Böhmische Landschaft«; aber nur wenige Kilometer weiter in nordöstlicher und südwestlicher Richtung leuchtet eben diese von dem Maler festgehaltene Gegend auf, die in nichts zum Beispiel an die Lieblichkeit der Umgebung Wiens erinnert. Ihre besondere Lieblichkeit liegt im ferngerückten Horizont, wo Himmel und Hügel in ein gleiches Lichtblau getaucht sind; und bis dorthin lagern sich alle Töne von Grün und Gold und Braun, je nach Jahreszeit, welche die frisch beackerten oder erntereifen Rechtecke der Felder prangen läßt. Die gepflügten Äcker sind in ihren hohen und niederen Reihen wie in brauner Wolle gestrickte oder gehäkelte Rechtecke, die Hafer-, Weizen- oder Kleefelder gleichen vorgelegten Mustern aus Seide oder Wolle, und die Wälder verbrämen sie tiefblau in der Ferne, während sich schmale Wege wie Eidechsen durchschlängeln. Wenn der Weißklee blüht, entsteigt ihm ein unvergleichlicher Duft, und man möchte glauben, daß es die untergegangene Sonne ist, die so köstlich riecht; der Rotklee kann das nicht.

Diese »Böhmische Landschaft« und die Pastorale scheinen ineinander verzaubert zu sein, ein gleicher Habitus wie unter Geschwistern ist ihnen eigen. Hat der Komponist der Pastorale von dieser Landschaft den ersten Anreiz empfangen? Hat das zwischen Sichel und Vollmond wachsende Gestirn, wenn es hinter der Linde aufstieg, die ihm gewidmete Klaviersonate erweckt? Hat der Musiker, ihre Motive probeweise auf dem Erard-Flügel phantasierend, sie dort geschrieben und gespielt? Auch Fragen, die sich nicht mit Musik beschäftigen, drängen sich auf: Hat er, als er, die Flucht von sechs Empfangszimmern durchmessend, an den zwölf Fenstern vorbeiging, Vergnügen daran gehabt, daß sich die Flügelpaare aller Türen, die einander gegenüberstanden, gleichzeitig öffneten, wenn die Hand nur die eine Klinke drückte oder anzog, dank einer unsichtbaren Vorrichtung unter dem getäfelten Boden? Hat er den besonderen Duft von Holz wahrgenommen, der diese Räume erfüllt, weil Fensterläden und Türen goldfarbig poliert, mit fein eingelegten schwarzen Motiven verziert, wie alte Geigen riechen, wenn sich die Nase prüfend an die F-Löcher lehnt? Nur in diesem Flügel des Hauses schwebt die eigenartige Mischung von gefirnißtem Ahorn-, Linden- und Zedernholz, wie ein zarter Hauch von kostbarem Weihrauch. Und ebenso zart und kostbar belebten handgemalte Tapeten die Wände der Räume. Auf die merkwürdige Beschaffenheit der Türen des Nordflügels zurückkommend, muß der Versuch unternommen werden, einen ähnlichen Vorgang in Beethovens Instrumentalkompositionen zu erwähnen, besonders in den Symphonien (die Pastorale ausgenommen, bis auf eine Stelle am Anfang und am Ende des zweiten Satzes), und auch häufig in den Werken für Kammermusik, ein Vorgang, der für den Zuhörer, jedesmal wenn er sich ereignet, einen beglückenden Schock erzeugt und der, wohl fünfzig Jahre lang, als unausdrückbar der geschriebenen Sprache nicht anvertraut werden konnte, nur den stillen Selbstgesprächen des Einsamen. Die jeweilige Sprache der Musik kann nicht in Worten übermittelt werden, dafür gibt es eben die Noten, auf die man wissend den Finger legen kann, die Ausführenden, die zuweilen einem genialen Taktstock gehorchen dürfen, und das Ohr des Zuhörers, das sich, vorher in Erwartung des Wunders und während es sich ereignet, musikalischer Wonne hingibt. Ebenso kann Mathematik nur in Zahlen sprechen und nur in diesem Idiom für den Denker verständlich und genußreich werden.

Der in den Orchesterkompositionen so deutlich erlebte Vorgang, dessen Technik keinem andern Komponisten eignet, läßt sich allenfalls gesprächsweise in einer Art von Kindersprache, für Eingeweihte verständlich, formen; aber wie könnte man es wagen, zu schreiben, daß man in dieser oder jener Komposition Beethovens ein Spiel von Riegeln oder Schlüsseln hört, die auf- oder zugeschoben oder gedreht werden, und doch ist eben dieser musikalisch ausgedrückte Vorgang so deutlich und so einzigartig da, die kunstvoll geschmiedeten Riegel und Schlüssel klingen in reinster Musik, ein Schlüssel hat gesungen, ein rieselnder Trommelwirbel eingesetzt, ein abgestimmtes Pauken-Bum und vielleicht noch eins oder zwei dazu, und dann, völlig unvorhergesehen, obgleich man die Stelle auswendig kennt und inwendig singen kann, erklingt eine himmlische Melodik, der Riegel war, selber Musik, für sie weggeschoben worden, eine Türe zum Paradies ist offen. Die glückspendende Technik des Auf und Zu läßt sich genau nachweisen mit Angabe der Stellen und der betreffenden Nummer der Takte in der Partitur; aber sprachlich? Nein; man kann nur sagen, daß die Riegeltechnik, wenn dieses Wort erlaubt ist, eine einzigartige Erfindung des Beethovenschen Genies war. Vielleicht ist sein Porträt in Bronze noch an der alten Stelle im Park? Die Türen im Nordflügel des Hauses spielen ihr unmusikalisches Spiel weiter, aber nicht mehr zur Freude der Nachkommen von Beethovens Gönnern; wahrscheinlich hat sich ihr Auf und Zu in ein chronisches Auf verwandelt, da Grätz heute ein Museum ist, ohne Musen und ohne Musik.

Und in den fünf vom Boden bis zur Decke mit Büchern angefüllten Bibliotheksräumen sitzt niemand mehr über ein Werk gebeugt; niemand blättert in den Katalogen und besteigt die auf Rollen bewegliche, mit Rampe versehene Leiter, um sich ein Buch von den höheren Regalen zu holen; niemand kann dort lesen, wie einst unter leisen Klängen auf dem Flügel des nahen Musikzimmers.

Beethovens Schatten mag hindurchschweben; sein Geist, zugleich herrschend, zugleich der Gefangene einer bezaubernden Auflösung von c-Moll in As-Dur, mag immerdar als das Herz des alten Hauses dort weilen, liebend und segnend, wissend und schützend.

Karl Hans Strobl

Meine Gasse in Iglau

Das ist die alte Gasse, mein Reich. Wenn man einen Stuhl nimmt, ans Fenster schiebt und hinaufklettert, so hat man gerade gegenüber den heiligen Johannes von Nepomuk, in verklärtem Zustand, die Hand aufs Herz gedrückt, den Blick himmelwärts gewandt. Der Märtyrer des Schweigens, der Held des Beichtgeheimnisses, schwebt von der Stätte seines Brückensturzes geradenwegs der ewigen Seligkeit zu. Unter ihm liegt der Prager Hradschin, die Karlsbrücke, die Moldau, alles schon in erdenferner Entrücktheit, heldisch überwunden. Noch trägt er den Priesterrock, aber um sein Haupt sind schon die fünf Sterne zum Reigen geordnet.

Das ist das Wandgemälde, das dem Jungen das Webersche Haus entgegenhält, die gemalte Legende, der kein Blick aus dem Fenster ausweichen kann, über dem Haustor mächtig bis zum zweiten Stockwerk aufgebaut. Zugleich erster Eindruck heiliger Kunst und ein Hinweis auf das ferne Prag, das mir einst schicksalswichtig werden sollte. Das herrlichste an dem Bilde aber waren die fünf Sterne um das Haupt des böhmischen Landespatrons, denn die waren nicht etwa bloß gemalt wie das übrige, sondern plastisch aufgetragen und vergoldet. Wenn die Sonne in die Gasse sank, glänzten sie, jeder mit fünf Zacken wie die fünfzackigen Sterne einer himmlischen Ingwerbäckerei.

Später, nicht mehr bloß schauend, sondern sehend geworden, fand ich, daß der heilige Vorgang schon dem irdischen Verfall ausgesetzt sei. Die Farben blätterten in Regen und Schnee von der Wand, die Sterne verloren den goldenen Glanz. Einmal wurde das Bild erneuert, verfiel wieder – so lange ist das schon her –, und einmal, bei einer Heimkehr nach Jahren, war das ganze Bild fort, unter einer frischen Tünche verschwunden. Der Besitzer des Hauses hatte den frommen Glauben an den Landespatron von Böhmen aufgegeben, oder die Erneuerung war ihm zu kostspielig gewesen. Der geschweifte Barockrahmen umschloß bloß noch eine kahle, öde Wandfläche, nur die fünf Sterne der Glorie waren noch da, unter der Tünche sichtbar, aber ohne Beziehung, im Leeren schwebend.

Übrigens war dieses heilige Legendenbild nicht die einzige künstlerische Darbietung der Gassenseite des Weberschen Hauses. Ein Blick aus dem Fenster gab mir auch Anschauungsunterricht im Allegorischen. Über den vier Fenstern des ersten Stockwerkes stellten sich nämlich in schnörkelhafter Umfassung, sauber stuckiert, die vier Jahreszeiten vor: der Frühling mit Blumen, der Sommer mit Garben, der Herbst mit Früchten und der Winter mit einem kleinen Feuerchen, je zwei Putten in der lieblichen Unbefangenheit leichtverständlicher Sinnbilder. Die Fenster des Stockwerkes darüber aber trugen auf ihren Simsen die vier Erdteile, denn zum Glück für die allegorische Ausgeglichenheit des Bauherrn war zur Zeit der Erbauung des Hauses Australien noch gar nicht entdeckt.

Es war ein stattliches Haus aus jener Zeit, die viele stattliche Häuser in die alte Stadt Iglau hineingestellt hatte. Damals, als das Iglauer Tuchmachergewerbe auf der Höhe stand, als sein Schwanenboy, das »Schwanerl«, bis tief in die Türkei hinein seinen guten Ruf hatte und die Tuchknappen noch den Degen an der Seite tragen durften. Das war im Maria-Theresianischen Österreich gewesen, als es erst vier Erdteile gab. Die Barocke klang an den damals entstehenden Häusern der wohlhabendsten Meister breitspurig und behäbig aus mit Schildereien und Stuckornamenten. Bei den älteren Häusern paßte der Hausherr im 17. oder 18. Jahrhundert die Außenseite dem Zeitgeschmack sorgsam an. Dahinter aber lag noch das richtige Mittelalter. Ein solches altes Meisterhaus öffnete sich gegen die Gasse mit einem ungeheuren Flur, so weit und breit, daß man fast mit einem Wagen hätte einfahren können. Da lagen unter den Gewölben die gewaltigen Tuchstapel, oder die Farbbottiche hüteten im weitgeschwungenen hölzernen Rund in dunkler Flut die künftige Buntheit. Oft genug liefen diese Gewölbe mit scharfen Rippen zu spitzen Scheitelpunkten zusammen. In den Decken sah man häufig noch eiserne Ringe eingelassen, für Flaschenzüge oder zum Aufhängen der großen Tuchwaagen. Mit dem Niedergang des Tuchmacherhandwerks wurden so große Hausflure überflüssig, und man hat sie dann ganz oder teilweise in Kaufmannsläden umgewandelt. Man teilte den Raum durch Zwischenwände, so daß der eine Teil zum verengten Hausflur, der andere zum Laden wurde, und dieser Herkunft wegen hießen denn auch in Iglau alle Kaufmannsladen einfach »Das Gewölb«, auch wenn keine Spur der ehemaligen Gewölbe mehr sichtbar geblieben war oder sie überhaupt auf ganz andere Weise entstanden waren.

Ein solches Haus, außen barock, innen gotisches Mittelalter, war mein Gegenüber, von dem weitläufigen Flur unter dem Spitzgewölbe ging es aber in keine Tuchmacherwerkstatt, sondern rechts in eine Gaststube und links in einen Fleischerladen. Der Hausherr war Gastwirt und Fleischhacker, und daß er Weber hieß, war nur ein Spaß des Schicksals, das es liebt, oft gerade die unpassendsten Namen und Berufe zusammenzukleben. Es nannte ihn aber auch kein Mensch so, sondern er hieß in Stadt und Land nur der »Specknazl«, und wenn man ihn in seiner blutbefleckten und speckglänzenden Schürze in seinem Laden hantieren sah oder wenn es in der ganzen Steingasse so wunderkräftig aus einer Küche nach zerlassenem Fett oder nach prasselnden Leberwürsten duftete, dann gestand man es sich ein, daß auch hier wieder Volkes Stimme Gottes Stimme sei. Das Doppelgeschäft des Specknazl war gesund und einträglich, insonderheit fand sich die Bauernschaft an Markttagen scharenweise ein. Da saßen sie ihm in der Gaststube alle Bänke voll, und unter dem Haustor war ein Gedränge von geschmierten Röhrenstiefeln, Tuchjankern und Filzhüten mit den zwei hinten herabbaumelnden Quasten, während darüber der heilige Nepomuk mit seinem plastischen Sternenkranz von der Prager Karlsbrücke aus seine Himmelfahrt antrat.

Weit minder stattlich war das Haus, von dem aus ich dies alles betrachten konnte. Ein schmales, engbrüstiges Gebäude, bloß zwei Fenster breit, und auch nicht höher aufgewachsen als bloß zu zwei Stockwerken. Es hatte auch nichts Altertümliches an sich; obzwar es mitten in der alten Stadt gelegen war, mochte es durch Umbauten gründlich verändert worden sein.

Dennoch hatte es sein Sonderbares, und das lag darin, daß es überhaupt kein Haustor hatte. Zur ebenen Erde gegen die Gasse zu lag der Schnittwarenladen meiner Eltern, und neben dem hatte kein eigener Hausflur mehr Platz. So mußte der Laden selbst auch den Hausbewohnern Eingang und Ausgang sein, und das war einigermaßen umständlich, denn nach Geschäftsschluß wurden sorglich hölzerne Türen vorgelegt, und der einzige Schlüssel stak in der Tasche meines Vaters.

Wenn dann jemand kam oder ging, wurde man ans dunkle Mittelalter und den Brauch einer Raubritterburg gemahnt. Es schellte, im zweiten Stock öffnete sich ein Fenster, und es wurde nach dem Einlaßwerber Ausschau gehalten. Nach Gutheißung und Genehmigung des Besuches und weiterem Warten schob sich innenseitig der Schlüssel ins Schloß. Ein ganz schmaler Türteil, nicht breiter als das Sitzbrett einer

Wirtshausbank, wurde aufgeschlagen, man quetschte sich seitlich hinein, mußte aber dabei zugleich aufs Bücken bedacht sein, denn zu den Vorsichtsmaßregeln gehörte auch die biedere Eisenstange, die innen, gerade in Brusthöhe, quer vorgelegt war. Für Personen von übermäßiger Leibesfülle verbot sich nach Geschäftsschluß das Betreten unseres Hauses von selbst, aber auch für die Schlanken war es eine wohltuende Gelenksübung. Nachher stand man erst recht in einer femegerichtlichen Dunkelheit und mußte sich an der Hand des Führers durchs Stockfinstere tappen, bis hinten im Laden die Türe aufging und das Dämmerlicht der Stiege einbrach. Alle diese Hemmungen für Aus und Ein, für den Weg ins Freie und die Heimkehr betrafen mich damals noch nicht, sie wurden erst später von Bedeutung, als die Lockungen der großen Welt an mich herantraten. Dann erwies sich freilich, daß auch die wohlverwahrtesten Burgen ihre schwachen Stellen haben, die im Zeichen Bacchi oder Veneris zu nützen sind.

Dieses mittelalterliche Türenzeremoniell war aber nicht die einzige Romantik meines Elternhauses. Wenn es auch zuletzt durch meine Eltern selbst neuen Bedürfnissen, soweit dies bei der Enge der Anlage möglich, einigermaßen angepaßt worden war, so ging die Veränderung doch nur vom Straßenpflaster bis zum Dachboden. Vom Straßenpflaster abwärts die Grundfesten und Keller, der unterirdische Teil des Hauses lag im Reich düsterer Geheimnisse. Diese Keller – oh, gibt es in der ganzen Welt noch so schauerliche Räume! Es war nicht genug an einem Keller, wie ihn ein jedes brave Haus hat, einem Ort für Holz und Kohle, für alte Flaschen und erledigtes Hausgerät. Unter diesem Keller lag bei uns ein zweiter, dessen dunkler Schlund halb verschüttet im Hintergrund zu sehen war. Und unter diesem sollte noch ein dritter liegen und vielleicht ein vierter, immer tiefer, bis – ich weiß nicht wohin.

Diese unterirdische Welt war mir Grauen und rätselhafte Anziehung, ich spürte ihren kalten Hauch, wenn ich die Stiege hinabging, neben der die Dunkelheit des Kellereingangs hockte. Es war ein starker Zwang in dem Buben, den Weg in gruseligste Abenteuer zu gehen, der ihm da neben dem freundlich Bekannten allstündlich offenstand.

Und vielleicht hätte ich das Wagnis unternommen, wenn nicht eines Tages das Dienstmädchen vom Holzspalten gekommen wäre: unten im Keller sitze der Tod auf dem Hackstock. Sie hatte wacker mit ihm gerauft, er hatte ihr das Beil nicht geben wollen, aber sie habe es ihm aus der Hand gerissen und ihn damit über den Schädel gehauen. Eine wackere Heldenjungfrau, ein erfreulicher Ausgang der gefahrdrohenden Begebenheit! Bums, über den Schädel gehauen, daß es krachte! Wie im Kasperltheater.

Übrigens ging ich später einmal hinter jenem Dienstmädchen auf der Treppe drein, ihre Röcke fegten vor meinen Füßen von Stufe zu Stufe. Was würde geschehen, dachte ich, wenn ich ihr einmal auf den Rocksaum träte? Übermut malte mir ein prickelndes Gemälde von lustigem Gekoller. Da war es auch schon geschehen, mein Fuß hielt den schleifenden Rocksaum fest. Das Mädchen, im Schreiten jäh gehemmt, stürzte, mit Geschrei, kopfüber, ohne sich halten zu können, ein ganzes Stockwerk hinab, von Stufe zu Stufe, bis zum Kellerhals, und blieb wimmernd liegen. Es war gar nicht so lustig anzusehen, wie ich erwartet hatte, sondern recht schrecklich. Mein Gewissen tobte mir Herzschläge bis in den Hals hinauf. Ich log, es sei ein Versehen gewesen, beteuerte meine Schuldlosigkeit. Das Mädchen erhob sich endlich, ein wenig zerschunden und hinkend, aber ohne Verletzung. Später in besinnlichem Überdenken reiferer Jahre wollte mir immer scheinen, als habe sich damals der Tod seinerseits mit ihr einen kleinen Gegenscherz gemacht.

Wenn man aber bäuchlings an dem stets offenen Kellerrachen vorbeisaust und am Stiegenende gegen die Türe gedonnert war, da wurde es gleich wieder lustig und gemütlich. Denn hinter dieser Tür lag der Laden, und da war immer jemand. »Was hat denn der Bub?« fragte der Vater, wenn mich der Schwung meiner Flucht mit zu viel Gepolter gegen die Türe geschleudert hatte, oder »No! No!« wenn er etwa in stilleren Geschäftszeiten in seinem Glasverschlag saß, den er Kontor nannte, und schlief, was er nachdenken nannte. An Samstagen und Sonntagvormittagen waren zumeist so viel Kunden im Laden, daß man, nachdem man das Reich der Kellerschatten durchglitten hatte, unmittelbar ins bunteste Gewühl gestellt war.

Ungesehen und ungefragt konnte man dann hinter dem Rücken der Bauernweiber beim Laden hinauswischen.

Und da war dann die Gasse – mein Reich.

Gleich links neben dem Laden meiner Eltern begann es außerordentlich üppig und verlockend mit dem Zuckerbäcker Jelinek. Ich glaube nicht, daß ich jemals später so viele schöne und begehrenswerte Dinge auf einem Haufen beisammen gesehen habe als im Jelinekschen Schaufenster. O ihr Basare von Smyrna, von Kairo, von Damaskus, von Konstantinopel, wie arm seid ihr gegen die Herrlichkeiten des Jelinekschen Schaufensters! Das war das wahre Tausendundeine-Nacht mit zuckernen Glasfläschchen, die man sehr einfach entkorkte, indem man ihnen den Hals abbiß, mit Zigarren aus Schokolade, die man sehr einfach rauchte, indem man sie aufaß, mit verzauberten Schlangen aus Marzipan, deren Ringelschuppen und vorgewälzte Augen aus weißem Zuckerguß aufgetragen waren, mit knetbaren Gnomen aus süßem Gummiteig, mit Aladinschen Wunderlampen aus Blech und Marienglas, in denen Kerzen aus Brustzucker staken, mit Indianerkrapfen, Kremrollen und Windbäckerei und...

Und das, all diese vielfältige Paradiespracht war nur des Schaufensters durchschnittlicher Alltagsinhalt. An den großen Festzeiten des Jahres änderte sich sein Aussehen aber noch ins Wunderbare.

Wenn der erste Schnee fiel, dann marschierten die heiligen Nikolos und die Krampusse gleich scharenweise ins Schaufenster ein. Es gab keinen auffälligeren Gegensatz zwischen Gut und Böse als den frommen Bischof mit Goldgewand, spitzer Mütze, weißem Bart um das unsäglich gutmütige Papiergesicht und dem grimmen Krampus im Zottelpelz mit Ketten um die Hand- und Fußgelenke und einer Butte auf dem Rücken, in der immer ein paar schlimme Buben zähneklappernd beieinanderhockten. Als ich dann später von Nietzsche über das Jenseits von Gut und Böse belehrt wurde, kam ich dahinter, daß ich damals vor dem Jelinekschen Schaufenster bereits im Besitz dieser philosophischen Tugend gewesen sei, denn ich begehrte sowohl den frommen Nikolaus als den schlimmen Krampus mit gleicher Heftigkeit, war beiden mit gleicher Inbrunst hingegeben. Aufrichtig gestanden, vielleicht sogar mit einer kleinen Vorliebe für den Krampus, besonders in seiner Steigerung als Zwetschgenkrampus. Ja, der Zwetschgenkrampus war des gewöhnlichen Krampus Steigerungsform, denn er bestand nicht aus Papiermasse und Wolle, sondern war aus Pflaumen zusammengesetzt und durchaus eßbar bis auf die Holzstäbchen, die seines Leibes Gerüste bildeten, und auf die rote Zunge aus Tuch. Und wie wichtig die Eßbarkeit ist, diese Erkenntnis des Kindes von damals ist dem Mann von später durch Zeit und Zeitgenossen zur Genüge bekräftigt worden.

Es gab auch eine Verbürgerlichung des höllischen Beelzebub, nämlich den Rauchfangkehrer, der war nach denselben anatomischen Grundsätzen angelegt, also mit Pflaumen, die man auf Holzstäbchen gesteckt hatte, nur daß ihm keine rote

Zunge aus dem Zwetschgenmund baumelte, sondern daß er ein kleines hölzernes Leiterlein über der Zwetschgenschulter trug, aber sonst war er gleichfalls eßbar, und das Leiterlein bekam der Laubfrosch im Einmachglas.

Wenn der Heerbann des heiligen Nikolaus abmarschiert war, rückte sogleich das liebe Christkind ein, ein strahlendes Flügelding von unsäglicher Lieblichkeit, und um seine zärtliche Gestalt wuchs gleichzeitig ein Wald kleiner Bäumchen mit winzigen Kerzchen auf den Chenilleästen und winzigem Behang von zuckernen Weihnachtsfrüchten. Das dauerte seine Zeit bis zum Neujahr, wo die Glücksschweinchen auftauchten, große und kleine, dicke und schlankere, mit rosigen Bäuchlein, von denen man wußte, daß sie mit Zuckerln gefüllt seien. Neben ihnen wucherten über Nacht – wirklich wie ihre lebendigen Brüder draußen im Sommerland – unzählige Pilze empor, die Glückspilze, rote und braunc, äußerlich von den Schweinchen gründlich unterschieden, dem süßen Inhalt nach aber mit ihnen wesenseins. Nachdem auch dies seine Zeit gedauert hatte, begann sich nach und nach das Jelinek-sche Schaufenster für Ostern zu rüsten. Die Osterhasen machten ihre Männchen, einer neben dem andern; die weißen Osterlämmchen aus Zucker lagen in Frömmigkeit auf einem kurzen Stücklein grünen Zuckerrasens und hielten die rote Kreuzesfahne zwischen den verschränkten Vorderbeinen, und dazwischen gab es Ostereier aus Pappe, Samt, Seide und Kristallzucker. Von diesen Eiern waren manche wirklich und wahrhaftig schon wie aus der himmlischen Zuckerbäckerei selber herabgekommen, sie hatten ein Guckloch, und wenn man durch das Glas schaute, so erblickte man im Innern eine sonnige Landschaft oder einen See mit Uferhäuschen oder gar den Kreuzeshügel mit den Werkzeugen der Passion und der Stadt Jerusalem im Hintergrund. Niemals konnte ich begreifen, daß dieses Wunder Menschenwerk sein solle, es mußte sich wohl die göttliche Allmacht in eigener Person um sein Zustandekommen bemüht haben. Wie hätten sonst diese Dinge ins Innere eines Eies kommen sollen?

Ja – das war der Festkalender der Jelinekschen Zuckerbäkkerei!

Manchmal, im Sommer, wenn die Fenster offenstanden, fielen ganze Schwärme von Bienen und Wespen ein und belästigten uns Nachbarn recht sehr. Die seien von der Zuckerbäckerei nebenan angelockt, sagte die Mutter, und das verstand ich sehr wohl. Etwas von dieser Bienenpsychologie war ja auch in mir.

Manchmal aber kam ein übler Geruch durch die offenen Fenster daher, ein ganz übler, etwa wie nach faulen Fischen, und von dem sagte die Mutter, der komme auch von der Jelinekschen Zuckerbäckerei. Aber das war bei aller Verehrung der mütterlichen Weisheit durchaus nicht zu glauben, denn es fehlte mir jede Brücke zwischen dem unbehaglichen Düftlein und den fertigen Herrlichkeiten im Schaufenster. Nein, so war die Welt ganz gewiß nicht, so betrügerisch auf Täuschung eingerichtet, daß aus solch einem unerquicklichen Dunstgekräusel etwa weiße Zuckerlämmlein und kristallene Ostereier werden könnten, wie sie sich beim Nachbar zur Augenweide boten.

Bei der Augenweide blieb es zumeist, die Schnabelweide war ein sehr seltenes Ding trotz der nahen Nachbarschaft. Meine Eltern hielten nicht viel aufs Naschen, und um mir diesen Erziehungsgrundsatz auch im Vernünftigen zu festigen, betonten sie jedem Verlangen gegenüber, daß man von Zukkerln und sonstigen Süßigkeiten schlechte Zähne bekomme. Wenn ich also einmal die Jelineksche Ladentüre für mich selbst klingeln hören wollte, so mußte ich schon eine so heldenhafte Unternehmung wagen, wie es das Haarschneiden ist. Ich war ein passiver Held dabei, ein schwer betroffener, denn das Haarschneiden war mir eine greuelvolle Widerwärtigkeit. Nicht etwa, weil es eine sonderlich schmerzhafte Operation gewesen wäre, sondern wegen des Stillsitzens, das dabei über mich verhängt wurde, und das war ein schier unerträgliches Übel. Ich schob es demnach auf, solange es anging, bis mir die blonden Locken hinten bis in den Nacken und vorne bis in die Augen hingen. Wenn ich mich endlich entschloß, mich unter die Schere zu begeben, so geschah es nur gegen ausdrückliche Zusicherung eines an mich auszuzahlenden Schmerzensgeldes. Dieses dann beim Nachbar Jelinek nach meinem Belieben in Indianerkrapfen oder Zauberschlangen aus Marzipan umzutauschen blieb mir verfassungsrechtlich gewährleistet.

Die Beziehungen zwischen Zuckerbäcker und Haarschneider waren auch räumlich außerordentlich eng. Denn wie jener unser linker Nachbar war, so war dieser unser unmittelbarer rechter.

Wenn man sich von dem Laden meiner Eltern nach der anderen Seite wandte, so sah man das Aushängbecken des »Raseurs und Friseurs« Hühnl. Das war freilich eine gänzlich andere Welt als die Jelineksche. Wenn diese auf der lieblichsten Idylle fest begründet stand, so war jene in die blutigste Dramatik verflochten. Das Rasieren und Haarschneiden wurde nämlich von zwei Hühnls, Vater und Sohn, bestritten, und diese beiden waren – es muß leider gesagt werden – dem Dämon Alkohol ungemein treu ergeben. Und zwar nicht in seiner milden und bürgerlichen Form als Wein oder Bier, sondern gleich in seiner kräftigsten und gewalttätigsten – als Schnaps. Ich hörte von ihnen, es seien Quartalssäufer, und daß dies eine besonders gräßliche Art von Säufertum sei, stand mir geheimnisvoll fest.

Es gab Zeiten, in denen sie ihre Kunden ordentlich und nüchtern bedienten und miteinander im besten Vertragen blieben. Dann aber kam der Dämon über sie, und sie zogen aus, bald der Vater, bald der Sohn, manchmal aber alle beide, und dann kamen sie erst heim, wenn der letzte Kreuzer zu Branntwein von jener fuselduftenden Sorte geworden war, die man bei uns »Unblachten« oder »Ochsenbummerbranntwein« nannte, als wären die Ochsenbuben von Gott durch besonders rauhe Kehlen ausgezeichnet.

In solchen Zeiten war es dann mit dem guten Vernehmen aus und geschehen, und das Raufen war da. Trotz ihres sanften Namens Hühnl stritten Vater und Sohn da ganz mörderisch gegeneinander, wie weiland Hildebrand und Hadubrand, nur nicht aus ganz so edlen Gründen. Sie tobten in ihrem kleinen Laden herum, zerschlugen die Spiegel und warfen ihr Werkzeug, Scheren, Rasiermesser, Haarwässer und Salben vor die Türe und zuletzt einer den andern.

Die Kundschaft wurde darüber im Vertrauen wankend und begann für ihre Kehlen zu fürchten, denn es ist ja schließlich wirklich eine Vertrauenssache, einen anderen mit scharfem Messer über die Gurgel hin- und herfahren zu lassen.

In diesem Hühnlschen Laden pflegten meine Locken unter der Schere zu fallen. Ich besah mir dabei die Bilder an den Wänden, es waren alte Steinzeichnungen siegreicher österreichischer Schlachten: Somma Campagna, Custozza, Novara... Weißröckige Infanterie der Radetzkyzeit stürmte gegen brennende Dörfer, die Bomben fuhren, feurige Schweife hinter sich herziehend, über dem Gefilde hin und wider und begegneten einander in den Lüften, daß Münchhausen von einer zur anderen hätte springen können. Jenseits der Pappelallee wogte der Reiterkampf, auf dem Hügel vorne hielt der Höchstkommandierende auf stolzem Schimmel inmitten des glänzenden Gefolges, und ganz im Vordergrund lag ein Verwundeter mit blutigem Verband im Straßengraben, riß die Mütze ab und schrie Hurra.

Es war eine patriotische, aber eine etwas sehr kriegerische Gemäldegalerie für zwei Haar- und Bartkünstler des sanften Namens Hühnl. Das Schicksal achtete nämlich der sanften Namen keineswegs. Und wie es später den Friseurladen zum Schauplatz blutiger Familiendramatik machte, so hatte es den alten Hühnl seinerzeit an den obgeschilderten Blutvergießungen teilnehmen lassen. Er wäre dabeigewesen, erzählte er. Und der Verwundete im Vordergrund der Schlacht von Custozza sei er, der Friseur Hühnl, erzählte er. Ich besah mir diesen begeisterten Kriegsbeschädigten genau, aber ich konnte keine Ähnlichkeit feststellen. Jedenfalls verhalf mit die Betrachtung der Schlachtgemälde zum Stillsitzen, und ich habe seitdem öfters die Bemerkung machen können, daß es eine ziemlich weitverbreitete Weltweisheit ist, jemandes Aufmerksamkeit auf kriegerische Begebenheiten zu lenken, wenn man ihn zu scheren beabsichtigt.

Dies war meine alltägliche Nachbarschaft zur Rechten und zur Linken, die festgesiedelten Grenzvölker. An einem Tag der Woche aber wimmelte die Gasse von fremdem Zuzug. Das war der Samstag, der Tag des Wochenmarktes. Schon in den Morgenschlaf hinein drang die erhöhte Bedeutsamkeit dieses Tages mit Stimmengemurmel vieler Menschen, die letzten Traumschleier zerriß der Lärm der Gasse. Da waren die Bauern vom Land gekommen zu Kauf und Verkauf. Auf dem Hauptplatz saßen die Bauernweiber mit ganzen Bündeln von Gänsen, Enten und Hühnern, die mit den Beinen aneinandergesselt waren. Diese wenig tierfreundliche Beförderungsweise wurde erst viel später – nicht zum kleinsten Teil durch die unablässigen Bemühungen meiner Eltern im Tierschutzverein – durch ein minder qualvolles Verfahren abgelöst, indem man sie in Holzkäfigen, den »Steigen«, zum Markt bringen mußte. Neben dem eßbaren Vogelzeug gab es Säcke mit quiekenden Spanferkeln, allerlei Arten von Hülsenfrüchten, und für den Bedarf der Bauern wiederum ganze Berge von irdenen Töpfen und hölzernem Geschirr.

Von der Steingasse kam man in die Frauengasse und von da um die Ecke in die Schönmelzergasse. So hieß sie nur auf den Haustäfelchen, genannt wurde sie aber ebensowenig so, wie der Specknazl Weber genannt wurde, sondern sie hieß Erdäpfelgasse. Und dies deshalb, weil sie an Markttagen von Bauernmägden und Bauernweibern mit Erdäpfeln besetzt war, Butte an Butte, aus denen den Hausfrauen mit dem blechernen »Melchterl« die Kartoffeln in die Einkaufskörbe zugemessen wurden, volles Maß zu billigstem Preis, und immer noch ein halbes Melchterl Zugabe obendrauf.

In meiner Gasse aber war der Beerenmarkt, und dessen Trubel war es, der mir in meine Morgenträume drang. Da hockten die Bauernweiber längs der Hausmauern straßauf, straßab, bunteste Reihen mit den brennendroten, langgeschwänzten Kopftüchern, den weißen Hemden, den grünen, geblumten, gelbroten verschnürten Miedern und den gelbroten Strümpfen unter den kurzen blauen Röcken. Vor sich hatten sie frischgewaschene »Tüchla« auf dem Pflaster liegen, und darauf häuften sich die Früchte des Waldes: Schwämme aller Arten, Erdbeeren, Preiselbeeren, Brombeeren, Himbeeren, »schworze Birla«, will sagen Heidelbeeren, jedes zu seiner Zeit, alles aber immer in solchen Bergen und Massen, daß es mir ist, als müsse die Natur seither ärmer und karger geworden sein und den Menschen kein so unbedenkliches Drauflosessen mehr gönnen. Aus den Bauerngärten war Obst gekommen, nichts außerordentlich Feines, aber schmackhaft Derbes, Äpfel, Birnen, große tiefrote Herzkirschen, dunkelglänzende Weichseln und die kleinen schwarzen, aber wonnig süßen »Bauernkirschen«. Um Mitternacht waren die Weiber von den fernen Dörfern aufgebrochen, hatten die schweren Butten in die Stadt geschleppt und gaben nun um ein Geringes die wohlschmeckendsten Dinge ab. Und je weiter der Vormittag vorschritt, desto billiger wurde der Markt, denn sie wollten gerne um Mittag wieder daheim sein. An solchen Markttagen war ein Gang durch die Gasse ein Spazieren im Schlaraffenland. Es war ein Anbieten und Unterbieten, ein Nachrufen und Festhalten, und Kaufen war Gefälligkeit und Gnade. Mit zwei Kreuzern war man ein Krösus und konnte sich mit Himbeeren und Heidelbeeren das Gesicht beschmieren, daß man schwarz und rot bemalt daherkam wie Chingachgoak, der letzte Mohikaner, und von den eigenen Eltern nicht erkannt wurde.

Dies war die Gasse, mein Reich.

Karl Norbert Mrasek

Nestroy muß Brünn verlassen

»Ich habe Sie vorgeladen«, sagte der Polizeidirektor Hofrat Muth zu dem schmächtigen jungen Menschen, der devot vor ihm stand, »weil Sie wegen ungebührlichen Benehmens auf der Bühne bereits eine Reihe von Arreststrafen erhielten. So geht das nicht weiter, Herr Nestroy. Als Mitglied des königlich städtischen Nationaltheaters in Brünn haben Sie die Vorschriften des mährischen Landesguberniums zu befolgen. Laut Artikel 18 ist jede üble Gewohnheit, als das Kratzen, das Einschieben der Hände in die Hosentaschen, das stete Benützen von Schnupftabaksdosen oder Schnupftüchern zu unterlassen, desgleichen unanständiges Küssen auf der Bühne zwischen Mitgliedern beiderlei Geschlechtes.«

»'tschuldigen schon, Herr Hofrat«, fiel Nestroy verzweifelt ein, »aber was a rechter Schuster is, der räuspert, spuckt und kratzt sich halt und gibt seinem Madel an or'ntlichen Schmatz. Wann i alsdern an Schuster spielen soll, muß i's doch grad so machen.«

»Wie sich ein Schuster benimmt«, erwiderte Hofrat Muth kühl, »interessiert mich nicht. Auf der Bühne haben Sie die Aufgabe, dem Publikum nur das Schöne und Ideale zu zeigen. Weiters: laut Artikel 15 dürfen in den Rollen keine vorsätzlichen Zusätze und Abänderungen gemacht werden; der Schauspieler hat sich genau an die von der Zensur genehmigten Ausdrücke zu halten. Es wird mir aber berichtet, daß Sie immer wieder Redewendungen und Anspielungen einflechten, die nicht im Text vorgeschrieben sind.«

»Das mach i' meiner Seel nicht vorsätzlich«, beteuerte Nestroy. »Grad so ausrutschen tut mir's; so aus aner quasi Eingebung heraus.«

Hofrat Muth winkte gereizt ab: »Ich warne Sie ein letztes Mal. Was Ihnen droht, wissen Sie.« –

Niedergeschlagen schlich Nestroy davon. Springgiftig war er auf den Hofrat Muth, auf die Zensur und alle Vorschriften, die jede künstlerische Freiheit erstickten. Mit welchen Hoffnungen war er gekommen, als ihn Direktor Zwoneczek bis aus Amsterdam ans Brünner Theater berufen hatte! Vielseitig war sein Rollengebiet. Er sang den Don Juan und den Figaro, er spielte den Geßler, den Burleigh und König Heinrich, am liebsten aber in Stücken, wo man den Leuten einen richtigen G'spaß vormachen konnte. Auch die Gage war nicht übel; er hatte also allen Grund, sich dieses schöne Engagement nicht zu verscherzen. Wenn man ihm nur das Extemporieren nicht verbieten würde! Darin lebte er sich richtig aus; Einfälle, wie sie der Augenblick ergab, das zündete im Publikum, machte ihn beliebt. Und damit sollte es zu Ende sein?

Abends spielte er den Käsperle in Henslers »Teufelsmühle auf dem Wienerberg«. Er war gar nicht aufgelegt. Grad grantig war er. So schlecht und lustlos markierte er seine Rolle, daß sogar da und dort einer zu zischen anfing. Das brachte ihn vollends aus dem Gleichgewicht.

Eben deklamierte sein Partner rollengemäß mit gönnerhaftem Pathos: »Nur Mut, Käsperle, nur Mut!« Da überfiel Nestroy mit einemmal wieder die Versuchung. Er konnte es einfach nicht unterdrücken, und fast ohne zu wollen, hörte er sich sagen: »Laßt's mich aus mit dem Mut! Der geht mir schon bis zum Hals.«

Sekundenlang Stille im Zuschauerraum, denn das Publikum hatte den Hieb auf den allgemein verhaßten Polizeidirektor Muth begriffen. Dann aber brach tosendes Gelächter los, und ein Beifallssturm, wie ihn Nestroy in diesem Hause noch nicht erlebt hatte. –

»– und laut Artikel 23 der Gubernialvorschriften«, donnerte andern Tags der Hofrat den armen Sünder nieder, »kann die Polizeidirektion bei Wiederholung von derlei Fehltritten die Aufhebung des Kontraktes und die Entlassung des strafwürdigen Individuums verfügen. Herr Nestroy, Ihr Vertrag ist mit heutigem Tag null und nichtig! Sie haben sofort die Stadt zu verlassen!« –

So endete die Verpflichtung des Schauspielers und Theaterdichters Johann Nestroy an der Brünner Bühne im Jahre 1826.

Leo Slezak

Inzwischen lernte ich fleißig singen

In dieser Brünner Zeit schlossen sich einige begeisterte junge Menschen zu einem kleinen Zirkel zusammen, dem auch ich angehörte und den sie den Klub »Edelweiß« nannten. Warum Klub oder gar »Edelweiß«, wußte niemand. Jeden Abend um 8 Uhr kamen wir Mitglieder im Hinterzimmer eines kleinen Gasthauses in der Neugasse zusammen, um dem Vergessen des so belämmerten Alltags zu frönen. Es war kein eingeschriebener Verein, sondern der Behörde als Stammtischgesellschaft bekanntgegeben. Der Zweck des Klubs war die Verfolgung hoher künstlerischer Ideale; besonders das Erzählen von jüdischen Witzen wurde gepflegt und ausgebaut.

Jeder von uns fühlte einen Drang in sich, Schauspieler, Musiker oder Dichter zu werden. Wir waren 16 Mitglieder, von diesen 10 Vollschnorrer, 2 Halbschnorrer und 4 auch arme Teufel, darunter der Präsident des Klubs, Sebastian Vrtal, der auf den Namen Sebastian sehr stolz war, weil es einen Johann Sebastian Bach gegeben hat. Er trug sich mit dem Gedanken, auch noch den ihm fehlenden Johann vor seinen Namen zu setzen. Er war Verkäufer in der Drogerie »Zum schwarzen Hund«. Ich gab ihm den Titel eines Drogeriologen, was ihm sehr schmeichelte.

Der Gastwirt, Herr Bartoschek, war ein kleiner dicker Herr, erster Tenor beim Gesangverein »Halt die Goschen« in Kumrowitz bei Brünn, und hatte Freude an unserer Fröhlichkeit, unseren improvisierten Vorträgen und Deklamationen. Materielle Vorteile hatte er gar keine von uns, denn die Zechen, die wir machen konnten, waren gleich Null. Wenn sich einer von den »Wohlhabenden« ein Gulasch und ein Seidel Bier geben ließ, schauten wir andern weg, damit uns der Tantalus nicht quäle.

Oft erschien Herr Bartoschek mit einer Lage Fensterschwitz, zum Salamanderreiben, wie er sagte. Fensterschwitz war das billigste Bier und wunderbarste Abführmittel, welches, wenn es ein wenig abgestanden war, ruhig als subtropischer Klapperschlangenurin agnosziert werden konnte.

Wir sangen Studentenlieder, markierten Burschenherrlichkeit und Exkneipe, die der Drogeriologe leitete. »Gaudeamus igitur«, »Im schwarzen Walfisch zu Ascalon« und »Saecula, pocula, nulla« wurden geschmettert, wobei sich Herr Bartoschek als erster Tenor des Kumrowitzer Gesangvereins durch seine gellenden, außergewöhnlich penetranten Stimmittel unangenehm bemerkbar machte. Das bei den wirklichen Studenten so bekömmliche Sichhalbtotsaufen blieb aus finanztechnischen Gründen weg. Mitgliedsbeitrag waren 20 Kreuzer monatlich. Zehn Mitglieder waren wegen hoffnungsloser Stierität völlig befreit, zwei auf 10 Kreuzer ermäßigt, und vier zahlten den vollen Beitrag.

Auch ich entdeckte eine dichterische Ader in mir, machte humoristische Vorträge in Versen und Brünner Dialekt, Parodien und Couplets, die mein lieber Freund Mühlwasser in Musik setzte. Auch seriöse Lieder komponierte er. Das erste ernste Lied, das ich in meinem Leben sang: »Zu deinen Füßen will ich ruhn« war von ihm. Er war ein kleiner, bescheidener Beamter, ein rührender, armer, versonnener Mensch, der in einem winzig kleinen Geschäft, wo nur ein Schreibtisch, Stuhl und Kasten Platz hatten, bei Gaslicht 35 Jahre seines Lebens verbrachte. In diesem »Unternehmen« war er der einzige Angestellte, arbeitete für einen Schandlohn, dachte nicht ans Verdienen – er hatte ja seine Musik, sein Pianino daheim und lebte immer in einer anderen, schöneren Welt.

Wir drängten ihn, daß er doch endlich Gehaltserhöhung

fordern solle, da er schon 10 Jahre für 40 Gulden monatlich schuftete. Endlich hatten wir ihn soweit. Niedergeschlagen kam er am Abend in den Klub: sein Chef habe gesagt, daß eine Erhöhung seiner Bezüge leider nicht möglich sei, weil das Geschäft so schlecht ginge, aber als Äquivalent für seine wertvollen Dienste ernenne er ihn zu seinem Prokuristen.

Er hatte sich inzwischen verheiratet, seine Gattin hatte etwas Geld mitbekommen, und als er sein 25jähriges Jubiläum in dem kleinen Kramladen feierte, bohrte seine Frau so lange, bis er sich wieder an seinen Chef um Gehaltsaufbesserung wandte. »Lieber und verehrter Jubilar«, meinte der Chef, »angesichts der geschäftlichen Lage ist an eine Gehaltsaufbesserung leider nicht zu denken, aber damit Sie zu Ihrem Jubiläum auch eine Freude haben, dürfen Sie zu mir, Ihrem Chef, ab ersten Januar ›Du‹ sagen.«

35 Jahre hat es dieser bescheidene Mensch mit 40 Gulden Monatsgehalt in diesem trübseligen Kammerl ausgehalten und hat sich nie beklagt.

Wenn ich später nach Brünn gastieren kam und er mein Gast war, lebte er auf. In Konzerten sang ich immer als Zugabe sein Lied: »Zu deinen Füßen will ich ruhn«, davon zehrte er monatelang und war glücklich. Eines Tages wurde er so schwermütig, daß er in eine Heilanstalt bei Brünn gebracht werden mußte und bald darauf starb.

Dann hatten wir noch einen Zeitgenossen im Klub »Edelweiß«, einen kleinen Zollbeamten, welcher Schauspieler werden wollte, uns Franz Moor, Uriel Acosta, Narziß und Hamlet deklamierte, sich von seinem Jammerverdienst Perücken machen ließ, die er zum Vortrag in seinem Zivilanzug aufsetzte, weil er es für packender hielt. Er schrie wie ein Zahnbrecher. Da meinte ich schüchtern, denn er war schnell beleidigt und vertrug keinerlei Kritik: »Aber Karl, warum schreist

Emil Orlik: Wenzel der Posaunist

du denn alles so uferlos, ohne zu modulieren, das ist doch nicht notwendig?« Da wies er mich ab mit den Worten: »Der Reimers vom Burgtheater schreit auch.«

Der Klub »Edelweiß« hat sich bald in seine chemischen Bestandteile aufgelöst, weil der Betrieb des Herrn Bartoschek an den Fensterschwitzspenden für das Salamanderreiben zugrunde gegangen ist. Das war für dieses Gastunternehmen eine zu schwere Belastung.

In meiner Jünglingszeit war in Brünn noch nichts von Nationalitätenhaß zu spüren. Deutsche und Tschechen lebten in Harmonie neben- und miteinander. Beide Sprachen waren Landessprache, die jeder Brünner bis zu einem gewissen Grade beherrschte. Erst die Politiker, Advokaten und Zeitungen, deutscher und tschechischer Prägung, die davon lebten, sich daran bereicherten, säten Zwiespalt in die Bevölkerung, vergifteten die Jugend, und auf einmal brannte es lichterloh. Die Studenten der Hochschulen provozierten sich gegenseitig, schlugen sich auf der Straße die Schädel ein. Es wurde ein Deutsches Haus gebaut, riesengroß und prunkvoll, gegen das der »Besedny dum«, das tschechische Vereinshaus, winzig und traurig wirkte, da ja das Kapital bei den Deutschen war.

Die großen und sehr reichen Tuchfabrikanten, die Intelligenz und Beamtenschaft waren deutsch, Brünn als das österreichische Manchester berühmt. Die Arbeiterschaft und primitivere Bevölkerung waren tschechisch und bis zur Einbeziehung aller umliegenden Dörfer zu einem Groß-Brünn wahltechnisch machtlos. Gift und Galle wurde auf beiden Seiten verspritzt, und einer sah in dem anderen seiner Sprache wegen einen Todfeind, der erschlagen werden mußte.

Es war für mich sehr traurig, da ich so gar keine Entschuldigung für diesen sinnlosen Haß aufbringen konnte. Als ich von meinem geliebten Lehrer, dem großen Künstler und gütigen Menschen Adolf Robinson, entdeckt wurde, ging ich, um leben zu können, zum Militär. Über diese Militärzeit habe ich berichtet, es sind nur noch einige Kleinigkeiten nachzutragen, die euch, meine geliebten Kinder, euren Vater als epochalen Soldaten zeigen sollen.

Ich war für damalige Verhältnisse einer der schönsten Unteroffiziere des 17. Jägerbataillons in Brünn. Jetzt darf ich es ja sagen, daß ich keine Kampfnatur war und außergewöhnlich wenig Verständnis für den Heldentod hatte. Ich habe den ersten Weltkrieg nicht mitgemacht, man hat dieses antikriegerische Empfinden bei mir respektiert und mich bei den unzähligen Musterungen wegen Fettleibigkeit abgelehnt. Das war auch mit ein Grund, daß wir diesen Krieg damals nicht schon viel früher verloren haben. Solange ich beim Militär war, habe ich den strammen Soldaten herausgekehrt, einer kleinen Anekdote eingedenk: Einer sagt zum andern: Kusch, Jud. – Der andere: Ich bin stolz, daß ich ein Jud bin. – Wieso bist du da stolz? – Wenn ich nicht stolz bin, bin ich auch ein Jud, bin ich lieber stolz. – Wenn ich gezeigt hätte, wie mies mir vor der Soldatenspielerei war, hätte man das nicht besonders zur Kenntnis genommen, ich hätte ja doch Soldat bleiben müssen, also war ich stramm und zeigte mich bei jeder Unannehmlichkeit freudig bewegt.

Im Exerzierreglement erster und zweiter Teil war ich bewandert wie ein Archäologe im seligen Pythagoras. Pythagoras, das war der, der den Skandal mit den beiden Kadetten und der Hypotenuse aufgedeckt und gebrandmarkt hat. Auch am Schießstand stellte ich meinen Mann, schnell hatte ich mir die große grüne Schützenschnur mit den vier Samtklankerln, einer Trillerpfeife und Kompaß, der allerdings nicht funktionierte, erschossen. Schneller als üblich wurde ich Unteroffizier. Meine strategischen Fähigkeiten waren im Bataillon bekannt und geschätzt, ebenso meine hervorragende Begabung für erfolgreiche Walddurchstreifungen. Das zeigte sich besonders einmal bei einer Nachtübung. Ich wurde mit einem Heeresaufgebot von sechs Mann ausgeschickt, am andern Ende des Waldes den Feind zu erkunden. Also ein rekognoszierendes Aufklärungsunternehmen, ein richtiggehender Spähtrupp. Da ich an einem ganz anderen Ende des Waldes herauskam, als ich hätte herauskommen sollen, bekam ich als Anerkennung acht Tage Kasernenarrest, und meine Mannen mußten vier Wochen hindurch sämtliche Aborte der ganzen Kaserne putzen.

Wir hatten damals Patronentaschen. Auf jeder Seite eine, die am Überschwung, dem Gürtel, derart günstig befestigt war, daß man sie nicht verlieren konnte. Wenn der Frühling kam, machten wir sechsmal in der Woche einen kühnen Angriff auf die Kozy Hora. Das ist ein ekelhaft steiler und ratzekahler Berg, zu deutsch »Ziegenberg«, weil er nur von Ziegen zu erklimmen ist. Schon der Anmarsch dahin war zum Kotzen. Von der Kaserne mußten wir ungefähr zehn Kilometer rennen, so daß wir schon halbkrepiert auf dem Schlachtfeld ankamen. Nach einer kurzen Rast kam unser Hauptmann angesprengt, dessen Streitroß man schon von weitem an seinen erfolgreichen Blähungen erkannte, die akustisch eine Rarität darstellten und mit einer intensiven Artillerievorbereitung zu vergleichen waren.

Nun erscholl das Kommando: »Schwarmlinie«. Da oblag es uns, auszuschwärmen und die verfluchte Kozy Hora zu erklimmen. Ein Sichhinhauen, Sichverstecken, so das Ende der Kampfhandlung abzuwarten und sich dann mit Siegermiene in seine Einteilung zu mogeln, gab es nicht, weil unser Hauptmann von seinem geräuschvollen Pferde aus jeden einzelnen kontrollieren konnte, ob sein Angriffsgeist auch der richtige sei. Also, es war nicht möglich, dem Gegner die Initiative zu überlassen, man mußte da hinaufkrallen, ob man wollte oder nicht.

Oben angekommen, schrien wir begeistert: »Hurra«, was ein Zeichen war, daß wir – wie jeden andern Tag auch – den Sieg über einen unbekannten Feind davongetragen hatten. Die Augen traten uns aus den Höhlen, und die Zunge hing uns bis auf die Patronentasche herunter. Um dies zu konstatieren, sind hauptsächlich die Patronentaschen da. In zweiter Linie zur Aufnahme von Patronenmagazinen, die in das Gewehr eingeführt und verschossen werden. Meist Platzpatronen, die nur knallen, aber sonst keine weiteren Unannehmlichkeiten bereiten. Am gefürchtetsten waren die Ehrensalven bei der Fronleichnamsprozession, bei Kaisers Geburtstag und anderen feierlichen Anlässen. Bei so einer Ehrensalve ist es wichtig, daß der ganze hiezu bestimmte Zug auf das Kommando »Feuer« womöglich zu gleicher Zeit schießt, daß es nur einen einzigen Knall gibt und keine beschämende Schießerei auf Raten, weil da die Zivilisten lachen und die Schießenden eingesperrt werden. Da ist es also kein Wunder, wenn wir vor diesen Ehrensalven Spundus hatten. Spundus ist lateinisch.

Bei so einer Fronleichnamsprozession war also diese übliche Ehrensalve. Auf das Kommando: »Feuer« kam die Salve, dann noch ein Schuß extra und noch in weiteren Abständen abermals drei. Es war schrecklich. Wir schämten uns wie Bettnässer, die bei ihren Bräuten als Logiergäste weilen. Daheim angekommen, große Untersuchung auf dem Kasernenhof. Der ganze Zug bekam vor allem einmal acht Tage Kasernenarrest, und es sollten sich die Schuldigen melden. Drei der Übeltäter meldeten sich und sagten, sie hätten eine Ladehemmung gehabt, hätten aber trotzdem geschossen, damit sie keinen Stunk wegen Nichtschießens bekämen. Es haben nämlich Männer aus Angst, nachzuschießen, einfach gar nicht geschossen. Diesen Rat gab einer dem andern, und da ergab es sich einige Male, daß eine aufreizend dünne Ehrensalve herauskam, die Anstoß erregte.

Die Gewehre wurden visitiert, die Patronen nachgezählt, und jeder Mann, der nicht geschossen hatte, bekam eine Belohnung. Einer hat sogar beim Nachhausemarschieren mitten in der Stadt noch schnell einen Schuß abgegeben und die biedere Bevölkerung baß erschreckt. Der hat sich aber nicht gemeldet. Trotz intensivstem Nachforschen weiß man bis heute noch nicht, wer es war. Dafür und aus diesem Grunde, sowohl als auch und überhaupt, wurde das ganze Fronleichnamsdetachement mit Verachtung und Arrest belegt. Die Verachtung wurde mannhaft ertragen, aber eine Woche nicht ausgehen dürfen, machte auf uns Anti-Ethiker einen größeren Eindruck.

Ich als Zugs- und Zimmerkommandant hatte das Bad auszugießen. Man warf mir vor, daß ich nicht genügend erzieherisch auf meine Mannen wirke und diese mangelhaft belehre.

Aber das waren seltene Ausnahmen, immer war ja nicht Kaisers Geburtstag oder Fronleichnam, und bei militärischen Prunkbegräbnissen, die respektlos »Fundus« genannt wurden, hat man besonders ausgebildete Salvenschützen in geringer Anzahl eingesetzt, die sich meist anständig aus der Affäre zogen.

Ich kann mich über meine Militärzeit nicht beklagen. Inzwischen lernte ich fleißig singen, und mein Lehrer und seine liebe Gattin haben mich geleitet, bis ich so weit war, daß ich als Lohengrin zum erstenmal auftreten konnte. Bei diesem meinem ersten Auftreten wurde mir seitens meines Offizierskorps die seltene Ehrung zuteil, daß dieses mit dem Bataillonskommandanten an der Spitze in sechs Logen der Vorstellung anwohnte. Alle Herren in ihren graugrünen Paradeuniformen mit Feldbinde und Hut boten im ersten Rang ein schönes Bild, und im Parkett saßen 24 Unteroffiziere, die ihrem einstigen Kameraden begeistert zujubelten. Diese Auszeichnung ist mir mein ganzes Leben lang eine liebe Erinnerung geblieben, für die ich mich einige Tage später beim Bataillonsrapport bedankte.

RICHARD VON SCHAUKAL

Kindheit in Brünn

Ich bin in Brünn geboren, der Hauptstadt von Mähren. Die alte Stadt liegt melancholisch um den Spielberg herum. Die Zitadelle der Festung, in deren Mauern Schwedenkugeln stecken, krönt das mit vielen schlanken Kirchtürmen emporstrebende gelbe Häusergedränge. Mein Geburtshaus, der hohe Stadthof, grenzt an den lieblichen Franzensberg. Unter dem Obelisk, dem Denkmal der Befreiungskriege, habe ich, vom hellen Frühlingsgrün umrauscht, im roten Sande gespielt und Katzengold gesammelt. Das sanfte Brunnengeplätscher aus dem stillen Halbrund einer Säulenhalle tönt mir noch im Ohr. Grün und frühlingsfrisch ist die Erinnerung meiner seligen Kindheit, ein holder Traum.

An den »Stadthof«, den ich nur ein einziges Mal im späteren Leben mit scheuer Ehrfurcht vor dem mächtigen Gebäude betreten habe, gemahnt mich nichts. Das Haus, in dem wir wohnten, das Haus, das mir bis in mein fünfundzwanzigstes Jahr Mittelpunkt der mit Sehnsucht und Bangigkeit zugleich ringsum wie aus warmem Erdloch hervor erlugten Welt blieb, lag in einer engen Gasse, mitten in der ältesten Stadt. Gegenüber der fünf Fenster breiten Stirn des tief nach dem hügligen Krautmarkt gestreckten zweistöckigen Kastens bot die gelbe Magdalenenkirche unerschöpflichen Anblick. Denn über ihre breiten, ausgetretenen Stufen vor den mächtigen Flügeln der Pforte, deren Öffnen und Schließen wie andern Kindern regelmäßig wechselnde Naturvorgänge dem tagaus, tagein Ausschauenden die Zeit bestimmten, floß das wunderbare Leben, an dem man immer wieder auch teilhatte.

Anders wiederum war das Ausgehen, das die Beziehung

Rudolf Zuber: Rathaushof in Brünn

zu jenem festen Gegenüber ganz außer acht ließ: da verließ man die Haustüre, bewegte sich an den Nachbarhäusern entlang, man ging seiner gewohnten Wege, zur Großmutter, durch die Ferdinandsgasse, über den großen Platz, die Rennergasse, das »Dikasterialgebäude«, dessen Garten übers Glacis, oder in die Schule über den großen Platz, diesmal links durch die dunkle Rudolfsgasse und die breite Salzamtgasse, wo einmal ein Haus gebrannt hat, oder, in späteren Jahren, von der Haustüre weg in der der Kindheit entgegengesetzten, der Knabenrichtung hinunter nach dem Nordbahnhof, aber in seiner Sicht rechts abbiegend und auf den in der Mittagssonne schläfrig harrenden Omnibus zu, der in einem glühenden Hauche seiner Plache blähte: er brachte einen in die »Villa«.

Alles hatte in dieser Gasse sein doppeltes Leben: vom Fenster aus und unten, in ihr, vom Pflaster aus nach rechts und links, wohl auch ab und zu hinauf, doch kaum bis zum Rande der Dächer empor, über dem der Himmel war, den man von anderswo, zwischen Bäumen hindurch oder gespiegelt in geheimnisstarrenden runden Wasserflächen, besser kannte. Vom Fenster aus ging's hinunter und hinab die Gasse entlang, so weit man, ohne sich unartiger- und unheimlicherweise übers Fensterbord hinauszubiegen, unterm schräg hervorgesteckten Sonnenschutzvorhang mit den Augen reichen konnte. Da war einerseits der langgestreckte Palast mit den schmalen geschmiedeten Balkonen vor jedem der unzähligen verstaubten Fenster, anderseits, durch ein breit ausgemuldetes Gäßchen von der Kirche geschieden, der den Himmel verdeckende Gasthof, dessen Erdgeschoß Papas Nachmittags-Kaffeehaus enthielt.

In der Gasse, die uns keine Tramwayschiene schändete, nahe an dem um eine Stufe erhöhten Bürgersteig, befand sich das begehrenswerteste Spielzeug der Welt, unerreichbar selbst dem kühnsten Weihnachtswunsche: der Hydrant. Daß dieses mit einer Klappe bedeckte Loch im Erdboden so hieß, ist unwahr; es hieß gar nicht, sondern war da und wirkte Herrlichstes, vielmehr, es wartete geduldig, bis die Spritzer mit dem roten Holzfaß angerumpelt kamen, um sich dann in seiner Macht zu zeigen. Ein Schlauch ward darin angeschraubt, wobei schon Wasser aus dem Loch trat; der Faßwagen ward hinangeschoben, gelassen legte eine nackte braune Hand das Schlauchende in die nette runde Öffnung, die ein niedlich aufklappender Deckel freigab, und nun brauste Wasser in den behaglichen Hohlraum, bis es – man schauderte vor gruselndem Glück – überfloß. Gott segne die Spritzer! Sie haben mir viel Glück bereitet. Denn mein Sommer war lang.

Damals gingen vielleicht ein paar reiche Leute – ich weiß es nicht – Sommer über aufs Land; wir waren nicht darunter. Wir blieben jahraus, jahrein in der Stadt, in der engen Ferdinandsgasse gegenüber der Magdalenenkirche.

Von der Ferdinandsgasse hätte ich noch vieles zu berichten. Vom »Tor«, dem Bilder- und Bücherstand unter dem uralten Haustorgang, wo ein an einer eingestemmten Krücke humpelnder schwarzbärtiger Italiener sich als den allmächtigen Herrn der Wunderwelt erwies; vom Schuster, in dessen winzigen Laden man auf Stufen hinter der scheppernden Glastüre hinabpolterte; vom Pfeifenschnitzer und Drechsler, vom nie betretenen Laden des schweigsamen Mannes, der sein Schaufenster mit unzähligen Kettlein und Münzen, Figürchen und Gefäßlein bestellte. Von der Marktecke, wo die Riesenbünde der roten und der weißen Rettiche, die ungeheuren Schwingen voll Stachelbeeren, Himbeeren, Kirschen, die Körbe voll Bauernblumen sich drängten; im erhabenen Hintergrunde rann der weinumrankte Herkulesbrunnen.

Und wie schön war die Stadt im Winter, da sie voll Schnee

lag, festem, dauerndem Schnee, nicht solchem wässerigen Quatsch, wie er heute in der Großstadt um die Füße schlampt, gediegenem Schnee, der alle Dächer behäufte, die Dachluken gemütlich machte und manchmal polternd über die Rinnen herabfiel, Schnee, zwischen dem es Schleifrutschen gab, die blau spiegelten vor Glätte, Schnee, den man dicht ballen konnte, ohne daß die dicken Handschuhe sich durchnäßten, Kindheitsschnee, wohlwollendem, der Anfang November heiter kam und Ende Februar ging und bescheiden dem Frühling Platz machte mit Veilchen an allen Kreuzwegen.

Ilse Ringler-Keller

Der Weg zum Weingebirg

Die Uhlin, ihr einfärbig dunkles Kopftuch über das weizenhelle Haar gewunden, zeigte mir den Weg durch die ernteschweren Felder zu den »Sonnenbergen«, zum südmährischen Weingebirg hinauf. Das war ihr liebster Weg an Sonntagnachmittagen am Ende einer arbeitsreichen Woche – der Gang über die Äcker! In der »Sutten«, wie man im Volksmund die Niederung nennt, in der Sutten, sagte sie, da steckt man die ganze Woche lang. Am Sonntag will man die Welt einmal anders sehen.

Als ich neben der Uhlin herging, war ich ganz still, ich lauschte ihrer singenden Stimme, während eben eine frohe Lerche, ein »Lirigel«, auf der Leiter eines Liedes in den Himmel stieg. Ach, ich stand nicht so fest wie die Uhlin auf dem Boden der Heimat. Ich kam alljährlich aus der Stadt, ich kehrte zur Stadt zurück, aber mein Herz ließ ich jedesmal da in der Landschaft mit dem übergroßen Himmel, mit den ins Unendliche flutenden Äckern, mit den Weinrieden und dem sagenhaften burggekrönten Pollauer Berg. Mein Herz erglühte aufs neue bei jeder Wiederkehr. Meine Sippe hauste jahrein, jahraus, seit Hunderten von Jahren in diesen saatenumschlossenen südmährischen Dörfern und Städten, die hochgetürmt oder stillbescheiden um das von urzeitlichen Meeren abgelagerte Inselgebirge ein abseitiges Dasein führten. War ich ferne, dann bangte mir oft um dieses friedvolle Stück Heimat, das, umbrandet von den Fluten anderssprachiger Völker, dennoch vertrauensvoll lächelte, blühte und sich erfüllte.

Die Äcker liefen einem fernen Fluchtpunkt zu, anmutig

Carl Maria Thuma: Weg nach Nikolsburg

trug der Berg mit seiner grauen Felsenfaust die brokatene Schleppe einer glanzvoll hochzeitlichen Erde. Das Korn war schon sehr bleich und trutzte, es senkte die Ährenkrone unter der Last seiner Körner. Sehr bleich war das Korn, und fast schwarz wirkten dagegen die einzelstehenden königlichen Kirsch- und Nußbäume, Bäume von vollkommener Schönheit der Form. Im Weiß des Kornes, im Mattgelb der Gerste, im Rotgold des Weizens, im Blaugrün der Weingärten, überall herrschten diese alleinstehenden wohlgewachsenen Obstbäume vor, als sollte so jedes Stückchen Erde erfüllt sein wie das Wort im Gefüge einer schönen Dichtung. So bildeten die reichbelaubten Kronen mit ihrem lebendigen Grün eine Unterbrechung im ornamentalen Rhythmus der eintönig dahinfließenden Felder, sie verwandelten die Landschaft in einen einzigen Garten.

Das Lerchengeschmetter wurde abgelöst vom schmerzlichseligen Ruf des Pirols, unermüdlich geigten die Grillen, aus dem fernen Bergwald tönte das dunkle Gurren der Turteltauben.

Der Sommer brachte immer neue Regenschauer; Unkraut wucherte empor. Neben Mohn, Rittersporn und Raden schimmerte hellrote Erdnuß, deren feiner Duft, deren glühende Farbe jedem Garten zur Zierde gereicht hätten. Der Bauer sah sie nicht gerne. Ich aber band mir einen Strauß vielfarbiger Skabiosen und wilder Reseden, die am Wegrand blühten. Schmal waren diese Wege, schmal und grün und blumenumsäumt. Braune Erde, einsame Blume, reifender Akker – eine Welt für sich voll Friede und tiefer Geborgenheit.

Die Uhlin kannte die alten Flurnamen noch, die Namen der Äcker und Weinrieden, wie sie im Gedächtnis der Sippe und im Grundbuch weiterleben von Geschlecht zu Geschlecht. Der Haussatz, die Rosentitzen, die Zwieri und das Goldhamerl, der Zehentacker und der Trautsamen. Es lag viel Schönheit und Stille im Klang solcher Namen, die noch aus Zeiten herübertönten, als der Bauer in Fron gestanden und den Dürnholzer Gutsherren zur Robot verpflichtet war. Von jedem einzelnen Acker wußte die Uhlin eine ganze Geschichte.

Nun standen wir oben auf dem Sonnenberg mitten im herrlichsten südmährischen Weingebiet. Die Gärten waren gehauen, gejätet, gespritzt, sehr wenige nur von Unkraut durchsetzt. Groß war zu jener Zeit die Mühsal des Bauern, seine jungen Söhne trugen den Soldatenrock. Im seidenen Brusttuch der Uhlin knisterte ein Brief, den der Sohn ihr vom Atlantik geschrieben. Polnische und belgische Kriegsgefangene waren eingestellt, von der Uhlin wahrhaft mütterlich betreut. Am meisten aber mußten sie selber schaffen auf eigener Scholle, Herren und Knechte zugleich.

Weit ging der Blick über windzerzauste lockige Haferbreiten, über Türkenweizen, Korn und Klee, über alle Art reifenden Getreides bis zu den dunklen Auwäldern, durch die das Wiesenwässerlein der Thaya glitt. Groß und golden drängte sich die Landschaft an die rauhe Felsenbrust der Pollauer Berge. Immer wieder griff das Gegensätzliche des Bildes ans Herz: die sagenhafte Einsamkeit des ruinengekrönten Bergmassivs inmitten einer weiten Ebene von unermeßlicher Fruchtbarkeit. Und ich konnte wohl begreifen, daß es für die Uhlin kein größeres Fest gab an Sonntagnachmittagen, wenn die Männer in den Weinkellern saßen oder auf Wildenten jagen gingen, als den steilen Weg zu den Sonnenbergen zu nehmen, den Weg über die Äcker!

Ein rauhes Schicksal hat die Uhlin mit Tausenden von Leidgenossen fortgerissen vom Boden der uralten Väterheimat. Hoch oben in einem bayrischen Gebirgsort lag ihre Zufluchtsstätte. Der Bauer, einst König seiner Scholle, durfte als Besenbinder sein Brot verdienen; der junge Uhl werkte in einer Fabrik; jeden Monat kam ein Postpaket von der Tochter aus Australien. Die Uhlin aber, deren Zeit immer so gedrängt gewesen, hat nun Zeit, viel Zeit zum Nachdenken und sogar zum Briefeschreiben.

»Anfangs glaubte ich, hier sterben zu müssen. Nun haben wir uns eingewöhnt in dem kleinen Gebirgshaus, das den Namen Villa Edelweiß trägt. Der Winter ist unendlich lang. Hirsche und Rehe kommen bis ans Haus heran. Schön sind Frühling und Sommer mit ihren herrlichen Bergblumen. Nur die Weinlesezeit – das ist für uns die schwerste des ganzen Jahres. Wenn wir die Gedanken weit weg daheim haben und hier ein Pfund Trauben teuer kaufen müssen, da rufe ich dann im Halbschlaf einen Weinberg nach dem anderen mit Namen, Neubruch, Rosentitzen, Kühberg, Trautsamen, Kellersatz, Zehentweingarten, Marterweinberg und wie sie alle heißen, mit denen ich ein Menschenalter verbunden war.«

Die Sehnsucht der Uhlin nach den sonnigen Breiten Südmährens hat sich nicht mehr erfüllt. Sie ruht für immer auf dem kleinen Bergfriedhof von Siegsdorf aus von aller Heimatlosigkeit; der bayerische Hochwald bewacht ihren Schlaf. Mit ihr sind auch die alten Namen ins Grab gesunken, die als Flurnamen im Grundbuch der Heimat nicht mehr weiterleben.

RUDOLF KASSNER

Die Nacht des ungeborgenen Lebens

Der Waffenstillstand war geschlossen, das vom Hunger, von Entbehrungen jeder Art bezwungene, durch Verrat an vielen Stellen in Zersetzung begriffene Heer hatte sich endgültig aufgelöst und strömte in Trümmern, als gäbe es keine andere Ordnung mehr als jene durch die Flucht selbst gebotene, in das Vaterland zurück, das aufgehört hatte, Vaterland zu sein, und in Reiche zerschlagen werden sollte, deren Grenzen noch nicht feststanden und die ein jeder im Geiste jetzt ziehen mochte je nach dem eigenen Wunsche oder der eigenen Not. Doch wie immer diese ausfallen sollten, ein jeglicher, hoch oder niedrig, verfolgte nur den einen Gedanken: an die Heimat, das heimatliche Dorf, die heimatliche Stadt, das Wohnhaus, die Hütte, innerhalb welcher Grenzen diese immer liegen mochten, und bediente sich, um zu diesem Ziele zu kommen, jener Mittel, Wege, Straßen, Eisenbahnlinien, welche die fürchterliche Bedrängnis den Menschen in diesen Tagen zu bieten vermocht hat.

Zu Anfang war es wohl noch das ganze Regiment gewesen, das meist mehr durch die Enge und den Druck des Raumes, welcher dem weichenden Heer zur Verfügung stand, zusammengehalten wurde als durch den Geist des Vergangenen; zuletzt aber in der Hauptstadt des alten Reiches, die noch nicht leicht umgangen werden konnte, sind es oft nur mehr ein paar Offiziere und wenige aus der Mannschaft, die sich jetzt vor dem Abschied auf eine menschliche Weise mit Ratschlägen und Plänen für die Zukunft beizustehen suchten.

Als Karl Anselm von Trautson, Major eines Dragonerregiments, in der Dunkelheit des sehr frühen Morgens von seinem Stadthotel auf den Bahnhof ging, um auf sein Gut zu fahren, das in einem der nun neu gegründeten Reiche lag, half ihm, da unter den bestehenden Verhältnissen weder ein Wagen oder ein Träger zu dieser oder einer anderen Stunde leicht aufzutreiben, noch das gegebene Wort der Kutscher verläßlich gewesen wäre, ein Kamerad, der um weniges jünger war und als Rittmeister den Krieg mit Karl Anselm von Anfang an mitgemacht hatte, den Koffer mit dem Nötigsten, nicht leicht zu Missenden darin, tragen.

Die Fahrt, die im Frieden vier Stunden gedauert hatte, brauchte jetzt die doppelte Zeit. Eingepfercht zwischen ganz fremde, ratlose, mit ihren Blicken willig sich preisgebende Menschen, saß Karl Anselm weniger ermüdet als betäubt da, und alles, was er auch zu denken und zu fühlen versuchte, ging in dieser Betäubung unter. Nur das Bild Findeisens, des Kameraden, von dem er sich eben am Bahnhof getrennt hatte, vermochte sich in seiner Seele zu behaupten oder war stets bereit, sich von neuem darin aufzurichten. Ohne am Tage vorher ein Wort gesagt zu haben, war dieser im Hotel erschienen und hatte an die Tür des Zimmers geklopft, um seine Dienste anzubieten, da er wußte, daß Karl Anselm den Burschen, der von nun an ein anderes Vaterland haben sollte als sein Herr, habe entlassen müssen. Findeisen stand mittellos da, er war Berufsoffizier gewesen, und die Aussichten, einen neuen Beruf zu finden, waren, wie die Verhältnisse nun einmal lagen, gering. Karl Anselm war sich darüber klar, daß er ihm auf die eine oder andere Weise durch seine Beziehungen werde helfen müssen. Ob aber die Unbefangenheit im Verkehr, ob die Freundschaft nicht darunter dann ein wenig leiden würde? Ob es nicht ratsam wäre, sich im geheimen einer dritten Person zu diesem Zwecke zu bedienen?

Als Karl Anselm im Wagen saß, der am Bahnhof der Kreisstadt wartete, um ihn nach seinem Schloß zu bringen, war es Abend geworden. Auf der Fahrt nach dem Dorf grüßten ihn heimkehrende Feldarbeiterinnen und Kinder; seine Güter lagen zerstreut bis in das Gebiet der kleinen Stadt. Es war feucht und mild, der Geruch von brennendem Kartoffelkraut lag in der Luft, hinter den fast schwarzen Fichten seiner Wälder ging die Sonne blutrot unter. Die Straße führt jetzt zwischen zwei Teichen, aus deren einem ein Fischreiher silbern gegen den Wald zu langsam verschwebt. Schon grüßen die ersten Häuser und Hütten des Dorfes aus dem Dunkel heraus, der Wagen biegt mit flinker Wendung in den Park ein, so daß der Kies gegen das Scheuleder spritzt. Durch die mit spärlichem Herbstlaub bekleideten Äste und Zweige der sehr hohen Linden des Schloßparkes sickert das Licht aus den beleuchteten Fenstern, die Pferde halten vor der Freitreppe des Schlosses, worin Karl Anselm nach dem frühen Tod seiner Frau vor dem Kriege jahrelang allein gelebt hatte.

Wie gerne ließ er sich darin nicht wieder aufnehmen! Wie gerne darin nicht bergen! Wie hatte er sich nicht auf die Geborgenheit gefreut und wie zu ihm gehörig erschien ihm nicht diese, erschien ihm jede Art von Geborgenheit! Hatte er sie nicht das ganze Leben lang gesucht, war er nicht immer auf irgendeine Weise aus darauf? War er nicht bewandert in allerhand Schlichen, sich diese Geborgenheit zu schaffen, wenn sie nicht gleich da war? War ér nicht ein Künstler darin, daß er sie überall suchte und für den Augenblick auch zu finden schien: in der täglichen Beschäftigung, in der Freundschaft oder in dem, was er so nannte, in der Gesellschaft, welcher er angehörte, überall bis in sein Gefühl vom eigenen Körper hinein, im Sturm, der sich auf offenem Felde um ihn schlug, im Geruch der Dinge, in der hohen, dunklen Nacht, die ihn umfing, wenn er allein auf der Schloßterrasse auf und ab ging? Er fand sie bis in die Krankheiten und Schmerzen hinein, er fand sie im Schützengraben, bei Angriffen. Ach, es gab in der

Tat keine Situation im Leben, in der er sich nicht – sagen wir: nach einer kleinen Weile – vollkommen geborgen zu halten vermochte.

Gab es das bei den anderen Menschen auch? Oder kam es bei den anderen nicht so darauf an, geborgen zu sein? Lag darin der Unterschied zwischen ihm und den anderen? Und war es das, warum ihm die meisten Menschen übertrieben, ja irgendwie auch gespenstisch vorkamen, sooft er sich lange mit ihnen und ihrem Dasein beschäftigte? Und warum war es nicht umgekehrt? Oder warum konnte er sich das Umgekehrte nicht vorstellen? Vielleicht darum, weil er nur Grenzen wollte und ihm alles hinter den Grenzen dunkel und fraglich erschien. Um dieser Grenzen willen mochte er ja auch die großen Worte nicht, auf jeden Fall nicht für sich. Er war im Kriege so tapfer gewesen wie nur irgendeiner, doch würde es ihm über alle Maßen lächerlich vorgekommen sein, sich darum so oder gar Held zu nennen oder nennen zu lassen. Die anderen waren tapfer, waren Helden; er aber war geborgen, oder er wollte die Grenzen.

Sicherlich war das letztlich der Grund gewesen, warum er sich auch vom politischen Leben ferngehalten hatte; er wollte Parteien nicht für Grenzen nehmen. Auch der Besitz galt ihm nur um dieser Grenzen willen. Und darum, um der Grenzen willen, beschäftigte seine Seele nichts so sehr und so heftig wie die Frage nach dem Verzicht. Wie wenn es nur darum den Besitz gäbe oder wie wenn der Verzicht der verborgene Inhalt jeglichen Besitzes wäre.

Ein Blick über die versammelte, in dieser Zeit der Not nicht allzu zahlreiche Dienerschaft genügte Karl Anselm, um sich zu vergewissern, daß der alte Kammerdiener nicht darunter sei. Es wurde auch gleich gemeldet, daß er seit Wochen das Bett nicht verlassen habe. Hut und Rock wurden darum von einem entgegengenommen, der sich im Hintergrunde gehalten hatte und zu diesem Zwecke jetzt mit einer gewissen Sachlichkeit herantrat. Karl Anselm erkannte ihn gleich, er hatte ihn erst im Kriege während eines Urlaubes von der Front aufgenommen. Mehr aus Pflichtgefühl dem Vaterlande gegenüber, da es sich um einen durch Lungenschuß Untauglichen handelte, als aus Mitleid oder gar aus Gefallen an der Person. Dessen Bild war ihm in der letzten langen Zeit, da er keinen Urlaub mehr genommen, verblaßt; er hatte sogar den Namen nicht mehr im Kopf und erinnerte sich jetzt nur, daß er gleich von Anfang an alle Aufträge und Befehle sozusagen an ihm vorbei und ihm nicht ins Gesicht gegeben habe oder zu geben vermochte. Karl Anselm wollte sich auch im Gesicht der Menschen, die um ihn sind, geborgen fühlen.

Das Nachtmahl wurde hastig eingenommen, fast gedankenlos, ohne daß weiter des Dieners oder dessen Art, zu servieren, geachtet wurde. Erst von morgen ab sollte alles auf seine Geltung und Dauerhaftigkeit hin geprüft werden. Um sich noch nach dem langen Sitzen im gefüllten Eisenbahnwagen ein wenig Bewegung zu machen, ging Karl Anselm im Bibliothekssaal um den langen eichenen Tisch mit schnellen Schritten ungezählte Male herum. Nur zuweilen blieb er stehen, um den Titel eines Buches oder das Inhaltsverzeichnis einer aufgeschnittenen Zeitschrift zu lesen. Das Fremdenbuch lag da, Karl Anselm blätterte darin. Wer waren alles die letzten Gäste im Juli 1914 gewesen? Daneben ein altes Album, das er als eine Art Stammbuch seiner Großtante aus den fünfziger Jahren erkannte. Es glich einem Herbarium: Heckenrosen, Heidekraut, Schneeglöckchen, Vergißmeinnicht, kaum eine andere Blume als die ganz gewöhnlichen der umgebenden Wälder waren darin aufgeklebt und knisterten trocken beim Umblättern der Seiten. Neben jeder Blume stand mit einer Handschrift, die jener Epoche anzugehören schien und Karl Anselm aus alten Familienbriefen vertraut war, nur das: Mit meinem Karl allein im Walde spazieren. Ab und zu dann eine Aufzählung mehrerer Personen, fast immer derselben Verwandten und Nachbarn, Picknicks im Freien, Jagdgesellschaften. Karl Anselm schloß das Stammbuch vorsichtig, um die Blumen zu schonen, sah auf die Uhr, es war Zeit, jetzt wollte er schlafen. Er begann sich, wie das seine Gewohnheit war, ohne viel Umstände zu entkleiden. Als der Diener erschien, dessen Namen ihm noch immer nicht eingefallen und den er jetzt auch keineswegs darum zu fragen gewillt war, wußte er nicht recht, was er ihm sagen sollte; er hatte ihm jetzt in der Tat nichts zu sagen und ihn auch gar nicht zu sehen gewünscht. Doch damit dieser nicht umsonst angetreten wäre, wies er ihn an, die Kleider und Schuhe mitzunehmen, sonst brauche er heute nichts. Der Diener tat, was ihm geboten war, mit derselben Sachlichkeit, mit welcher er bei der Ankunft Überrock und Hut entgegengenommen hatte, doch vor der Tür drehte er sich um und fragte: »Wann wollen Sie morgen früh geweckt werden...?«

Karl Anselm stutzte, sagte aber nach einer Pause: »Ich will gar nicht geweckt werden morgen...«

»Sie...«, »Wann wollen Sie...?« – »Sie! Sie!...«

Das kommt sehr nahe an einen heran, viel zu nahe, und man ist das so nicht gewöhnt oder noch nicht gewöhnt...

»Sie.« Man wehrt es unwillkürlich ab, wie man eben etwas abwehrt, das zu nahe kommt... Warum aber schließlich nicht? Und was bedeuten Worte? Worte brauchen nichts zu bedeuten, wenn man nicht will, und Worte werden von heute an erst recht nichts mehr bedeuten. Hatte er nicht im Kriege, im Schützengraben, sich das Entsetzliche und kaum mehr Erträgliche oft genug damit begreiflich zu machen gesucht, daß er sich sagte, Worte, Konventionen würden von jetzt an nichts mehr bedeuten oder nicht mehr das gelten, was sie bisher gegolten haben, es werden nur noch mehr Dinge gelten, denn es ist jetzt alles zu nahe an die Menschen herangetreten, viel zu nahe, erschreckend nahe. Was wollen da Worte, Formen, Formen der Anrede, Konventionen?

Wenn er so dachte, waren ihm regelmäßig die kahlgeschossenen Baumstümpfe der Schützengraben-Landschaft eingefallen, oder hatte er sie so vor sich gesehen: aufgesplittert, entlaubt... Er sieht im übrigen gar nicht wie ein Diener aus oder so, wie man früher meinte, daß ein Diener aussehen müsse. Ein Diener war oder ist etwas, das eine ganz bestimmte und ein für allemal gegebene Entfernung zu einem hat. Um dieser ganz bestimmten Entfernung willen hat er eben Manieren zu haben und nicht »Sie« oder »Wollen Sie« zu sagen. Doch das wird es jetzt vielleicht alles nicht mehr geben. Was wird es statt dessen geben? Nichts, denn alles wird von heute an drohen, drohen, wie so ein kahlgeschossener Baumstumpf droht oder ein zerstörtes Haus oder die Mauern einer zerschossenen Fabrik... Vielleicht wird der Tod darum von nun an jeden Schrecken oder wenigstens viel davon verlieren, weil alles Lebende so drohend geworden ist...

Diese und ähnliche Gedanken hatten Karl Anselm schon oft während des Krieges beschäftigt, es waren eigentlich die einzigen, die in den letzten schrecklichen Monaten zu denken waren... Sie kamen ihm wieder, er wollte sich mit ihnen sozusagen auch das Gesicht des Dieners und alles verdecken, und mit ihnen kroch er unter die Bettdecke, um zum ersten Male seit langem in der Geborgenheit des heimatlichen Hauses und Bettes zu schlafen.

Doch nach einem kurzen, sehr tiefen und schweren Schlaf war er wieder wach. Es hatte wohl an der Tiefe und Schwere des Schlafes gelegen, daß er so jäh daraus erwachte, daraus aufschreckte. Das Fenster auf die Terrasse war hinter dem Vorhang offengeblieben, so daß der Schrei der Eule, der gleich einer Zange aus Feuer die samtweiche, etwas schwüle, ganz schwarze Nachtluft durchschnitt, ihn geweckt haben mochte. Karl Anselm brauchte nicht auf die Uhr zu sehen, um zu wissen, daß es jetzt Nacht nach Mitternacht, nach der Geisterstunde, daß es jetzt die schwerste Nacht sei, die Nacht, welche Kranken endlos zu erscheinen pflegt. Das Gebell der Hunde unten im Dorf war verstummt, einmal schrillte der Laut wie von einem gewürgten Vogel durch die große Stille.

Karl Anselm war überwach, wie es der Mensch nur nach solchen wenigen Stunden tiefsten Schlafes und tiefster Erschöpfung zu sein vermag. Bilder des Lebens, Bilder der Seele begannen das Wachsein zu füllen, über den Spiegel des großen Wachseins hinwegzujagen wie Wolken über einen See. Nur noch im Traum vermag der Mensch auf dieselbe Art Bilder oder sich und die Welt, sich und das Leben in einem zusammen zu sehen, als ob das Leben letztlich aus keinem andern Stoff bestünde als aus dem Stoff der Bilder und Träume.

Caroline Friederike Strobach

Abschied von Mademoiselle Aimée

Als die Familie sich am Tage nach dem ersten Ball der Töchter um den Abendbrottisch versammelte, hatten alle schon bemerkt, daß »etwas in der Luft lag«, ja man spürte sogar, daß die dunkle Wolke, die sich im Hause breitzumachen versuchte, merklich vor der Mademoiselle herzog.

Dieses Unglücksfrauenzimmer hatte bei uns stets ein Schattendasein geführt, und nie war es ihr gelungen, mehr zu sein als ein im Dienste an der Bildung geduldig ertragenes Übel, vergleichbar mathematischen Übungen oder dem »De bello gallico«.

Es ist möglich, daß dies mit ihrem Einzug in unserem Hause zusammenhing. Sie war damals, nach kurzer Inspektion des ihr zugewiesenen Zimmers, zu Mama gerauscht und hatte, unverhohlenen Tadel in Stimme und Auftreten, die Vervollständigung des Raumes durch etwas verlangt, was bei uns als vollkommen entbehrlich galt.

Als die Jüngste, Hortensie Ultima, die Strampelhöschen auszog, hatten wir diesen bisher ihrer Bequemlichkeit dienenden Gegenstand einem jüngst verehelichten Knecht geschenkt und die Kleine angefeuert, sich nun ganz und gar erwachsen zu benehmen!

Der freundliche Hinweis, daß, fünf Schritte rechts von ihrer Türe, alles auf das komfortabelste geboten sei, brachte die neue Hausgenossin nicht von ihrem Verlangen ab, und so sagte Mama zu mir, als der Ältesten: »Da sind fünf Kronen, Adele, geh zu Bialeks und kauf einen!«

Wenn es denn sein sollte, war ich bereit, mir den Kopf kahl scheren zu lassen oder sieben Jahre lang nur Papageiengrün zu tragen; nichts jedoch konnte mich bewegen, bei Bialeks einen Nachttopf zu kaufen. Die Bialek-Buben würden es erfahren und dann in der Schule erzählen, daß ich ... nein! Man konnte mir derartiges nicht zumuten.

Überraschenderweise sah Mama dies ein. Sie stieg mit mir auf den Dachboden, und mit mancher Mühe wühlten wir aus Unmengen von Holzwolle ein Ding, das, kühn geschwungen, aus Meißener Porzellan, auf kobaltblauem Grunde mit viel Gold und Drachenrot geziert, mir für Lebenszeit den Glauben nimmt, daß die Menschheit tatsächlich größer würde.

Das Prachtexemplar stammte aus der Gründerzeit, und nun begründete es ab sofort unsere Unfähigkeit, Mademoiselle Aimée ernst zu nehmen. Wir putzten und polierten es mit Hingabe und Hohngelächter und ordneten uns dann zu einer feierlichen Prozession, um den so ernst angeforderten Gegenstand zu überreichen.

Die Arme, also Geehrte versäumte die Möglichkeit, sich nun in unsere Herzen zu lachen und hat darum in Zukunft manches erdulden müssen.

Es waren bei uns zu Lande, wohl noch aus der Alamode-Zeit, mancherlei Worte im Schwange, die sich, ursprünglich französisch, auf das erheiterndste verändert hatten, und so hieß die Mitternachtsvase »Pottschamber«.

Wir empfanden ein Spiel, das wir »pottschamberln« nannten und bald sehr schätzten.

Pottschamberln war stets von Gelächter begleitet, bereitete uns genußvolle Aufregungen und erweiterte unsere Kenntnis der heimatlichen Fauna nicht unbedeutend.

Es bestand darin, ein möglichst selten zu sehendes und recht grauslich wirkendes Tier zu fangen und in das ihm zugedachte Gefängnis zu bringen – unbemerkt von Erwachsenen, was oft schwieriger war, als der Fang selbst.

Immerhin; Aimée fand im Laufe der Jahre, wo sie nichts

zu finden wünschte, Asseln, Kröten, Hirschkäfer, Feuersalamander, Igel, einmal sogar einen echten Molch. Auf daß er nicht entwische, hatten wir sein Gefängnis mit Cellophan verschlossen.

Die Krönung allen Unfuges aber machte uns Iduna möglich, Iduna, die Hausschlange, eine Ringelnatter von sicher beträchtlich mehr als einem Meter Länge.

Wir alle waren sehr stolz auf sie. Urgroßtante Anna-Jadwiga hatte uns fest eingeprägt, daß »Schlange am Hause« dem Hause Glück bringe, und so wohnte diese, geliebt und bewundert, hinten im Garten und bekam täglich ihr Schälchen voll Milch. Ich bin allerdings heute der Meinung, daß dieses der Igel Eberhard zu leeren pflegte.

Iduna legte ihre Eier an der Südseite des großen Komposthaufens ab. Immer in der Nähe, bewachte sie ihren Schatz sorgfältig, und wir wachten mit ihr, voll Respekt gegen die Tiermutter und voll Begier auf den Augenblick, in dem wir sie uns mit gutem Gewissen »ausleihen« durften.

Endlich war es soweit. Die klimperkleinen Schlangen erkannten ihr Mütterlein nicht mehr und schlängelten sich dahin und dorthin davon.

Karottchen, unsere Dritte, übernahm den Fang, denn sie war im Garten am besten beheimatet. Stadtkinder wissen das nicht: Ringelnattern winden sich mit Sicherheit um einen ihnen entgegengehaltenen Rechenstiel, worauf man sie fest hinter dem Kopf packen und abziehen kann. Ein Kunststück von allergrößtem Effekt!

Die Schlange bezog widerstrebend den ihr zugedachten Aufenthaltsraum und bekam einen aus etlichen Lagen Cellophan bestehenden Himmel über sich. Vor Wut erbrach sie einen noch ganz unbeschädigten Frosch.

Wir hatten sie so spät abends wie möglich untergebracht, zitterten aber doch lange davor, daß sie ausbrechen könnte, denn in Brehms Tierleben steht nichts darüber, ob Schlangen imstande sind, Cellophan anzufressen.

Na ja, Prügel bezogen wir so manches Mal, Mademoiselle Aimée aber hatte schon *vor* diesem Ereignis in Urlaub gehen wollen!

Und nun die dunkle Wolke. Wir erfuhren an diesem ersten Abend nach unserer Heimkehr als fast Erwachsene, daß alle unsere Schandtaten keineswegs vergeben und vergessen waren, sondern nur im Mademoisellebusen geruht hatten, sorgfältig konserviert, stets auf Abruf und zu unserer Vernichtung bereit. Die Gute hatte viel zu reden. Ich fürchte, wir alle unterdrückten, allem, was nun kommen konnte, zum Trotz, nur mühsam das Vergnügen daran, soviel Ergötzliches in gedrängter Fülle zu hören.

Es kann sein, daß es den Eltern ähnlich erging, Papa wünschte dringend, daß zur Sache gekommen werde. Eine Kündigung mußte begründet sein, nicht? Und er bekam seine Begründung!

»Also«, sagte Fräulein Aimée aus Tschimischel, »also, ich würde ja darüber hinwegsehen, daß die jungen Damen zu einem Ball fuhren, ohne von mir begleitet zu sein. Die Folgen werden Sie ja noch sehen.«

Unheilkündende Pause.

Nach ihr zu schließen, mußten diese Folgen Dinge sein, so schrecklich, daß man sie nicht ausdenken konnte; also gaben wir uns damit nicht ab und lauschten weiter.

»Ich übersehe dies«, zischte Aimée, »weil Sie ständig auf dem Lande leben und überwiegend des Umganges mit Personen geringen Standes zu pflegen gezwungen sind. Es erscheint möglich, daß Ihnen dadurch das Gefühl für gehobenes Benehmen abhanden kam.«

Eine sehr nachsichtige Pause.

»Allerdings«, so tönte es weiter, »bin *ich* der Meinung, daß

Sie zur Untergrabung der göttlichen Weltordnung bei hoch und niedrig beitragen!«

Nanu?

»Nämlich«, so wurde nun berichtet, »Ihr liebes Gesinde machte sich, da Sie abwesend, sehr vergnügte Tage. Es tanzte, ja tobte, und dies bitte wörtlich! Es soff!«

Ein großes, großes Pfui schwang durch den Raum.

»Es soff, und sogar Schnaps in der Gesindestube, spielte lärmend auf dem Schifferklavier und benahm sich in-dis-ku-ta-bel! Ich, solches in Ihrem immerhin besseren Hause nicht dulden wollend, begab mich an die Stätte des Radaues, ihn zu verbieten beabsichtigend. Allein, was begegnete mir?«

(Eindrucksvolle Kunstpause.)

»Dieser Gärtner, dieser von Ihnen offenbar so geschätzte Halbanalphabet Saic, torkelte auf mich zu und sagte: ›Na, Pottschambermadam, willste aa tanzn?‹«

Oh, oh! Nicht genug damit, hatte sie der alte Gosdan, sicher von etlichen Schnäpsen dazu gebracht, sein würdiges Alter zu vergessen, geklopft, »hier« – und sie machte eine kreisende Bewegung um sich herum – und dazu gesagt: »Eß ock viel Knedel, Madle, und so wirscht sehn, du wirscht noch a ganz a fesches Weibsschtick, ock immer fescht Knedel essn!«

Und alle, alle hatten gelacht. Auch ihre erboste Aufforderung, dieses Festchen sofort abzubrechen, hatten sie mit Gelächter beantwortet und mit Reden, die eine Dame nicht wiedergeben konnte und durfte.

Die so Gekränkte folgerte nun: der Saic war sofort zu entlassen, ebenso der alte Gosdan, auch empfahl sie dringend, die Köchin als ungetreue Verwalterin der Eß- und Trinkwaren des Hauses mit Schimpf von hinnen zu jagen.

Es hatte gar keinen Sinn, ihr zu erklären, daß man einen uralten und braven Knecht nicht einfach auf die Straße setzen konnte und ein besserer Gärtner als der Saic kaum aufzutreiben sei.

»Alle diese müssen fort, augenblicks, heute noch – oder ich gehe!«

Papa versuchte zu beruhigen. Warum denn gleich so wüst! Im Leben war doch, besah man es nur mit Geduld, alles nur halb so schlimm, und die Mäuse tanzen eben am liebsten, wenn die Katz' aus dem Hause ist, nicht?

Mademoiselle Aimée hatte diesen ganzen Abend lang ein zwar grammatikalisch auffallendes, aber durchaus akzentfreies Deutsch gesprochen, merkwürdig! Jetzt erhob sie sich mit betont französisch-graziöser Würde, neigte leicht den Kopf, flötete: »Ts, tss –, excusez!« und entschwand aus unserem Leben.

FRIDOLIN AICHNER

Sankt Anna und die Musica

Der Himmel war voll von dem unendlichen Blau, und vom Goldberg leuchteten die ersten Puppen. Noch genauer: es war am Nachmittag des Vorabends von St. Anna, jenes Abends also, da die Kinder des Dorfes auf ihren seltsamen Musikgeräten aller Annen gedachten, um von ihnen zum Dank ein Stück Kuchen, Lebzelt, einen ersten Apfel oder eine kleine Münze zu erhalten.

Musikantentum war immer ein wesentlicher Bestandteil meiner Kinderseele. Ein unverrückbarer Einspruch meines Vaters aber legte alle meine Absichten für diesen Abend a priori lahm. Heute abend, sagte er, ich wisse schon: gebettelt werde nicht, und überdies gehörten Kinder am Abend ins Bett.

Ich schlich traurig davon. Ich wußte, ich würde heute abend nicht unter den Musikanten sein.

Es war Schicksal, daß mich mein Weg an Mundi vorbeiführte. Mundi war ein schlanker Junge mit rotem Haarschopf und weißer Spitzmausnase, mit Augen voll wasserblauer Findigkeit und mein Busenfreund. Er hatte einen ersten Baum mit saftigen Schnitteräpfeln entdeckt und ein paar Schottersteine im Hosensack. Bald hatten wir unsere Taschen mit gelben Äpfeln vollgepackt.

In einer Mulde in Läpesins Garten lagen wir auf dem Rükken, lauschten dem Krachen unserer Äpfel nach und hielten unsere Nasen in die sommerliche Luft.

Jetzt hing ein naseweises Wölkchen über unserem Apfelbaum. Wir träumten uns mitten hinein in das Märchengebilde aus leuchtender Sommerluft.

»Schaut aus wie a Baßgeign«, sagte Mundi, während er mit der großen Zehe nach der Wolke wies. »Heut abend die und haben! Mensch, wie ich spielen tät!«

Man sah's ihm an: er saß mitten auf seinem weißen Trauminstrument und ließ sich treiben in dem unendlichen Blau.

»Heut am Abend?« fragte ich unsicher. Dabei war es, als begänne ein Kreisel in meinem Kopf zu rotieren und der sänge immer lauter: »Heut abend – heut abend –«

Mundi stieg von seiner Wolke herab und sah mich verwundert an. »Na, heut wird doch Standerl machen gangen, oder?« sagte er, als wollte er eindringlich an etwas Vergessenes erinnern. Ich hatte nicht den Mut, ihm zu erklären, daß ich nicht dabeisein würde, und sagte nichts. Aber Mundi war nun einmal auf die Erde zurückgekehrt, und er wollte wissen, welches Instrument ich mitbrächte für unser abendliches Konzert.

»Einen Mörsel halt«, log ich und dachte dabei an den messingblinkenden Zuckermörser, der in der Speisekammer meiner Mutter stand. Log ich wirklich? Ich wußte es selbst nicht. Wie eine satte Glocke klang es, wenn man – bom – bom – den Stampfer zwischen den blanken Messinglenden hin und widerbaumeln ließ.

»Überhaupt«, rief Mundi, mit einemmal aufspringend und mich damit einer weiteren Aussage entbindend, »mein Kuchenblech! Ich hab ja mein Kuchenblech noch gar net gesucht!« Das Kuchenblech war sein Instrument. Er ermahnte mich, pünktlich um neun am Dreiecklein zu erscheinen, und war fort. Mit schwerem Herzen nahm auch ich den Weg nach Hause, nicht anders, als hätte ich eine Schlacht verloren, bei der es um Sein und Nichtsein von Generationen ging.

Daheim hatte sich die Lage um einiges geändert. Der alte Habiger hatte unversehens das Zeitliche gesegnet, und mein Vater hatte aus diesem Grunde eine Probe für den Kirchenchor einberufen. Zu allem hatte sich's meine Mutter, die selbst den Namen Anna trug, in den Kopf gesetzt, für allfällige Festtagsgäste einen Guglhupf zu backen. Es war meines Amtes, den für dieses Vorhaben nötigen Zucker zu zerkleinern. Ich holte also den Mörser und stieß drauflos. Bom – bom – sagte die schillernde Glocke, und komm – komm! rief es in mir. Ein bißchen nur, den halben Weg vielleicht, konnte ich doch dabeisein, ehe der Vater wiederkam. Bom – bom ...

Das Dreiecklein war eine Wegespinne am Rande des Unterorts. Als ich ankam, war Mundi schon da. Sein Kuchenblech, wenn man es mit einem alten Quirl schlug, gab einen herrlichen Ton. Jetzt kam auch der kleine Fred. Er hatte viele Sommersprossen über der Nase und eine dicke Pferdeglocke in seinem Hosensack. Dann kam Rudi angetrabt. Er trug eine mächtige Waschrumpel unter dem Arm. Er zog an seiner Hose, die immer in den Kniekehlen saß, holte umständlich aus einem Hosenbein einen Kochlöffel hervor, worauf er probeweise mit dem Stiel einmal über das Wellblech des Waschbretts strich. Und da stand auch schon der aufgeschossene Manz mit seiner Gießkanne bereit. Sie war ohne Brause, und wenn man tüchtig in die Röhre pustete, entwand sich dem Blechleib ein über alle Maßen schauerlicher Ton.

»Der Emsch! Der Emsch fehlt jetzt noch«, sagte Mundi und sah prüfend nach der Sonne, die eben hinter dem Schönhengst niederfuhr.

»Der darf net«, stellte ich beiläufig fest. Meine Stichelei aber war unnütz, denn eben kam Emsch von Richters Rändlein niedergesprengt. Er zog voll Eifer einen riesigen Wecker unter seiner Weste hervor, und der glänzte und blinkte im Abendlicht, daß uns ein heller Neid durch die Seele ging.

»Kannst'n auch läuten lassen?« fragte Mundi mißtrauisch.

»Sicher«, sagte Emsch und zog seine schwarzen Brauen noch dichter aneinander. In seinem Gesicht begann es zu arbeiten: er dachte nach. Vorsichtig zog er den Wecker auf und brachte den Schlüssel wieder in Sicherheit. Dann drehte er an einem Knopf. Der Zeiger begann zu rotieren. Er passierte alle Zahlen, und Emsch murmelte die Stationen mit. Das Läutwerk aber schwieg. So ist es immer mit den schönsten Maschinen: sie sind überzüchtet, ihre Bedienung ist zu kompliziert.

Bald hatten wir alle Knöpfe durchprobiert; es blieb dabei: der Wecker schwieg.

»Kann man eben nix net machen«, entschied Mundi und ordnete den Aufbruch des Musikzuges an. Wir schlichen eine Hecke entlang, dann quer durch einen Garten und standen vor der ersten Tür. Es gab auch ohne Wecker einen Heidenlärm. In das Rumbum und Klingeling mischten sich die langgezogenen Vokale, die Emsch ersatzweise in den Abendhimmel sang. Nur die Schläge, die er in genauem Rhythmus mit einem Stück Holz dem streikenden Wecker versetzte, wurden nicht gehört.

Wir bekamen Äpfel und ein silbern glänzendes Kronenstück, das Mundi in einem gemeinsamen Säckchen verschwinden ließ.

Als wir weiterzogen, hing schon die Dämmerung in den Erlen, und von den Teichen her sang das Wasservolk lärmend die Nacht ein. Immer stimmungsvoller wurde unsere Musik. Hinter uns hatten sich viele Menschen angesammelt. Sie zogen lachend und scherzend mit. Allerorten schenkten die Annen, und die Hosensäcke standen uns bald prall vom Leib. Jetzt müßtest du verschwinden, dachte ich, der Vater könnte – aber da war Mundi bereits ins nächste Gäßchen eingeschwenkt. Es war wirklich sehr dunkel geworden, und die Zweige knackten schon laut, wenn man unversehens einen von ihnen unter die Sohlen bekam. Nur noch das eine Haus, ja, das mußte es noch sein; denn hier galt mein Ständchen im Grunde gar nicht der Anna, die hier wohnte, vielmehr ihrer Schwester: die war ein kleines Mädchen mit blonden Zöpfen und roten Backen und zwei niedlichen Grübchen darin – ja, nur noch das eine – »Der Oberlehrer!« zischte es irgendwo auf, wie ein Abbruchsignal in einer verlorenen Schlacht sprang es von Mund zu Mund. Geräte klangen aneinander, Jungen stürzten, hasteten auf und davon. Nur ich stand da in Nacht und Einsamkeit, die Hand meines Vaters am Rockkragen, und irgendwo in einer Hecke läutete der Wecker des Emsch...

Mein Abtransport war uninteressant und muß nicht gesondert beschrieben werden. Es war mein letzter Versuch, mich an einem Annenständchen zu beteiligen. Und er hatte doch mit einer Baßgeige im Himmel begonnen...

Jakob Julius David

Die Erbrichterin

Der Hof erwachte. Vom Fenster her zuckten unruhige Lichter glitzernd über den Mann hin, der für immer ruhig geworden war; die Kühe in den Ställen bewegten sich heftig hin und her, die Pferde arbeiteten an ihren Fesseln. Zum ersten Male in ihrem Leben hörte Frau Marianne dieses dumpfe Brüllen und dies helle Gewieher teilnahmslos. Sie wartete.

In ihr Sinnen versunken, hatte sie nicht bemerkt, wie sich die Tür leise in den Angeln drehte. Da vernahm sie gedämpften Schritt. Sie sah auf – ein erbarmungswürdiger Mensch stand im Zimmer. Fahl wie Asche die eine Wange, die andere heftig glühend, den Tau der Nacht im Haar und Schmutzflekken am Gewande, das Auge fieberisch leuchtend und die Brust in heftig ungleichmäßiger Arbeit, in der Hand den zerbrochenen Stock. Das war Gustav.

Sie aber empfand nicht das Häßliche seiner Erscheinung, die Verstörtheit seines Wesens. Sie sah nur, daß ihr Sohn noch lebte, aus den Schrecknissen dieser Nacht gerettet war. Nun galt es, sich ihn zu retten und zu erhalten. Sie winkte ihm näherzutreten; die schlaflose Nacht, der Kummer und nun Gustavs unerwartetes Kommen hatten sie zu müde gemacht. Er aber deutete auf das Bett. Sie verstand ihn; schweigend nahm sie eine Decke und breitete sie über den Toten.

Und nun begann dieses Gespenst, das ihres Sohnes Züge trug, zu sprechen. Mit einer Stimme, heiser und markdurchdringend und durch den Flüsterton nur angstgeschärftem Mutterohr verständlich, forderte es Geld. Er wolle fliehen, nach Amerika.

Sie stand auf; mühselig sich dabei stets am Tische festhaltend, ging sie auf den großen Wandschrank zu. Sie öffnete eines seiner Fächer und deutete auf das wenige Geld, das darin lag. Das möge er nehmen.

Er stöhnte auf: »Das ist zu wenig, Mutter, ist viel zu wenig!«

Sie zuckte die Achseln: »Ich habe nicht mehr.«

Die heftige Angst erschütterte seine Gestalt, erpreßte ihm Tränen: »Hilf mir, Mutter, sonst fangen sie mich und hängen mich auf! Hilf mir! Hilf mir!«

Sie legte nach langem Suchen allerlei Schmuck dazu; Korallenschnüre, goldene Dukaten an Henkeln, ihrer Söhne Tauf- und Firmpfennige, Silberzeug und einige Ringe; selbst den Trauring streifte sie vom Finger und tat ihn dazu. »Das nimm!« Aber auch dann erschien es ihm zu wenig. In hilfloser Not beugte er sich darüber, heftig bebend. Und dabei stieß er an die Familienbibel. Der leichte Tisch, auf dem sie lag, kam ins Wanken, mit dumpfem Ton fiel das heilige Buch zu Boden. Erschreckt sah er sich um; dann aber, so stark war selbst in dieser Stunde noch seine Verehrung davor, bückte er sich und wollte den Folianten aufheben.

»Laß sie liegen!« befahl Frau Marianne.

Der Ton ihrer Stimme klang hart wie Metall. Er blickte sie mit dem scheuen Blicke seiner Kindertage an; so gebietend erschien ihm ihr Gesicht wieder, aus dem jede Spur von Ermüdung einem herben, befehlenden Zuge gewichen war. Stolz und aufrecht stand sie da.

»Warum, Mutter?«

Sie schöpfte Atem. Etwas war ihr gelungen. Er konnte auch schon an anderes denken als an seine Todesangst. Langsam und gemessen, Wort um Wort abwägend, sprach sie dann: »Seit bald zweihundert Jahren ist dieser Hof in unserer Familie; seit bald zweihundert Jahren, seit dem großen Kriege vielleicht, hat auch jeder Lohner in dieses Buch die Namen seiner Kinder eingeschrieben, einen frommen Spruch dazusetzend. Vor vierundzwanzig Jahren tat es dein Vater selig zum letztenmal. Wenige Blätter sind noch übrig; die laß mich ausreißen. Denn ich will nicht die Chronik beschließen, indem ich einschreibe: Der letzte Lohner erschlug seinen Bruder wie Kain und entfloh unstet und flüchtig wie Kain.«

»Du sprichst hart, Mutter!« stöhnte er.

»Verdienst du es anders? Du hast den Mut gehabt, deinen Bruder, meinen Sohn, wie du es bist, zu erschlagen. Nun aber willst du entfliehn, feige, wie ein Dieb. Wohin? Wirst du den Tag je loswerden? Du bist nicht katholisch, du wirst keinen Priester finden, der deine Beichte hört und dich losspricht von deiner Schuld. Du hast keinen Mittler zwischen Himmel und Erde, der für dich Fürbitte beim Höchsten einlegt. Keine Gnadenmutter hast du zu erwarten. Wirst du je arbeiten, wirst du je schlafen können? Du hast als Flüchtling kein Mittel mehr, dich zu entsühnen, aber drei furchtbare Richter: den in dir, den auf Erden und den über dir. Und sie werden dich finden, Gustav, alle drei werden dich finden!«

Sie konnte nicht mehr stehen; schwer sank sie in einen Sessel, ihr Gesicht aber blieb gleich ehern. Wie ein Richter erschien sie Gustav, wie die Verkörperung seines Gewissens. Zu ihren Füßen brach er zusammen; sein Gesicht barg er zwischen den Händen, und in ein jammervolles Weinen, das sie im Tiefsten bewegte, brach er aus. »Was soll ich tun, Mutter? Rate mir, was soll ich tun?«

Sie hob seinen Kopf sanft auf ihren Schoß, die Hand legte sie auf sein Haar und beugte sich zu ihm herab, flüsternd fuhr sie dann fort: »Sie werden dich hängen, hast du gesagt. Das ist nicht wahr. Wegen eines Totschlages, nach schwerster Beleidigung, im ungeheuersten Jähzorn begangen, ist noch kein Mensch zum Tode verurteilt worden. Aber selbst, wenn, nimm das Ärgste: hast du nicht öffentlich und ungeheuer gesündigt, und bist du so verstockt, daß du nicht einsiehst, wie auch die Strafe öffentlich und ungeheuer sein muß? Ist es nicht besser, seine Strafe zu erleiden, als in sich das Bewußtsein herumzutragen, man sei ihr entlaufen? In jedem Menschen einen Häscher zu sehen, der nur den unbewachten Augenblick erspäht, nur auf das verräterische Wort lauert, um einen dem Gerichte zu übergeben? Sie haben dich mir arg vertauscht gegen früher; aber du warst offenherzig und kannst dich nicht so sehr verändert haben, daß du dir die Kraft zutraust, ein schreckliches Geheimnis ewig in dir zu verbergen, die aber, dein Urteil und deine Buße auf dich zu nehmen, nicht. Das war deine Heimat. Wie wirst du daran zurückdenken können? Jeder deiner Ahnen, die hier begraben liegen – es ist keiner unter ihnen, der nicht ein Ehrenmann war –, ist nunmehr dein Ankläger geworden, der du ihren makellosen Namen – der erste! – beflecktest und dich selbst weigerst, dich und deinen Stamm zu entsühnen!«

Es ward eine Weile totenstill im Gemache. Nur der schwere Atem einer Frau, die angstvoll auf Entscheidung harrte, und Gustavs leises Weinen waren vernehmlich.

Endlich sprach er: »Wir haben Sünde auf Sünde gehäuft, Mutter! Und du allein warst die Reine, du allein hast gehandelt, wie es Gott begehrt und sein Gesetz. Entscheide du denn!«

Eine feine Schamröte stieg ihr ins Gesicht. »Sprich nicht so, Gustav! Auch ich habe gesündigt; wie viel und wie schwer, diese Nacht hat es mir gezeigt. Und selbst meine Kraft war vielleicht sündig; ich weiß nicht, ob ich sie auch gehabt hätte, wärest du also vor mir gelegen wie Georg! Ich habe mit mir gestritten; und das Leid um den einen Sohn bezwang ich nur, um mir den andern zu erhalten. Der Herr sei gepriesen, der mir in meinem Grabe dies gelingen ließ. Ich konnte den Gedanken nicht ertragen, jenes Geschlecht ausgelöscht zu sehen, dem ich angehöre und das Jahrhunderte mächtig blühte. Ich konnte es nicht erleiden, den Sohn meiner Seele irren zu sehen, in sich und durch die Welt. Und nun hast du dich wiedergefunden; nun gehe hin, stelle dich deinem Richter und nimm die Buße auf dich, die du verschuldet hast. Ich aber will hier bleiben; auf dem Grunde deiner Väter will ich deiner Wiederkehr harren und dafür Sorge tragen, daß der letzte Lohner wieder eine Heimat findet, wenn er entsündigt in die Heimat zurückkehrt.«

»Aber ich werde sterben, Mutter, fern von dir und im Kerker!«

»Du wirst es nicht. Siehe, ich bin älter als du und habe unendlich mehr Herzeleid erlebt und erfahren. Und doch, ich zweifle nicht daran, daß ich deine Wiederkehr erlebe. Kein Mensch geht von hinnen, er hätte denn seine Pflicht erfüllt. Was die meine ist, ich spreche es aus, und es ist kein leichtes Teil, haushalten zu müssen mit solchen Erinnerungen. Deine Aufgabe aber ist weit größer. Du wirst den stolzen, Gott weiß wie lange, mit unserem Hause verknüpften Namen des Erbrichters nicht mehr führen dürfen. Wenn andere sprechen, du wirst dein Lebetag schweigen müssen. Aber dafür mußt du Sorge tragen, daß dein Sohn wiederum den alten Titel führen, wiederum sein Haupt erheben darf in der Gemeinde. Steh auf, Gustav! Und küsse mich zum letzten Male vielleicht für Jahre, für viele Jahre. Kleide dich an und wasche dich; richte dich auf und erhebe dein Haupt! Du bist kein Bettler, der um Gnade fleht; ein sündiger Mensch, der sich reinigen will, trittst du vor deinen Richter: Herr! Ich heische mein Recht und meine Strafe.«

Der Tag war hell erglüht. Mit verstörten, arbeitsunlustigen, übernächtigen Gesichtern schlichen Knechte und Mägde herum; keiner dachte an seine Arbeit. Auf Gustavs Arm gestützt, trat Frau Marianne in den Hof: »Hannes, spann an.«

Kein gerötetes Auge verriet die Tränen, die ihr nun, erleichternd, geflossen waren; stark war ihre Haltung. Des Knechtes erstaunter Blick weilte auf Gustav: »Was gibt's, Bäuerin?« Sie beugte das Haupt des Sohnes zu sich nieder und berührte es mit ihren Lippen: »Spann an, Hannes, und fahr in die Stadt. Der Erbrichter von Kunzendorf stellt sich dem Gericht.«

Bruno Brehm

Znaim

Wie ich zwölf Jahre war, wurde mein Vater als Major von den kirschroten Dreiundsiebzigern Herzog von Württemberg in Eger zu den schwefelgelben Neunundneunzigern König der Hellenen in Znaim versetzt.

Vom Tonfall der Sprache an war hier in Südmähren alles anders als oben in dem rauheren Böhmen. Die Stadt schien mir so, als sei ich in eine andere Welt geraten. An Markttagen standen auf den großen Plätzen Bauernwagen mit dösenden Burschen auf den Böcken, sonngebräunte Bäuerinnen hielten in langen Reihen schnatterndes Geflügel, Obst, Gemüse und Gurken feil. War der Markt zu Ende, kehrten die deutschen Bauern nach Süden und die tschechischen nach Norden heim. Vor den Läden der leeren Plätze zeigten sich die Kaufleute und grüßten mit Wiener Höflichkeit die Zahlungskräftigen der Vorübergehenden.

Am Abend bewegte sich der einst wohl von der Garnison aus Venetien und der Lombardei eingeführte Korso über den Oberen Platz zu der über dem ehemaligen Festungsgraben angelegten Allee.

Fremder noch als die Stadt mit ihrem achtzackigen spätgotischen Rathausturm und den großen Plätzen mit den geschlossenen Läden vor den blinden Fenstern der oberen Stockwerke, die den Häusern den Anschein gaben, als seien sie flachgedeckt wie im Süden, fremder als die Weinberge mit den rötlich blühenden Pfirsichen und Marillen zwischen den grauen Stecken, war das Land selbst. Der Berg mit der Ottokarsburg, die ein k.u.k. Bettenmagazin beherbergte, vor der auf der einen Seite der romanische Rundbau des »Heidentempels« und auf der anderen das Brauhaus standen, war ebensowenig ein Berg, wie die steilen Felsenwände des Thayatales, durch die man zu keinem Gipfel aufstieg, sondern zu einem fruchtbaren Bauernland mit kleinen dunklen Föhrenwäldern und lichten Dörfern, in deren Hohlwegen die schweigenden Kellergassen lagen. Durch die vom Wasser der nun so sanft fließenden Bäche einst aufgerissenen Schluchten führten Wege mit Verschönerungsvereinsbänken. An Frühlingsabenden schlugen – unvergeßlich schön – die Nachtigallen. Die Znaimer stiegen in die Täler hinab wie in die kühlen Weinkeller. In solchen Einsamkeiten mochten vorzeiten Einsiedler und Büßer gehaust haben, und noch tiefer zurück in dunkle Vergangenheit, Fauni und Silvani, Undinen und Melusinen.

Das Geheimnisvolle war dem Behaglichen gewichen. Bäume mit farbigen Markierungen wiesen den Ferien-Wienern den Weg, die sich dort neben den geruhsamen Pensionisten ergingen. Unter dem Riesenkopf spielte am Thayaufer in der Gastwirtschaft die Militärkapelle. In der Militär- und in der Zivilschwimmschule lösten Herren- und Damenstunden einander ab. An unser Gymnasium gegenüber der Ottokarsburg schloß sich das Gefängnis an und dieses wieder an das Garnisonsspital am Rande des Burgberges, der in die Tiefe des Thayatales führte. Vom Fenster unseres Klassenzimmers sah ich auf dem Kuhberg die Soldaten exerzieren. Von dort drüben stammten der Pfarrer Diwisch, der Erfinder des Blitzableiters, und der ausgetretene Mönch Karl Postl, der drüben in der Neuen Welt als Sealsfield noch heute erregende Romane geschrieben hatte.

Ein Freund riet mir, auf den Rathausturm zu steigen und von dort oben die Stadt anzuschauen. Ich stieg hinauf und blickte hinab: und wie veränderte sich das Bild! Hinter den Mauern mit den blinden Fenstern, den südlichen Fassaden, lagen die alten deutschen Giebeldächer. Vor dem Thayatal stand die alte gotische Nikolaikirche, drüben auf dem Pöltenberg mit den weißleuchtenden Kreuzwegstationen lag das Kloster. Am Südende des Unteren Platzes mit der Pestsäule lag das schlichte Kapuzinerkloster, im Osten erhoben sich weit draußen über der Dominikanerkirche die Pollauer Berge bei Nikolsburg. Im Norden stand unsere Schulkirche mit dem Kampanile, die Michaelerkirche, vor dem tschechischen Bauernland. Weit unten im Süden lag in dem aufgelassenen Kloster von Klosterbruck die Kaserne der Neunundneunziger. Die Glocken der ehemaligen Klosterkirche schienen mir schöner zu läuten als die Glocken der Kirchen von Znaim. Um neun Uhr abends hörten wir von der Stadtkaserne der Landwehr und der Neunundneunziger die Retraite, die auch für uns bis ins Obergymnasium das Zeichen zum Schlafengehen war.

Ganz weit draußen im Süden, verschwistert mit den leichten Federwolken, vom starken Frühlingslicht fast aufgelöst, sah ich den Schneeberg südlich von Wien. Erblickte man ihn, so sah man die Alpen, die eine Welt umschlossen, die ich noch nicht kannte. Wenn man von den schweren Jahren der Jugend sagen kann, sie seien manchmal schön gewesen, so habe ich das dieser schönen Stadt in Südmähren zu danken, in der ich bis zu meiner Matura blieb.

HERBERT WESSELY

Der Hirte

Wir sind lange in der Nebelnässe des Herbstes gestapft. Gegen unsere Gewohnheit ohne Lied. Aber wir waren nicht traurig gestimmt. Nein, keinesfalls. Denn es gab viel zu sehen, was man sonst allzuleicht übersieht, wenn man laut ist. Jetzt bot es sich aber, wo nur die Nähe sichtbar war, köstlich dar, wie auf grauem Samt ausgebreitet. Die roten Blätter der Brombeerranken oder die blassen Kelche der Herbstzeitlose, auch die gnomenhaften Weiden längs des Baches. Sie hoben sich nur schemenhaft aus dem Dunst mit ihren struppigen, wirren Köpfen. Auf den Wegbäumen waren die Pflaumen überreif. Eine Sorte, deren Fleisch an den Kern angewachsen war. Die Bauern ließen sie ungepflückt am Baume. Für die Vögel und Landstreicher. Eigentlich eine gutherzige Sitte, oder war es altes Heidenopfer?

Das Dorf war nach wenigen Schritten im Nebel ertrunken. Noch gingen wir an letzten Zäunen entlang. Niemand kam uns entgegen. Es war ganz still. Der tote Herbst schlich durch das Land mit seinem grauen nassen Mantel, der schwer am Boden schleifte. Der hohe Ahornbaum an der Weggabel hielt nur mehr wenige seiner Blätter fest. Um den nackten dunklen Stamm häufte sich das vergilbte Laub wie ein gefallenes Kleid. Ein altes Marterbild stand tiefgeneigt unter ihm, als wäre es müde. Einfältig lächelte ein heiliger Sebastian, allzusehr mit vergoldeten Eisenpfeilen gespickt, von denen einige fehlten; die Löcher im Holz verrieten es. Ein bäurisch derbes Schnitzwerk.

Wir hatten keine allzu frommen Gedanken und nickten dem Leidensmann nur lächelnd zu, wie man einen guten alten

Bekannten mit harmlosem Scherz begrüßt. Wir sahen gleich, daß er wohl erst kürzlich wieder einige seiner Pfeile verloren haben mußte, und schimpften über die Büberei. Einer von uns aber meinte mit gutmütigem Spott: »Gelt, Bastl, hast weniger zu leiden, wenn dir wieder ein Eisenpfeil fehlt?« Wir lachten noch im Weitergehen. Und fühlten uns wohl in den festen Regenmänteln und in unserer jungen Haut.

Der Nebel lichtete sich ein wenig im Wind. Seine Schwaden schwebten wie graue Tücher zwischen den Bäumen und über den Feldern. Über die gemähten Wiesen zogen weidende Rinder. Bei einer Hecke hockte ein frierender Hund und winselte leise. Er tat uns leid, aber wir hatten nichts für ihn. Da hörten wir seltsame Töne, fremdartig mißklingend und doch von berückender Schwermut.

»Soll das Gesang sein?« spottete Hans, ein langaufgeschossener Bursch, dem eine schwarzbraune Locke aus der Kapuze über die Stirne hing. »Gesang? – Geh, da jammert nur einer. Es wird doch nichts geschehen sein?«

Am Gezäune lehnte eine Gestalt. Immer lauter und gräßlich in ihrer melancholischen Häßlichkeit wurden die Töne.

»Ein verzauberter Esel!« sagte leise der Lange, »das ist die gleiche Tonart!«

Wir lachten und mußten noch an uns halten, als wir uns dem Hirten näherten. Die ersten beiden sahen zur Seite, ich selbst aber, etwas langsamer nachtrottend, hatte plötzlich etwas von der Melancholie dieser herbstlichen Landschaft wie ein Frösteln empfunden und sah mir den Sänger an. Ich erschrak.

Ein hagerer Bursch mit falben Haaren, die vor Nässe troffen, stand da. Schlechte Lumpen trieb der Wind um seine Glieder. Aber die Augen! Ich mußte den Einsamen grüßen. Mich traf ein Blick, in dem sich alle Qual und Freude – ich kann es nicht anders sagen: der Kreatur spiegelte. Er verstummte jäh, versuchte zu reden. Sicher wollte er mir danken und litt darunter, daß er es nicht konnte. Ich begriff: er war stumm. Kaum einer mochte ihn sonst grüßen oder einer Anrede würdigen. Sein Kehlkopf hob und senkte sich in dem Bemühen zu reden, doch der verzerrte Mund öffnete sich umsonst. Er konnte wohl Töne ausstoßen, aber keine Worte formen.

Da fuhr seine Hand in die Tasche des zerrissenen Umhangs und brachte einen Apfel heraus, er hielt ihn mir hin. Es war eine rührend hilflose Gebärde. Und wieder war die Qual des Schweigenmüssens in seinem Blick, und noch etwas: ein ängstliches Bangen, daß ich die dargebotene Gabe zurückweisen könne. Jetzt lösten sich wieder gurgelnde Laute von seinen Lippen, und die Augen gingen ruhlos in den tiefen Höhlen, daß man fast nur das Weiße sah. Ich zögerte noch immer, da ging es wie ein Erlöschen über die Augen des Stummen, und die schlanke Hand mit dem Apfel begann zu zittern.

Da griff ich, tapfer den Bann bezwingend, in dem ich gefangen stand, lächelnd und dankend nach dem roten Apfel. Der Hund war herangetrottet. Der Hirt, jäh errötend, neigte sich zu dem Tier und drückte sein Gesicht in das Fell, und der Hund leckte nach den Händen seines Herrn, denen etwas golden Blinkendes entfallen war. Da ich genauer hinsah, erkannte ich: es war ein Pfeil des heiligen Sebastian. Ich hob ihn auf und reichte ihn dem Stummen, der ihn hastig, als habe er etwas zu verbergen, wieder einsteckte. *Er* war es also, der barmherzig die Pfeile dem Bildwerk aus dem Leibe gezogen hatte.

Ich grüßte nochmals, denn meine Freunde riefen schon nach mir, und eilte ihnen nach. Sollte ich ihnen erzählen, was mir eben widerfahren war? Sie würden mich auslachen, wenn ich ihnen sagte, daß ich von einem Dorftölpel, der verspottet und armselig war, der nichts galt und besaß, ein zweifaches Geschenk erhalten hatte. Nicht nur einen Apfel, den er irgendwo unter einem Baum aufgelesen haben mochte. Ich hatte in seine Seele schauen und an einer Einsamkeit teilhaben dürfen, die furchtbar und doch schön war. Schön, weil sie Raum hatte für ein Mitleid von solch reiner Kindlichkeit, daß es schon Liebe war. Liebe zur abseitigen Welt jenseits von Angst und Lust, von Tagwerk und Zweck. Jene Liebe, die den Verlorensten hilft.

Franz Spunda

Mein Freund Franto

In meiner Jugend rumpelte einmal zu Ferienbeginn vor mein Vaterhaus ein Leiterwagen, in dem unser Bettzeug und Küchengeschirr verstaut wurde. Es ging diesmal in das tschechische Dorf Radikau, etwa zehn Kilometer östlich von Olmütz, zu einem Bauern in die Sommerfrische, wo wir Kinder die zweite Landessprache, das Tschechische, lernen sollten. Denn Olmütz war damals eine fast reindeutsche Stadt.

Der Bauer, bei dem wir wohnten, hieß Adler. Sein alter Vater sprach die breite Mundart des Odergebirges, Schlesisch mit fränkischem Einschlag, während sein Sohn, der Bauer, das Deutsche nur sehr dürftig und dessen Junge Franto Deutsch überhaupt nicht mehr sprach. So ist im Laufe dreier Generationen ein deutsches Bauerngeschlecht vertschecht worden.

Mit Franto, der gleich alt wie ich war, konnte ich mich am ersten Tag nicht verständigen, denn ich beherrschte kaum ein Dutzend tschechischer Redensarten, dazu ein paar derbe Flüche, mit denen man aber ein Gespräch schicklich nicht eröffnen kann. Aber der weiße Spitz Frantos wurde unser Sprachlehrer. Der Junge packte den Hund am rechten Ohr und sagte »ucho«, worauf ich »Ohr« sagte. So ging es mit den Augen, der Nase und den Pfoten, bis wir uns über den Hund deutsch-tschechisch unterhalten konnten. Kinder lernen sehr rasch eine fremde Sprache, und so kam es, daß wir uns in kurzer Zeit notdürftig verständigen konnten. Die besten Lektionen nahmen wir aber in fremden Gärten beim Äpfelstehlen. Wie man zuerst aufpassen muß, ob die Luft rein ist, wie man dann am vorteilhaftesten über den Zaun klettert, ohne sich die Hosen zu zerreißen, und dann affenartig auf den Baum klimmt – dieser praktische Anschauungsunterricht förderte ungemein unsern Vokabelschatz. Doch auch das ehrliche Tagwerk war diesen Zwecken dienlich. Oft fuhr Franto mit den Ochsen Dünger auf die Felder, wobei ich ihm half, oder er holte Heu von den Wiesen oder Kleinholz aus dem Wald. Im Herbst gab es dann Kartoffelfeuer, in deren Asche wir Erdäpfel brieten – natürlich gestohlene aus den Nachbarfeldern, die besser schmeckten als die eigenen.

Einmal brachte er Zigaretten von Heiligenberg, dem nächstgelegenen Kirchdorf. Es waren »Ungarische«, zwei Stück um einen Kreuzer. Franto weihte mich in die Kunst des Rauchens ein, aber ihm schlug die Sache nicht gut an, so daß ich in Ahnung des Kommenden den Glimmstengel fortwarf. Von nun an rauchten wir Eigenbau, getrocknete Erdäpfelblätter in Zeitungspapier; damit konnte man sich keine Nikotinvergiftung holen.

Eines Tages verlangte Franto, daß ich mit ihm heute nur deutsch reden solle, ich müsse ihm die schwierigsten deutschen Worte beibringen. Da flog gerade ein Falter vorüber. Ich zeigte auf ihn und sagte: »Tagpfauenauge«. Und nun würgte Franto an dem schweren Wort. Ich sagte es ihm so oft vor, bis er es richtig aussprechen konnte. Darauf steigerte ich die Schwierigkeiten vom Postkutscher, Holzplotz und Nachtwächter bis zum Donaudampfschiffahrtskapitän.

Am nächsten Tag mußte ich ausschließlich tschechisch sprechen. Franto rächte sich durch mörderische Worte ohne Selbstlaute und den Schnellsprechvers: »Steck den Finger durch den Hals«, der in seiner Muttersprache also lautete: »Strtsch prst skrz krk.« Aber das war noch gar nichts. Der Schweiß trat mir auf die Stirn, als er von mir das Nachsprechen folgenden Satzes verlangte: »Dreiunddreißig Rebhühner flogen über dreiunddreißig silberne Dächer«, der auf tschechisch also lautet: »Trschiatrschicet krschepele prschiletjeli prsches trschiatrschicet strschibrnych strschech.« Und es ging, bei Gott, zwar nicht sogleich, aber doch nach einigen Tagen.

Als nun das Ende der Ferien kam, konnten wir uns perfekt verständigen. Und da bewies er mir seine Freundschaft. Er hatte am letzten Sonntag von Heiligenberg Schießpulver mitgebracht, weiß Gott, woher er es aufgetrieben hatte. Schießpulver für Buben! Köstlicheres gibt es nicht. Wir gruben einen Stollen in einen Hügel, füllten eine Blechschachtel mit Pulver und sprengten den »Berg« in die Luft. Der Krach war so groß, daß der Bauer herbeieilte und seinen Sprößling ausgiebig verdrosch.

In der Nacht stieg Franto, als alles schlief, ins Zimmer und flüsterte mir ins Ohr: »Ich geb' dir zum Abschied mein ganzes Pulver.« Ich stahl mich mit ihm hinaus, und er händigte mir das Päckchen ein. Doch ich zeigte mich erkenntlich, indem ich ihm meine wertvollsten Schätze als Gegengabe schenkte, eine Briefmarke aus Selangor mit einem springenden Tiger und meine Gummischleuder. Franto war darüber so gerührt, daß er mir um den Hals fiel.

Als wir dann davonfuhren, sah ich, wie ihm die Tränen in die Augen stiegen. Er rief mir deutsch zu: »Auf Wiedersehen!«, worauf ich ihm tschechisch im gleichen Sinn erwiderte.

Wir verlebten dann noch mehrere Ferien in ungetrübter Bubenfreundschaft. Dann entschwand er meinen Blicken.

Marie von Ebner-Eschenbach

Die Erdbeerfrau

»A loadi's Erdbeer-Jahr, natürli, gel'?
Am Benno-Tag, der Frost, der hat's dawischt!« –
Sprach sie mich an und lächelte dazu
Mit welkem Mund und wasserblauen Augen,
So harmlos wie ein Kind, die dürre Alte.
»Recht schlimm für uns, und schlimmer noch für Euch«,
Erwidert' ich, »Ihr kommt um den Verdienst,
Den besten wohl im Sommer.«
»I? No wiss'ns,
Geit's ihrer weni, wern's halt besser zahlt,
Die Erdbeer, gar die schöni, aus'm G'stoan,
Wie ebba selli da!«
Sie rückt' hinweg
Den Deckel ihres Korbs, und drinnen lagen
Auf Tannenreislein und auf frischen Blättern
Erdbeeren duftend und so purpurrot,
Daß schon ihr Anblick eine Labung war.
Der Alten bot er wahren Hochgenuß:
»Die wachs'n auf'n Stauf'n, in die Schlucht'n«,
Sagt sie und hebt voll Finderstolz ihr Körbchen.
Ich hätte seinen Inhalt gern erworben;
Er war verkauft. Vom Berge kam die Frau,
Nach langem Tagewerke, war hungrig jetzt,
Ein wenig müd' und sehnte sich nach Hause.
»Es warten Eure Kinder«, meinte ich,
»Und Enkel dort auf Euch.«
»Auf mi' wart' koa's,
I bin alloa«, gab sie zerstreut zurück,

Und mit der Rechten ihre Augen deckend,
Sah in die Sonne sie, die goldig flutend
Soeben hinter Bergeshöh'n versank.
»Da schaug'ns hin, zum Zwisl schaug'ns hin,
Da bin i morg'n um die Zeit scho' g'west
Gon Ab'nd hoaßt's zur Alm no auffikrabin,
Im Heubüh drob'n schlaft ma woltern guat
Und fruh um zwoa geht's ani scho' in d'Staud'n.«
Und wieder lag auf ihrem greisen Antlitz
Das Kinderlächeln, das mich gleich bezwang,
Als sie nun sprach von ihren Wanderungen
Im Morgendämmer und beim Sonnenaufgang,
Durch Waldesdunkel, durch das Felsgeklüft,
Und drob so Müdigkeit vergaß, wie Hunger.
Ein Jäger nur erzählt mit solcher Freude
Von seinen Abenteuern auf der Pirsch,
Wie von den ihren sie »beim Erber'-Brocken.«
Mit stillem Neide horcht' ich. Aus der Not
Nicht eine Tugend nur, auch Glück zu machen,
Das ist die allerhöchste Lebenskunst.
Ihr freilich mag sie leicht geworden sein,
Der schlichten, alten Freundin der Natur,
In diesem Dasein, halb im Traum geführt,
Dem Kampf der Welt entrückt, von Leiden frei.
»G'sund bin i, Gott sei Dank!« schloß sie vergnügt,
Und zwinkert' nach den glutumsäumten Bergen
Voll Liebe hin, »und hon aa' koani Sorg'n.«
»Im Sommer, doch wie sieht's im Winter aus?«
»Mit Gottes Gnad', an diem, a bissl wiescht,
Ma hofft halt immer, daß bal' Frühling wird.
An Oaschicks bringt ihm scho' so kloanweis furt.«
»Das ist der Trost der Einsamen«, sagt' ich,
»Wie Ihr es seid, vielleicht von jeher wart?«

Gutmütig, heit'ren Spotts zuckt sie die Achseln.
Ob meines Irrtums. »Na, von jeher nit,
I hon amal a schön's A'wes'n g'heit,
An braven Mo', fünf Kinder – ja amal!«
»Fünf Kinder? Hab' und Gut? Und steht allein
Und arm jetzt in der Welt?... Wie ging das zu?«
»No, schiefri ebba. 's Unglück hat uns hoamg'sucht,
Verbrunnen san mer aa'«, gab sie zur Antwort
Und schien zu denken: Ei, was kümmert's dich?
Doch mählich eines Bessern sich besinnend,
Hob leise seufzend sie von neuem an:
»Vor dreizehn Jahren – wartens – na, vor achtzehn,
Ja wirkli, achtzehn – wie die Zeit vergeht!
Da ist bei uns das großi Feuer g'west.
In d' Tenna ei'gschlag'n hat der Blitz vom Himmi –
Und voll mit Troad wie's war, so is verbrunnen,
Und aa' der Mo', sex Küh', zwoa Kinder, all's
Verbrunna.«
»Wie? Verbrannt?!«
»Ja, ja, verbrennt.
Mi selba hat der Nachbar no am Zopf
Der damal armsdick war – wer möcht' dees glaub'n? –
Herauszerrt aus die licht'rloh'n Flammen.
Die Gloabiger hon si' den Grund biholten,
Und wiar i gang'n, wiar i g'stand'n bin,
So bin i von der Brandg'stätt weiterzog'n.«
»Mit Euren Kindern?«
»Jo, mit denen drei,
Die übri bleib'n san, zwoa Diendln und
An kloan'n Bueb'n«, entgegnet sie gelassen.
»Und dann? Wie habt Ihr dann Euch forggeholfen?«
Sie hob den Kopf empor: »No, ehrli halt.
Viel g'arbeit, viel, und aa' a biß'l bet',

A bißl nur, denn damaln, wissens, Frau,
Da war i bös mit unsern lieben Herrgott,
Und bin's aa' blieben no a lange Weil',
Denn oans vo meini Diendl is schlecht g'rat'n
Und leit da drauß'n vor der Kirchhofmauer,
I mach en Umweg, mueß i dort vorbi.«
»Die Zweite aber? – die?«
»Die hat an Bauern,
In Hammerau, an reich'n, is versorgt.«
»Und sorgt für ihre Mutter, will ich hoffen.«
»Für mi? Was denken's denn? Si hat den Mo',
Hat ihm ins Haus koan roti Heller bracht
Und wird aa' koanen 'naustrag'n – dees hoff' i!«
»Und Euer Sohn?«
»Scidat war'r, Schandarm ...
I sag, er war, jetzunder is er tot,
Erschoss'n von die Pascher an der Grenz'.
In letzten Hirgscht hon i die Nachricht kriegt.«
Sie sprach es langsam, leise, unbewegt,
Sann nach ein Weilchen; wie ein Lichtstrahl flog's
Erhellend freudig über ihr Gesicht.
»Der is mit mir gar oft in d' Erdber' ganga
Wier er a Bua no war und später aa',
Der hat die Berg so guat gekennt, wiar i.«
Sie blickte in die Weite ganz verklärt
Vom sanften Glück des lieblichsten Erinnerns,
Und wandt' zum Gehen sich mit kurzem Gruß.
Doch plötzlich hielt sie an. Die lichten Augen
Erglänzten wild und stoben Zornesfunken.
An uns vorbeigeschritten kam ein Knabe,
Der in der Hand ein Schüßlein voll mit Beeren,
Armselgen, halbgereiften trug. – »Du Lump«,
Rief ihm die Alte zu, »kannst's nit derwart'n,

Daaß d' Erber rot wer'n, muaßt di greani rupf'n?«
  Mit hoch erhobner Faust bedroht sie ihn,
Und ein gewaltig Fluchwort flog ihm nach,
Als schleunig er und still die Flucht ergriff.
Dann aber ganz erregt vor Schmerz und Grimm
Sprach sie: »Dees is mei' allerirgster Kumma,
Wenn's d' Erber' brock'n u'reif und kloanleizi,
Ma mirkt's ja deutli, 's tuat der Pflanzen weh.
Sie wehrt si drum, was sie nur ko', die Armi,
Just wier a Muatta um ihr liebis Kind,
Do' wenn die Frucht erst zeitig wor'n is,
Geits 's geduldi her; no jo, sie hat
Das ihre redli' to', und denkt ihm halt:
Jetz' werst der endli aa' dein Frieden gunna.«
  Da stockte sie und sah mich fragend an,
Bestürzt beinah ob dieser Worte Sinn,
Der dämmernd nur ihr zum Bewußtsein kam,
  »Wo wohnen's?« sprach sie hastig.
»In Sankt Zeno.«
  »Da kimm i lei' an nächst'n Sunnta hin,
Und Erber' bring' i Ihna, solchi habens
No niemal koana gsegn. Bfüt' Ihna Gott!«

Ilse Tielsch-Felzmann

Die Mundharmonika

Ich weiß noch: die Mundharmonikas lagen alle in der Lade unter dem Verkaufspult, vorne die ganz kleinen, die nur eine Oktave umfaßten, dann die größeren, etwa fünfzehn Zentimeter lang, dahinter zwei oder drei ganz große. An der Rückwand der Lade aber, versteckt vor dem Zugriff unbefugter Hände, nur selten einem Interessenten vorgelegt und dann doch nie verkauft, lag sie, die mein Traum war, fast einen Viertelmeter lang, etwa neun Zentimeter breit und so schwer, daß ich die Ellenbogen aufstützen mußte, wenn ich darauf blies.

Ich war eine der wenigen Personen, die darauf spielen durften. Eine kleine Person freilich noch, und man mußte das Instrument nachher immer gut ausklopfen, denn manchmal passierte es mir, daß etwas Spucke hineinkam, wenn ich auch noch so gut aufpaßte. Aber man erlaubte es mir immer wieder, und es war jedesmal ein Fest.

Da saß ich dann auf dem alten hölzernen Stuhl in der Ecke, zwischen Regalen mit rot- und blaugetupften Kaffeetassen, Emailgeschirr und geblümten Suppentellern, zu meiner Rechten die prächtigen Vasen aus gepreßtem Glas, vor mir die metallgefaßten Spiegel zu fünf Kronen dreißig und sechs Kronen achtzig. Ich hatte die Füße auf einen Schemel gestellt und die Ellenbogen auf die Knie gestützt, und während Lischa, einen Fensterflügel vor sich auf dem Pult, genießerisch mit dem Kitt hantierte, blies ich auf der Großen, Wunderbaren, blies alle die schönen Lieder von »Der Mond ist aufgegangen« bis »Ich hatt' einen Kameraden« und »Kde domov müj«, wie wir sie eben in der Schule gelernt hatten. Ich nützte alle Möglichkeiten des Instrumentes, die hohen und die mittleren Töne, die ganz tiefen, die klangen wie das Brummen einer Baßgeige, ich spielte mit dem ganzen Mund, viele Töne auf einmal, daß es dröhnte wie die Orgelmusik in unserer Kirche, und dann wieder spitzte ich die Lippen und setzte sie vorsichtig an die einzelnen Öffnungen, ganz zart, so daß es klang wie das Weinen einer mit sehr viel Gefühl, aber wenig Virtuosität gespielten Geige.

Ab und zu kam ein Kunde in das Geschäft, verlangte einen Rasierspiegel oder eine Suppenschüssel, oder er brachte ein Bild zum Rahmen, etwa von der ersten heiligen Kommunion des ältesten Sprößlings oder ein Hochzeitsbild, das in Rosa, Hellblau oder Gelb koloriert worden war und jetzt eines imposanten Rahmens bedurfte, um fortan das Schlafzimmer des jungen Paares zu zieren. Diese Leute störten mich nicht. Wohl aber irritierte es mich, wenn sich einer ans Pult lehnte, Lischa in den Regalen kramen ließ und keine Anstalten machte, sich wieder zu entfernen. Lischa jedoch war sehr stolz auf mich, machte die Leute aufmerksam, »wie scheen das Kind spielte«, und erzählte Episoden aus meiner frühen Kinderzeit.

Lischa hatte nämlich nicht immer hinter dem Pult ihres Ladens gestanden. In einem Brünner Waisenhaus aufgewachsen, war sie meinem Vater als Wirtschafterin empfohlen worden, als er, ein junger Arzt, in das südmährische Städtchen kam, um fortan über die Gesundheit der Bewohner zu wachen. Für ihn wusch, buk, kochte und kehrte sie, versorgte den Dackel und saß nächtelang wach, wenn er im Schlitten die verwehten Straßen entlang zu den Kranken in die entlegenen Dörfer fuhr.

Später kam meine Mutter ins Haus. Sie war eine tüchtige Frau und kam mit den besten Vorsätzen. Der Kampf zwischen Lischa und ihr – es war, wie man mir erzählte, ein harter und erbitterter Kampf – dauerte nur ein paar Wochen. Dann hatte meine Mutter eingesehen, daß sie die Schwächere war. Sie tat das Klügste, was sie tun konnte: sie überließ die Herrschaft in Küche und Haushalt für viele glückliche Jahre der, die die älteren Rechte hatte.

Und Lischa wusch, buk, kochte und kehrte und versorgte den Dackel, und es war alles wie bisher.

Dann aber kam ich. Nun waren wir vier: meine Eltern, Lischa und ich. Von dem Augenblick an, da man sie rief, um mich ihr zu zeigen, und sie mich, ein winziges rosa Häufchen, in den Polstern erblickt hatte, gehörte ihre Liebe meinem Vater und mir zu genau gleichen Teilen.

Lischa wog damals einhundertzehn Kilogramm. An ihrem mächtigen Busen habe ich manchen Säuglingsschlaf geschlafen, und manche Kinderträne ist an ihrer blütenweißen Schürze hängengeblieben.

An Lischas Liebe zu mir änderte sich nichts, als sie schließlich dem ehrbaren Bürger und Glasermeister Josef Vychodil in seinen Laden und ins Ehebett folgte. Mein Schulweg führte an ihrem Haus vorbei. Ehe ich heimging, kehrte ich bei ihr ein. Ich mußte meine Hefte und Zeugnisse zeigen, wurde ermahnt und gelobt, bekam eine Buchtel oder einen Teller Fisolensuppe zu kosten (nie wieder im Leben habe ich so gute Fisolensuppe gegessen), als besondere Belohnung jedoch, wenn ich gut abgeschnitten hatte, wurde mir die Mundharmonika ausgehändigt, und ich durfte mich damit in meine Ecke zurückziehen.

Die Zeit verging. Lischa bekam Einquartierung. Eine sehr junge, blasse Frau mit einem kleinen Kind, die ihr Heim durch Bomben verloren hatte. Einmal kam ihr Mann, ein deutscher Offizier, auf Urlaub. Als ich eines Tages vorbeikam, sah ich ihn in der Küche sitzen und vor sich hinstarren. Er bemerkte uns kaum. Die Harmonika hielt er in der Hand.

»Ich hab' sie ihm geborgt, weil er so traurig war«, flüsterte Lischa. Sie schob mich zur Ladentür.

»Komm«, sagte sie, »ich zeig' dir was!«

Ich zog den alten hölzernen Stuhl heran und setzte mich zu ihr. Auf dem Pult prangte eine große Tonvase, die sie mit Fensterkitt überzogen hatte. Unzählige Schächtelchen standen herum. Es war Sonntag, und das Geschäft war geschlossen, so fand Lischa Zeit für ihre Lieblingsbeschäftigung. Aus den Schächtelchen, die angefüllt waren mit allem möglichen Kram, der ihr im Laufe der Jahre übriggeblieben war, nahm sie Glasperlen, Knöpfe, Muschelchen, Spiegelscherben und Stückchen bunten Glases, sortierte sie, legte sie zu Mustern und befestigte schließlich alle diese Herrlichkeiten in dem weichen Kitt. Es wurde eine wundervolle Vase.

Eben hatte sie eine besonders schöne blaue Glasperle angebracht, als wir ihn spielen hörten. Erst waren es einzelne, verlorene Töne, dann reihten sie sich aneinander, schließlich wurde es ein Kinderlied. Er spielte gut. Ein Lied folgte dem anderen. Als wir später in die Küche kamen, war er gelöst, fast heiter und beschäftigte sich mit seinem Kind.

Es blieb mir nicht mehr viel Zeit, Lischa zu besuchen. Wir strickten jetzt zwar keine Wollsocken mehr für die Soldaten an der Front, dafür aber bauten wir Schützengräben, wenn auch niemand wußte, wofür. Einmal noch kam ich zu ihr, um mich zu verabschieden. Sie hatte die Rollbalken heruntergelassen. Als ich am Pult vorbeiging, zog ich die Lade auf. Da lag sie, die Harmonika, die mein Kindertraum gewesen war, schwer und dunkelbraun, glänzend und unversehrt wie immer.

»Willst sie mitnehmen?« fragte Lischa, während ihr Tränen über die faltigen Wangen liefen. Doch ich schüttelte den Kopf und machte die Lade rasch wieder zu. Viel mehr und anderes mußte zurückbleiben als diese Mundharmonika.

All das ist lange her. Ich habe später in vielen Geschäften eingekauft, in kleinen schäbigen Ramschläden und in ganz großen, ganz neuen Geschäften, mit Rolltreppe und Riesenauslagen und so weiter. Ich bin auch in Konzerten gewesen, anfangs am Stehplatz, in Rock und Pullover, später auf teuren Sitzen, mit Goldschmuck und ausgeschnittenem Kleid.

Aber kein Laden mehr wird sein wie Lischas Laden.

Und kein Orchester der Welt wird für mich tönen wie Lischas wunderbare, große, dunkelbraune Mundharmonika.

Josef Mühlberger

Gabriel

Von Millionen einer, den die trübe Flut des Hasses ausriß und fortschwemmte, ein Sandkorn, ein Blatt auf dem Baum des Lebenswaldes, ein altes Blatt schon vor dem Abfallen – Gabriel meine ich. Er war mit in dem Lager, in das man die Menschen aus dem Städtchen und den Dörfern zusammengetrieben hatte, ehe man sie vollends aus dem Lande fortbrachte. Er blieb ein Fremder unter den Menschen, die das Schicksal der Vertreibung zu einer Familie gemacht hatte; welche Sprache redete er überhaupt? Er hatte noch niemanden angesprochen und war noch von niemandem angeredet worden, als gehöre er gar nicht zu ihnen.

Niemand, auch von denen aus den entlegenen Dörfern, kannte ihn. Hatten ihn die Austreiber bisher vergessen gehabt und jetzt erst in einer letzten Hütte des letzten Dorfes im Gebirge gefunden? Aber auch die Fremden waren einander über der gemeinsamen Not nicht fremd geblieben; nur er, Gabriel. Er saß fast immer, unbeweglich, ohne sich davon wegzurühren, zwischen dem ruhelosen Treiben in der engen Baracke auf seiner Kiste. Er sah aus wie ein grauer Steinblock aus seinem Gebirge. Auch so unbewegt, so ungerührt wie ein Stein. Seine Augen waren von dem grauen Bart überwachsen, wie von alten, staubigen Spinnweben übersponnen; manchmal nur bewegte er die Lippen, als würde er an der Pfeife ziehen; aber Tabak gab es längst keinen. Und doch war er es, von dem eine kleine Heiterkeit ausging in die stumpfe Angst und Bangigkeit; Angst vor der launisch-grausamen Gewalt der Austreiber, Bangigkeit vor dem, was kommen sollte, wenn die der Heimat Beraubten ins Ungewisse geworfen würden. Diese kleine Heiterkeit, die dennoch da war, ging von Gabriel aus, dem Stummen, dem Fremden unter ihnen, der wohl gar nicht mehr begriff, was mit ihm geschah.

Er hockte nämlich über allerlei Gerät, einer Säge, einer Axt; einen Hammer, eine Zange und eine Maurerkelle hatte er an eine Schnur gebunden und diese Schnur um den Hals gelegt, als fürchte er, das abgebrauchte Handwerkszeug könne ihm gestohlen werden. So schlief er auch, seine Geräte unter der dürftigen Lagerstatt zusammengebunden, und den Strick um ein Bein geknotet. Jeden Abend tat er das, tat es schweigend, höchstens vor sich hinmurmelnd, umständlich, und die Leute der Baracke warteten schon an jedem Abend auf diese Prozedur und hatten jeden Abend ihren kleinen Spaß daran.

Und etwas Heiterkeit gab es durch Gabriel selbst noch an dem Nachmittag vor dem Abtransport, als die Wachmannschaften wieder einmal, noch einmal, das Gepäck der zur Austreibung Vorgesehenen wogen, durchwühlten und noch einmal einen Teil davon wegnahmen, um die schon Beraubten möglichst hilflos ins Elend zu schicken. Da war auch Gabriel mit seiner Kiste an die Reihe gekommen, aber sie hatten darin neben alten Kleidern und Stiefeln nur graue Leinwandsäckchen gefunden. Sie durchwühlten einige von den Säckchen, schütteten sie aus, darin aber waren wirklich nur getrocknete Kräuter und Blüten und Wurzeln – zum Teufel auch! Sie warfen das Zeug hin und gaben der Kiste einen Fußtritt. »Narr!« Ja, der war Gabriel wohl, das meinten auch seine Leute mit ihrem Lächeln, war einer von den alten Gebirglern, den die lange Einsamkeit komisch gemacht hat. Nahm solchen Kram mit, anstatt die wenigen bewilligten Pfunde besser auszunutzen!

Als es dann soweit war, saß Gabriel rückwärts in einem

Winkel des Güterwagens wieder auf seiner Kiste, als wäre sie voller Maria-Theresia-Taler, neben sich Säge und Axt und um den Hals an der Schnur Hammer, Zange und Maurerkelle. Er gab sich mit niemandem ab, er war allein. Er hatte schon seinen Spitznamen wegen der Kräuter, die er in der Kiste mitschleppte, und wegen seines Bartes und überhaupt.

Es war schließlich alles, von dem man wußte, daß es kommen müßte, ohne daß man noch daran geglaubt hätte, ernst geworden. Denn wer könnte sich vorstellen, keine Heimat mehr zu haben? Selbst als man schon der Grenze entgegenfuhr, war das noch nicht zu glauben. Und dann wurde alles eine tiefe Hoffnungslosigkeit.

Da geschah es, daß es um Gabriel stumm wurde, als teilte sich sein steinernes Schweigen den anderen mit. Mancher warf verstohlen einen Blick zu ihm hinüber, der reglos auf seiner Kiste saß, gekrümmt, und doch irgendwie aufrecht, denn er hatte sich nicht gedrängt, um einen Platz zu bekommen, von dem aus er den alten Rücken an die Wand des Waggons hätte lehnen können. Sie, denen die Hoffnung immer mehr sank, je näher sie der ungewissen Fremde kamen, sahen, daß der Alte aus dem Gebirge, der doch mehr als die meisten von ihnen dem Boden, dem Wald, den Bergen, seiner Hütte angehört hatte, daß der, der aus tieferem Erdreich gerissen worden war, keine Hoffnung verloren hatte: Er hatte sein Arbeitsgerät mitgenommen. Es war dessen vielerlei; in den einsamen Gebirgshütten muß der Mensch viele Handwerke verstehen, er ist sein eigener Zimmermann und Maurer und Schuster und Dachdecker und Weber und wer weiß was noch! Da war es auf einmal, daß sie Ehrfurcht vor dem Alten hatten, der stumm und starr auf seiner Kiste saß und mit seinen sorgsam gehüteten Werkzeugen aus der Heimat in die Fremde ging.

Jenseits der Grenze, wieder in ein Lager gepreßt wie eine

verlorene, wie eine räudige Herde, als so mancherlei Krankheiten bei den Kindern aufkamen und Leiden der Alten keine Linderung fanden, da griff Gabriel, nachdem er schweigend in die Ratlosigkeit und das Klagen gehört hatte, in dieses und jenes Säckchen, und bald duftete es nach Baldrian oder Lindenblüten oder Geisbart – und eine junge Frau, die die Tränklein auf einem armseligen Herd braute, weinte. Die verlorene Heimat duftete ihr aus den Kräutern, die Linde vor dem Vaterhaus, der Feldrain, der Bachrand, ja, das hatte der Alte in seinen getrockneten Blüten und Kräutern und Wurzeln mitgenommen: den Duft der Heimat.

In dem Dorf, in das sie schließlich gewiesen wurden, war auch Gabriel. Er fiel am ehesten als Fremder, als Flüchtling auf, er trug die Kleidung, wie sie die alten Gebirgler noch getragen hatten, als sie in den Dörfern nahe der Stadt längst verschwunden war. Dennoch mochte er sich von allen Vertriebenen am wenigsten fremd hier fühlen, und auch das geschah, daß er den Einheimischen schneller vertraut wurde als die, die sich so rasch als möglich anzugleichen versuchten.

Ich sah ihn da und dort vor einem Hause Holz spalten, langsam zwar und bedächtig, aber der Haufen um ihn wuchs nach und nach. Die Körbe, die er flocht, kaufte man ihm gern ab, auch die Besen. Zur Zeit der Ernte holte man ihn zum Ausdengeln der Sensen. Wenn einem Rechen die Zähne ausgefallen waren, brachte man ihn zu ihm. Dann erfuhr man auch von seinen Kräutern. Wenn mit dem Vieh etwas nicht in Ordnung war, beriet man sich mit ihm, später kamen auch die Mütter wegen eines erkrankten Kindes.

Im Frühjahr traf ich ihn draußen im Freien. Ich glaube, daß er glücklich vor sich hinschaute. Waldmeister hatte er gesammelt und einen Strauß Lungenkraut, und jetzt hockte er am Rand des Baches und grub irgendeine Wurzel aus. Nein, ich irrte mich nicht, er sah ganz glücklich aus darüber, daß er das alles auch hier wieder fand, und mir war, daß aus ihm, dem man die Heimat genommen hatte, die ganze Erde blühte und duftete, ihre Schönheit und ihre stumme, grenzenlose Güte, ihre Kraft.

So dachte ich, und so mochte es sein; aber es war noch anders. Als ich ihn zum erstenmal beim Holzspalten gesehen hatte, grau, alt, gebückt, da hatte ich mich einer Sage erinnert, wie der Herr unserer Berge einmal ins Tal gekommen war und einer armen Witwe vor ihrer Hütte Holz gespalten hatte. Und als ich Gabriel aus dem Walde kommen sah, Blumen und Kräuter und Wurzeln im Arm, da erinnerte ich mich des uralten Kräutermannes, der jedes Jahr einmal zu uns in die Stadt gekommen war, seine Heilmittel anzubieten. Der Duft von seinen Kräutern war um ihn, aber auch der nach Harz und Rinde und tauendem Schnee und sonnenheißem Moos und kalten Sturzbächen; und der alte Mann mit dem verwilderten Bart, klein, verhutzelt, mit schlurfenden Schritten, der war uns Kindern mehr als der Kräutermann aus dem Gebirge gewesen, wir hatten ein wenig Angst vor ihm gehabt und uns doch wieder auf ihn gefreut, weil er, wie wir sagten, so schnakisch sein konnte, wenn er sich einmal mit uns einließ...

Eines Abends erfuhr ich es, und ich fühlte dabei ein unbeschreibliches Glück. Als Gabriel, schon bei der sinkenden Dämmerung, aus dem Wald ins Dorf zurückkam, eine Hucke trockenen Reisigholzes auf dem Rücken, in der einen Hand als Stütze ein umgebrochenes Bäumchen, daran oben noch einige Wurzel hingen, da hörte ich es die einheimischen Kinder einander zuwispern: »Der Rübezahl kommt!« »Der Rübezahl!«

Sie hatten die Sagen von Rübezahl gehört und gelesen, dem Herrn des Riesengebirges, nun war ihnen die Sagengestalt in

Gabriel zur Wirklichkeit geworden – ein verlorenes Stück deutschen Landes lebte für sie in Gabriel weiter.

Gabriel hat, worüber Tausende und Tausende Flüchtlinge klagen, seine Heimat nicht verloren. Er hat sie mitgenommen, er ist sie selber. Sie wird leben, solange er lebt, wird ihn überleben in der zeitlosen Sage, deren Wirklichkeit er selber für eine Spanne Zeit wurde.

HELLMUT WALTERS

Das Leinensäckchen

Nur gut, daß Gerd dabei war, allein hätte ich noch Stunden gebraucht, das Grab in Ordnung zu bringen. Mich wundert, daß er so relativ viel Interesse gezeigt hat, die jungen Leute haben doch ganz andere Maßstäbe heutzutage, die gondeln in der Welt herum, die sind was anderes gewöhnt, Hochhäuser und Wolkenkratzer und so, und dann zeigt man ihm das Dorf, die kleine Kirche und die alten Höfe ringsherum und die Kaluppen, verfallen zum Teil, na ja, was soll er denn schon viel sagen dazu, ist doch eigentlich alles fremd für ihn, nicht wahr, aber er sollte nicht so schnell fahren, kommt noch früh genug auf seine Party oder wo er hin will, und die Grenze haben wir ja auch schon hinter uns, und nicht einmal den Kofferraum hat man uns aufmachen lassen, also das Säckchen, wenn sie es entdeckt hätten, das Leinensäckchen, die hätten weiß Gott was vermutet darin, Gold und Diamanten und so, die hätten mir nie im Leben geglaubt, daß nur Erde drin ist, ein paar Handvoll Erde, ganz gewöhnliche Erde.

Stimmt schon: in gewisser Weise bin ich altmodisch, und man wirft es mir ja auch vor, daß ich altmodisch bin: daß ich gern auf Friedhöfe gehe zum Beispiel und die Grabsteine studiere, da kann man schon was lernen, finde ich, wenn man einen Blick hat dafür. Mein Gott, wenn man sich vorstellt, daß es Gegenden gibt, wo es noch so ist, wie es früher war bei uns daheim – da liegen sie noch alle beieinander, der Herr Ökonom und die Ökonomsgattin und Bauerssohn und Bauerstochter und Jüngling und ehrengeachtete Jungfrau, Eltern und Kinder, Generationen, eine große Familie, und wenn ich ehrlich bin: ein bißchen beneide ich sie darum, die Voggenreiters und die Donaubauers und die Birkeneders, daß sie alle so beieinander liegen, wie es sich gehört; aber wie es bei uns heute ist: der eine da, der andere dort, über Länder zerstreut, es liegen einfach zu viele Kilometer zwischen uns und zu viele Grenzen. Vier Kinder, müßte man meinen, wären genug, damit man nicht so allein ist, wenn man alt wird, aber nein: jedes in einer anderen Himmelrichtung, na ja, also wenn das altmodisch ist, daß man die Familie halbwegs beisammenhaben möchte, ja: dann bin ich altmodisch, und warum denn nicht, ist doch ganz natürlich, daß ein alter Mensch altmodisch ist, zumindest hat er ein Anrecht darauf, nicht wahr, aber Gerd sollte nicht so rasen, sicher hat er irgendeine Party, das ist nun mal so bei den jungen Leuten heutzutage, aber schlecht sind sie nicht, das kann man nicht behaupten, sind eben anders, können ja gar nicht mehr so sein, wie wir waren, das ist ganz klar, aber Egon ist da viel zu stur, kann einem richtig auf die Nerven fallen mit seinem ewigen: zu meiner Zeit und zu unserer Zeit, aber Gerd nimmt ihn manchmal ganz schön auf den Arm: Na Opa, wie war das zu deiner Zeit? Und merkwürdig, Gerd nimmt er's nicht übel, na ja, ein Enkel kann sich manches leisten, war immer so.

Nein, alles was recht ist: ich weiß nicht, ob ich das für meine Großmutter getan hätte, sie so durch die Gegend kutschieren und da anhalten und dort und dies fotografieren und jenes, das sind doch Dörfer hinter dem Mond für ihn, nicht wahr, also irgendwie komisch ist es schon, man sagt ihm: Schau mal, sagt man, da drüben haben wir gewohnt, das war unser Hof, Hausnummer 23, das alte Nummernschild ist immer noch drauf, und natürlich noch mehr verrostet, als es seinerzeit schon war, also wie ich den Tränkeimer hab' stehen sehen im Vorhaus, hab' ich einen Moment lang das Gefühl gehabt: da hat sich ja gar nichts verändert in diesen fünfundzwanzig Jahren, da ist ja alles noch so, wie es war, und jetzt kommt es mir vor, als hätte ich mich unwillkürlich ein wenig gebückt, um den Eimer aufzunehmen und in den Stall zu gehen, aber wahrscheinlich hab' ich mich doch nicht gebückt, und alles ist nur Einbildung, trotzdem, der Eindruck ist richtig: als wär' man gestern fortgegangen, für ein paar Stunden so, über Land, und andererseits: ein Vierteljahrhundert, nein, das ist keine Kleinigkeit, man spürt doch, daß da etwas dazwischen liegt, ja, der Graben ist viel zu breit, da springt keiner mehr drüber, aber das Haus steht noch, frisch geweißelt übrigens, angebaut haben sie nach hinten zu, aber so von der Straße her: relativ ordentlich, jedenfalls im Vergleich zu anderen Häusern, und es scheinen recht ordentliche Leute zu sein, also die Frau auf alle Fälle, der Mann war ja nicht zu Hause, wahrscheinlich war's gut, daß er nicht da war, Frauen reden sich leichter, ich meine: Frauen sind viel realistischer in solchen Dingen, na ja, was heißt reden, sie kann ja nicht viel Deutsch, warum sollte sie auch, nicht wahr, aber sie hat natürlich verstanden, wer ich bin, respektive wer ich war, und daß ich früher mal hier gewirtschaftet hab' und daß einem das alles gehört hat früher mal, also das hat sie sofort gewußt, sie hat uns nämlich beobachtet, wie wir auf der anderen Straßenseite gestanden sind und das Haus in Augenschein genommen haben und ich zu Gerd gesagt hab': Schau mal, da drüben haben wir gewohnt, das war unser Hof, also komisch ist es schon, wenn man so dasteht und sich sagen hört: Da ist dein Vater geboren, da in diesem Zimmer, gute Stube, wie man das geheißen hat früher, und der Enkel steht da und nickt und lächelt ein wenig, was soll er denn anderes tun, nicht wahr, und was soll er denn schon groß sagen dazu, wenn man zu ihm sagt: Schau mal, da ist dein Vater geboren, also ich hatte den Eindruck: irgendwie war's ihm peinlich, die ganze Situation meine ich, er ist nämlich ein sensibler Bursche, er tut nur so, nach außen hin, da hat er ein bißchen was mitgekriegt von seinem Opa. Egon, mein Gott, der wär' ja versunken in den Fußboden vor Verlegenheit, übrigens haben sie die Bretter herausreißen und so einen Kunststoffboden legen lassen, war ja auch höchste Zeit, hatten wir schon vorgehabt seinerzeit, also mich hat es relativ kaltgelassen, man geht hinein, man sieht sich um, und die Frau, na so Mitte vierzig schätzungsweise, sie hätte ja die Tür verriegeln können, nicht wahr, aber wie sie gesehen hat, daß Gerd fotografiert, das hat sie nämlich beobachtet vom Fenster aus, und zwar sehr genau beobachtet, da ist sie dann aus der Haustür gekommen, so wie zufällig, und wir sind halt so langsam über die Straße gegangen, und sie ist uns ein paar Schritte entgegengekommen, so war das, also gar nichts Besonderes, und dann hat sie gesagt, wir sollten ruhig mal hereinkommen, und ob wir etwas zu trinken haben möchten, aber wir haben abgelehnt, und wir sollten uns ruhig umschauen, na ja, und das haben wir dann getan, natürlich nur so im Vorübergehen, es ist ja nichts mehr da von unserem alten Mobiliar, ist doch klar, aber stell dir vor: die Lade hab' ich noch entdeckt im Vorhaus, mein Gott, in der hab' ich meine Aussteuer mitgebracht, das heißt einen Teil davon, die Wäsche, wie ich hereingeheiratet hab' seinerzeit, komisch, wenn man plötzlich so 'n altes Stück wiedersieht, nach so langer Zeit, immer noch stabil, und die Malerei drauf, ich meine die Farben gar nicht verblaßt, immer noch schön anzuschaun, meine Mutter hat sie schon in ihre Ehe mitgebracht, war so Tradition, immer für die älteste Tochter, wenn sie aus dem Haus geht, so 'n Erbstück, nur gut, daß Gerd dabei war und so ein bißchen drängte und daß die Frau da war, sonst hätt' ich mich am Ende auf die Lade gehockt, müde war ich ja außerdem, das muß ich zugeben, und hätt' angefangen zu sinnieren und alte Geschichten zu erzählen, aber man darf sich nicht unterkriegen lassen, um Gotteswillen, wo käme man denn da hin, wenn man so anfangen wollte, das nähme kein Ende, da käme man nicht durch, also geredet haben wir ja nicht viel, und sie hat uns dann noch den Garten gezeigt und die Ställe und den Hof, relativ gut in Schuß, das muß man sagen, natürlich: wie es war, ist es nicht mehr, die Anordnung der Beete zum Beispiel und so, aber das ist ja auch egal, Hauptsache: es wächst was drauf, und was ich da so gesehen hab': die Bohnen und die Paradeiser, steht alles sehr schön, übrigens auch das Getreide, also wenn kein Wetter kommt, die Ernte wird nicht schlecht heuer, das hat die Frau auch gemeint, eigentlich könnt' es ihr ja egal sein, weil es ihnen auch nicht mehr gehört, die Äcker und die Wissen, aber ich hab' den Eindruck gehabt, daß es ihr nicht egal ist, na ja, und dann steht man halt so da und nickt und lächelt und schaut zurück in den rückwärtigen Teil des Gartens, wo die Obstbäume stehen, groß und stark jetzt und brechend voll, kann ich dir sagen, vor allem die Kornäpfel, also wenn die zeitig werden, ja und dann deutet man halt so hin mit einer Handbewegung und sagt: Hat alle der Opa gepflanzt und dein Vater, kann mich genau erinnern, wie ich ihnen das Bier hab' heraustragen müssen, mein Gott, haben die geschwitzt, und dabei haben sie das Hemd ausgezogen gehabt, dreimal bin ich um Bier gelaufen an diesem Tag, zum Stepovski vorn am Eck, und immer fünf Flaschen, also weggesoffen haben sie was, die zwei, das kannst mir glauben, Enkelsöhnchen, jawoll gesoffen, anders kann man wirklich nicht sagen, und das nicht nur an diesem Tag, ja: die haben sie alle gepflanzt, gemeinsam, das war halt noch so damals, daß der Vater mit dem Sohne, ich meine: daß sie viel miteinander gearbeitet haben, jetzt ist das, scheint mir, nicht mehr so, jedenfalls nicht mehr so wie früher, was ist denn überhaupt noch so wie früher, und der junge Mann neben einem nickt und lächelt, was soll er denn auch anderes tun, nicht wahr, und ist sichtlich froh, daß man aufhört zu reden und sich anschickt zu gehen und sich bedankt bei der Frau und ihr kurz die Hand gibt und sagt ›Auf Wiedersehen‹, was natürlich, fällt mir jetzt gerade ein, dumm ist in so einer Situation, und daß man zum Auto geht und einsteigt, man kann es ihm auch nicht verdenken, nicht wahr, aber was das ›Auf Wiedersehen‹ anlangt, so war das zweifellos richtig in meinem Fall, ist doch klar, daß ich noch einmal kommen muß, schon wegen dem Grabstein, war ja niemand da auf dem Friedhof, weit und breit keine Menschenseele, und deswegen ist man schließlich doch gefahren: daß man das Grab noch einmal sieht und daß man es ein bißchen in Ordnung bringen kann und daß man noch einmal beten kann an diesem Grab. Man hat mich gewarnt, aber ich gebe nicht viel auf Warnungen, am Ende könnte man noch meinen, ich hätte Angst, daß ich nicht lache: ich und Angst. Gott sei dank, daß ich da etwas realistischer bin als Egon, aber erschrocken bin ich dann doch, das muß ich zugeben, also der neue Teil des Friedhofs ist ja relativ gepflegt, aber der alte: eine Wildnis, sag' ich dir, Brennesseln, Disteln, Gras kniehoch, so was von verwuchert, das kann man sich wirklich kaum vorstellen, der Grabstein schief, so knapp vor dem Umkippen, und fast zugewachsen mit Unkraut, ein Wunder, daß das Grab überhaupt noch zu entdekken war, ich vermute ja, man wird den alten Friedhof auflassen in absehbarer Zeit, und was dann, es muß doch eine Möglichkeit geben, die Grabstelle zu kaufen, respektive nachzuzahlen, das Geld dazu hätten wir jetzt, das wäre kein Problem, oder meinetwegen eine andere Grabstelle zu kaufen im neuen Teil des Friedhofs, vielleicht kann man eine Umbettung vornehmen lassen, und schon deswegen muß ich noch einmal fahren, und wenn Egon sich auf den Kopf stellt: ich fahre, irgendwie muß ich die Sache deichseln, ich hab' schon ganz andere Sachen gedeichselt, schließlich handelt es sich um das Grab der Eltern, und da hat man doch eine gewisse Verantwortung dafür, nicht wahr, ich jedenfalls empfinde das so, und wenn Egon da anderer Ansicht ist: tut mir leid. Früher war das was anderes, aber jetzt, wo man ohne weiteres ein Visum kriegt und jederzeit fahren kann, also da muß ich unbedingt noch etwas unternehmen in dieser Richtung. Man macht sich keinen Begriff, wie wir geracker haben, bis das Grab halbwegs nach was ausgesehen hat. Gut, daß ich an den Hader gedacht hab' und an die Reisbürste und die Seife, und den kleinen Rechen hab' ich auch noch in den Kofferraum geschmuggelt, man muß ja an alles denken, und Egon hätte sich wieder einmal unnütz aufgeregt: Wozu der Rechen, willst die Hacke und die Säge nicht auch mitnehmen? Rodungsarbeiten geplant, wie? Altes Pionierblut wieder einmal rebellisch, wie? Im Ernst, Anna, ich weiß nicht, warum du dir das antust, in unserem Alter, also was meine Person anbetrifft, so habe ich schon tausendmal erklärt, und ich erkläre es jetzt zum tausendunderstenmal: daß ich nicht fahre, daß keine zehn Pferde mich jemals mehr über diese Grenze bringen, schließlich und endlich hat man so etwas wie Charakter! Und das ist jedesmal der letzte Trumpf, der ausgespielt wird, na ja, und der Sieger steht wieder einmal fest. Ehrlich gesagt, mir will das nicht in den Kopf, ich kann verstehen, daß es einem nicht gerade leicht fällt, aber was heißt denn hier Charakter: Wo man einmal hinausgeschmissen wurde, da geht man nicht mehr hinein, niemals mehr, nicht um die Burg, und ich denk' mir oft, und ich hab' ihm's auch schon gesagt manchmal: Egon, sag' ich, also wenn das so ist, dann versteh' ich nicht, daß überhaupt noch ein Jude nach Deutschland fährt, sag' ich, und mit einem Deutschen auch nur ein Wort redet, sag' ich, das hat doch mit Charakter nichts zu tun, das ist doch Sturheit, sag' ich, so kommen wir doch nicht weiter, stell dir bloß vor, wenn jeder es so machen würde wie du, sag' ich, das geht doch nicht, und die Zeit ist auch nicht stehengeblieben bekanntlich – sinnlos, keine zehn Pferde, na ja, auch ein Standpunkt, aber nicht nach meinem Gusto, ganz und gar nicht, ich meine: man muß da ein bißchen realistischer sein, nicht wahr, und man muß fahren, wenn es möglich ist, und man muß reden mit den Leuten, und übrigens muß es möglich sein, einen neuen Grabstein zu bekommen, auf alle Fälle muß ich etwas unternehmen, die Inschrift ist ja kaum mehr zu entziffern. Gott sei Dank, daß Gerd mir so geholfen hat. Nein, diese jungen Leute sind gar nicht so, wie man immer hört, sind ganz patente Kerle, nicht wahr, aber eine Sichel hätten wir gebraucht, mit dem Taschenmesser dauert es ewig, na ja, jetzt schaut das Grab einigermaßen aus, fragt sich nur wie lange, kümmert sich ja niemand mehr um den alten Friedhof, also abgerackert haben wir uns genug, und es war gut, daß uns niemand gesehen hat dabei, ich jedenfalls habe nicht bemerkt, daß wir beobachtet worden wären, aber natürlich kann ich mich täuschen, man hat da nämlich ein so eigenartiges Gefühl, das muß ich zugeben, wenn man so allein in dieser Wildnis steht und gegen sie ankämpft, so als könnte man plötzlich ertappt werden bei etwas Ungehörigem, so als wenn man ein Eindringling wäre und täte rasch, ganz rasch etwas Verbotenes, so ähnlich ist es mir vorgekommen zwischendurch, und unwillkürlich legt man Tempo drauf, daß man möglichst bald fertig wird, nein: Angst kann man nicht sagen, das ist es nicht, mir hätte nur einer kommen sollen, was ich hier suche und was ich hier zu schaffen hätte, dem hätte ich schon Bescheid gesagt, worauf du dich verlassen kannst, aber keine Menschenseele weit und breit, und dazu diese unheimliche Stille und diese Mittagshitze, und so ein ganz eigenartiges Gefühl hat man dabei, als wenn man bei sich selbst einbricht, als wenn man sich selbst etwas stiehlt oder so ähnlich, na ja, und wie wir da so die Disteln ausgerissen haben und die Brennesseln, büschelweise, und den Stein gewaschen und gebürstet und geradegerichtet und so weiter, da ist es mir wieder eingefallen: Schließlich und endlich hat man so etwas wie Charakter! Rührt sich nicht vom Kanapee und legt die Zeitung nicht aus der Hand und hat Charakter, und dabei wäre er noch so rüstig, aber er will nicht, er mag nicht, partout nicht, er hat Charakter, basta! Und ich höre ihn schon, wenn ich jetzt heimkomme – übrigens sollte ich Gerd doch sagen, daß er zu schnell fährt, entschieden zu schnell für meine Begriffe, er kommt doch noch früh genug auf seine Party, aber ein guter Kerl ist er, eine sensible Haut: wie ich nach dem Beten etwas Erde vom Grab in das Leinensäckchen getan hab', da hat er mich so seltsam angeblickt, ich hab's gespürt, aber gesagt hat er kein Wort, und dann hat er plötzlich weggeschaut so schräg gegen die Friedhofsmauer hin und gegen den Himmel, als wollte er feststellen, ob das Wetter hält, und wie ich das Säckchen zugeschnürt und gesagt hab': Das gebt ihr mir dann mit, wenn es so weit ist mit mir, da hat er genickt, und ich werde sein Gesicht nicht vergessen, und da hab' ich noch hinzugefügt: Opa sagen wir vorläufig nichts davon, in meiner Kommode, unterster Schub links, also: Du weißt Bescheid, und du wirst daran denken, nicht wahr, und da hat er wieder genickt und gesagt: Ja, ist schon recht. Egon würde es vielleicht irgendwie kindisch finden, möglicherweise würde er sogar lächeln, auf alle Fälle würde er den Kopf schütteln, und er braucht ja auch nichts zu wissen davon, also ich höre ihn schon, den Mann mit Charakter, das krieg' ich heute noch ins Ohr, so wahr ich in diesem VW hier sitze und auf der Autobahn dahinjage, übrigens wird man jetzt langsam müde, zugegeben, war doch strapaziös, und ein Büffel ist man ja auch nicht, und manchmal wär's gut, man hätte eine noch dickere Haut, und das nimmt einen schon mit, ich bitte Sie, in meinem Alter, das macht mir übrigens so leicht keiner nach, diese drei Tage, aber bitte sehr, wird

Alfred Kubin: Gesperrte Straße

er sagen, hast ja nicht nötig gehabt, wird er sagen, hat dir ja niemand angeschafft zu fahren, wärst zu Hause geblieben, wird er sagen, schließlich und endlich hat man so etwas wie Charakter, und überhaupt, wird er sagen, möchte ich wissen, was du dort noch willst, man muß doch einmal Schluß machen können, einen Strich ziehen, Ruhe geben, die Menschen in Ruhe lassen, man bringt sie doch nur in Verlegenheit, die Frau kann einem direkt leid tun, ich meine die Frau, die jetzt da wirtschaftet in dem Haus, das uns einmal gehört hat, laß sie doch in Ruhe, warum immer wieder alles aufreißen, warum sich aufregen – unnütz, für nichts, und warum soll man sich um seine Erinnerung bringen, und die Jahre haben doch alles so schön werden lassen in der Erinnerung, na also, warum läßt du dir das zerstören, warum eigentlich – das krieg' ich heute noch ins Ohr, in zwei Stunden schätzungsweise, vorausgesetzt wir bauen keinen Unfall, und jetzt muß ich es Gerd doch endlich sagen, daß er mir zu schnell fährt, und dann wird der Mann mit Charakter sagen: Und überhaupt, ich weiß nicht, was du dort noch suchst, wird er sagen, ich höre ihn schon, und er wird es, ich kenne ihn, ein paarmal wiederholen: Was du dort noch suchst. – Ja, was habe ich gesucht, was sucht man denn, wenn man hinfährt, aber ich werde ihm die Antwort nicht schuldig bleiben, bestimmt nicht, und wenn er sich auf den Kopf stellt, ich fahre wieder, spätestens zu Allerseelen, ich muß ja fahren, nicht wahr, schon wegen dem Grabstein.

Die Autoren

Aichner, Fridolin (Irmfried Benesch): Geb. 1912 im nordmährischen Aichen. Romane: *Die Erlösung des Peter Brachtel* (1959), *Auf verwehter Spur* (1966), *Kornblumen und Mohn* (1972). Erzählungen: *Wir bauen unsere Häuser fest* (1969), *Das Mädchen, das der Ostwind brachte* (1971). Der Beitrag dieses Bandes wurde dem im Elchland Verlag erschienenen *Und die Welt war voller Wunder* entnommen.

Brehm, Bruno: Geb. 1892 in Laibach, stammt väterlicherseits aus dem Egerland, mütterlicherseits aus dem Erzgebirge. Starb 1974. Österreich, dem er die Abschiedstrilogie schrieb (*Die Throne stürzen*, 1931–33), bildet den Hintergrund vieler seiner kulturgeschichtlichen Werke, Romane und Erzählungen: *Das gelbe Ahornblatt* (1931), *Die weiße Adlerfeder* (1937), *Ein Leben in Geschichten* (1952). Das Dritte Reich schildern die Romane *Der Trommler* (1959), *Der böhmische Gefreite* (1960), *Wehe den Besiegten allen* (1961). Die Schilderung Znaims wurde dem Band *Heimat in Böhmen* entnommen, die Erzählung dem Band *Ein Leben in Geschichten.*

David, Jakob Julius: Geb. 1859 in Mährisch-Weißkirchen, starb 1906 in Wien. War Dramatiker, Epiker und Lyriker. In seinen veristischen Romanen (*Das Höferecht*, 1890) und in seinen Erzählungen hat er das bäuerliche Leben in der mährischen Hanna geschildert: *Frühschein* (1896), *Die Hanna* (1904), *Mährische Dorfgeschichten* (1910). Dramen: *Hagars Sohn* (1891), *Ein Regentag* (1894). 1908 erschien die siebenbändige Ausgabe seiner *Werke* im Piper Verlag, 1960 im Aufbau Verlag in Berlin der Band *Die Hanna* mit acht Erzählungen.

Ebner-Eschenbach, Marie von (Gräfin Dubský): Geb. 1830 auf Schloß Zdißlawitz bei Kremsier, starb 1916. Sie hat dieselbe lange Lebenszeit wie Kaiser Franz Joseph I. Ursprünglich mit dramatischen Arbeiten beschäftigt, wandte sie sich später der Prosa zu. Die meisten ihrer Erzählungen und Romane behandeln spätösterreichische Verhältnisse und die ihrer Heimat sowohl in adeligen Kreisen wie die der Armen, Enterbten und Erniedrigten. Einer ihrer berühmten Aphorismen lautet: »Ich glaube, daß wir alle, bewußt oder unbewußt, damit beschäftigt sind, das Alphabet zu einer neuen Sprache zusammenzutragen, die dereinst von der Moral gesprochen werden wird. Da wird manches Frevel heißen, was jetzt ein edles Opfer heißt, und umgekehrt.« Die hier abgedruckte Erzählung, welche die Meisterschaft der Dichterin offenbart, handelt noch in der Zeit des Feudalismus. Die Verserzählung, die ein ganzes Menschenschicksal einfängt, ist die einzige Dichtung in südmährischer Mundart, die wir von der Dichterin besitzen.

Fleischer, Victor: Geb. 1882 in Komotau, emigrierte 1938 nach England, starb nach 1952. Er war zuletzt Verleger in Frankfurt am Main. Seine Romane und Erzählungen haben das Erzgebirge zum Hintergrund: *Wendelin und das Dorf* (1911), *Der Wirt vom Berg* (1913), *Im Krug zum grünen Kranze* (1915), *Das Steinmetzdorf* (1909), *Leute vom Dorf* (1909), *Der Himmel voller Wolken* (1916) – ihm entnahmen wir unsere Erzählung –, *Absturz* (1925), *Nächtliche Begegnung* (1929).

FÜHRICH, Josef von: Geb. 1800 in Kratzau in Böhmen, starb 1876 in Wien, war in seiner Zeit der bedeutendste Historien- und Kirchenmaler Österreichs. Heute wird er vor allem als Zeichner biblischer Zyklen geschätzt (Das Vater unser, Die sieben Bitten), in denen die Landschaft der Heimat vielfach als Hintergrund erscheint. Tätig in Prag, Rom und Wien. Er gehörte dem Kreise der Nazarener an. Seine Selbstbiographie erschien 1844 in dem Prager Jahrbuch *Libussa.* Dem Neudruck von 1875 entnehmen wir den Auszug in diesem Bande.

FUSSENEGGER, Gertrud: Geb. 1912 in Pilsen. Sie schrieb psychologisch tiefschürfende Romane von großer Gestaltungskraft: *Das Haus der dunklen Krüge* (1951), *In deine Hand gegeben* (1954), *Das verschüttete Antlitz* (1957), *Zeit der Raben – Zeit der Taube* (1960), *Die Pulvermühle* (1968). Erzählungen: *Eines Menschen Sohn* (1939), *Der Brautraub* (1940), *Der Tabakgarten* (1961). Ferner das Reisebuch *Böhmische Verzauberungen* (1940) und über Marie von Ebner-Eschenbach *Der gute Mensch von Zdißlawitz* (1967). Der Abdruck erfolgt mit freundlicher Genehmigung der Deutschen Verlags-Anstalt, Stuttgart.

GANGL, Josef: Geb. 1868 in Deutschbeneschau, starb 1916 in Wien. Seine Prosadichtungen handeln zumeist im Böhmerwald. In seiner herben und gütigen Art schuf er sicher gezeichnete Menschen und Schicksale in einer dem Volkstümlichen nahen Sprache. Romane: *Der letzte Baum* (1908), *Markus der Tor* (1913). Erzählungen: *Geschichten aus dem Böhmerwalde* (1895), *Am Ende der Welt* (1906), *Die Wunderflur* (1912), *Mein Berg* (1912), *Mein Amsellied* (1915). Unsere Erzählung entnahmen wir der Anthologie deutschböhmischer Dichter *Sprossende Saat* (1911).

GRUNDMANN, Franz: Geb. 1863 in Brettgrund bei Schatzlar, starb 1921 in Tannwald im Isergebirge; einer der bedeutendsten sudetendeutschen Arbeiterdichter und zugleich Humoristen. Er schildert die Welt der Glasarbeiter, nimmt satirisch Stellung zu den politischen Ereignissen seiner Zeit und erzählt in der Mundart das Alte Testament noch einmal, das er in seine heimatliche Umwelt verlegt. Seine Werke erschienen in den beiden Bänden *Aus'm Schleiferland'l* (Verlag Die Brücke, 1972).

HANUSCH, Ferdinand: Geb. in Oberdorf bei Wigstadtl, Österreichisch-Schlesien, starb 1923 in Wien. Arbeiterdichter, schuf nach 1918 die Sozialgesetzgebung in Österreich. Er schuf Dramen, Romane und Erzählungen, zum Teil in der Mundart, aus der Umwelt der Arbeiter. Unsere Erzählung steht in dem Band *Die Namenlosen, Geschichten aus dem Leben der Arbeiter und Armen* (1910).

JANISCH, Oswald: Geb. 1901 in Zohsee bei Landskron. In Gedichten in balladenhafter Form, oft angelehnt an antike Vorbilder, hielt er in dem Band *Bogen in der Dämmerung* (1967) mit Liebe gezeichnete Gestalten der alten Heimat fest. Diesem Bande ist unser Beitrag entnommen.

KASSNER, Rudolf: Geb. 1873 im südmährischen Groß-Pawlowitz, starb 1959 in Siders (Wallis). Verfasser bedeutender kulturphilosophischer und geisteswissenschaftlicher Werke und Essays. Übersetzer aus dem Griechischen, Englischen, Französischen und Russischen. Autobiographien und Memoiren: *Buch der Erinnerung* (1938), *Die zweite Fahrt* (1946), *Umgang der Jahre* (1949). Unser Beitrag ist der Beginn der Erzählung des Zusammenbruchs 1918 *Die Nacht des ungebor-*

genen Lebens, erschienen im Insel Verlag, Frankfurt/Main. Abdruck erfolgt mit freundlicher Genehmigung der Deutschen Schillergesellschaft, Marbach.

KNOBLOCH, Erhard Joseph: Geb. 1923 in Tetschen. Lyrik: *Wo fänd ich deinesgleichen* (1952), *Herbstliches Aquarell* (1957), *Weinmond* (1967). Erzählungen: *Hinter dem Hügel* (1957), *Der Goldmacher* (1959), *Der Sommer mit Ruscha* (1962). Herausgeber einiger sudetendeutscher Anthologien und seit 1964 der Marburger Bogendrucke. Die Erzählung dieses Bandes ist *Hinter dem Hügel* entnommen.

KOLBENHEYER, Erwin Guido: Geb. 1878, starb 1962. Er stammte aus dem Egerland. Historische Romane (*Amor Dei*, 1908; *Meister Joachim Pausewang*, 1910; *Paracelsus-Trilogie*, 1917 bis 1926; *Das gottgelobte Herz*, 1938). Unter den Zeitromanen: *Das Lächeln der Penaten* (1927). Erzählungen: *Begegnung auf dem Riesengebirge* (1933), *Karlsbader Novelle* (1929). Dramen: *Heroische Leidenschaften* (1903/27), *Jagt ihn – ein Mensch* (1931), *Gregor und Heinrich* (1934). *Lyrisches Brevier* (1929). *Die Bauhütte, Elemente einer Metaphysik der Gegenwart* (1925) und volksbiologische Essays. Autobiographie: *Sebastian Karst* (1957). Die Erzählung dieses Bandes wurde den *Weihnachtsgeschichten* (1933) entnommen.

KRAUSS, Nikolaus: Geb. 1861 in Neuhaus bei Eger, starb 1906 in Berlin. Seine Dichtungen eines ausgeprägten Realismus sind dem Egerland gewidmet. Romane: *Lene* (1897), *Der Förster von Konradsreuth* (1901), *Die Stadt* (1902). Erzählungen: *An der Wende* (1893), *Im Waldwinkel* (1898). Diesem Band wurde unsere Erzählung entnommen.

KUBIN, Alfred: Geb. 1877 in Leitmeritz, starb 1959 im oberösterreichischen Zwickledt. Der Graphiker hat neben dem zeitdokumentarischen Roman *Die andere Seite* (1909) einige autobiographische Bücher geschrieben: *Vom Schreibtisch eines Zeichners* (1939), *Abenteuer einer Zeichenfeder* (1941), *Abendrot* (1952), *Nachtgesichte* (1959). Die Erzählung *Besuch in der Heimat* wurde dem Band *Aus meinem Leben*, © 1974 Ellermann Verlag, München, entnommen.

LEUTELT, Gustav: Geb. 1860 in Josefsthal bei Gablonz, starb 1947 in Seefelden bei Gotha. Die klassische Prosa des behutsam gewachsenen Werkes widmet sich dem Isergebirge und den Glasarbeitern. Romane: *Die Königshäuser* (1906), *Das zweite Gesicht* (1911), *Hüttenheimat* (1919), *Der Glaswald* (1926). Erzählungen und Schilderungen: *Aus den Iserbergen* (1920), *Bilder aus dem Leben der Glasarbeiter* (1929), *Johannisnacht* (1930), *Das Buch vom Walde* (1928). Die Erzählung *Der Einzieher* wurde der im Adam Kraft Verlag erschienen *Gesamtausgabe* entnommen.

LICHNOWSKY, Mechtilde: Geb. 1879, starb 1958. Sie war die Gattin des letzten österreichischen Botschafters in London. Ihre Stammgüter waren die Schlösser Grätz bei Troppau und Kuchelna. Romane: *Geburt* (1921), *Delaide* (1935), *Der Lauf des As-dur* (1936). Erzählungen: *Der Stimmer* (1917), *Das Rendez-vous im Zoo* (1928), *An der Leine* (1930). Kulturkritische Werke: *Der Kampf mit dem Fachmann* (1952), *Worte über Wörter* (1949). Unser Beitrag wurde dem Band *Zum Schauen bestellt*, der 1954 im Bechtle Verlag, München, erschien, entnommen.

MAUTHNER, Fritz: Geb. 1849 in Horschitz, starb 1923 in Meersburg am Bodensee. Sein Grabstein trägt die Inschrift: »Vom Menschsein erlöst.« Er war in Berlin als Kritiker und Journalist tätig, widmete sich dann sprachkritischen und kulturgeschichtlichen Arbeiten (*Beiträge zu einer Kritik der Sprache*, 1902; *Der Atheismus und seine Geschichte im Abendland*, 1920–23). Bekannt wurde er durch seine Satiren *Nach berühmten Mustern* (1878). *Vom armen Franischko* sind Erzählungen um einen slowakischen Drahtbinder. Die nationalen Auseinandersetzungen in Böhmen schildern seine Romane *Der letzte Deutsche von Blatna* (1887) und *Die böhmische Handschrift* (1897). Unseren Beitrag entnahmen wir dem selbstbiographischen Werk *Prager Jugendjahre, Erinnerungen*, das 1969 in einer Neuausgabe des S. Fischer Verlags, Frankfurt/Main, erschien, mit dessen Genehmigung der Abdruck erfolgt.

Merker, Emil: Geb. 1888 in Mohr bei Podersam, starb 1972 in Ebratshofen (Lindau). Einer der stärksten Erzähler und Lyriker, der am Anfang der letzten bedeutenden sudetendeutschen Dichtergeneration um 1930 steht. Lyrik: *Verzückte Erde* (1931), *Die große Trunkenheit* (1950), *Das brennende Staunen* (1958). Romane: *Der Weg der Anna Illig* (1939), *Herbst* (1947). Erzählungen: *Der Abgrund* (1931), *Die wilden Geheimnisse* (1944), *Im Labyrinth* (1948), dem unsere Erzählung entnommen wurde. Autobiographie: *Unterwegs* (1952).

Michel, Robert: Geb. 1876 im südböhmischen Chabeřice, starb 1957 in Wien. Der Dichter einer formvollendeten Prosa gehörte dem Kreis um Hugo von Hofmannsthal an. Romane, Erzählungen und Dramen aus der Umwelt Bosniens und der Herzegovina, wo er als Offizier stationiert war. In späteren Romanen kehrt er in die heimatliche Umwelt zurück. Romane: *Jesus im Böhmerwald* (1928), *Die Burg der Frauen* (1934), *Die Augen des Waldes* (1946). Unsere Erzählung entnahmen wir dem im Adam Kraft Verlag erschienenen Band *Menschen in Flammen*.

Mrasek, Karl Norbert: Geb. 1892 in Brünn. Seine frischen und lebendigen Erzählungen füllen einige Bände: *Histörchen aus dem alten Brünn* (1928), *Brünner Humoresken* (1951), *Geschichten von daheim* (1955), *Ein Tor fiel zu* (1961). Romane: *Die Säumerglocke* (1932), *Der letzte Akt* (1953), *Balthasar Neumann und die Bischöfe* (1966). Lyrik: *Vom Erleben* (1929), *Barocke Sonette* (1947). Die Erzählung über Nestroy stellte der Autor zur Verfügung.

Mühlberger, Josef: Geb. 1903 in Trautenau. Sein dichterisches Werk umfaßt Lyrik, Prosa und Dramen. Seine Bücher über Städte, Landschaften und deren Geschichte beschäftigen sich mit Prag, Griechenland, der jugoslawischen Adria-Küste, dem Mittelmeerraum *(Das Ereignis der 3000 Jahre)* und seiner Heimat, dem Riesengebirge. Dazu tritt sein Buch über *Aufstieg, Höhe und Ende der Staufer.* Zahlreich sind literaturwissenschaftliche Essays und Monographien, so über die sudetendeutsche und tschechische Dichtung, und Übersetzungen aus einigen Sprachen. Seine zuletzt erschienenen Bücher sind die nationale, historische und geisteswissenschaftliche Strukturanalyse *Zwei Völker in Böhmen*, der Roman *Denkwürdigkeiten des aufrechten Demokraten Aloys Hasenörl* und der Gedichtband *Wintersternbild.* Die hier abgedruckte Erzählung wurde dem Band *Ich wollt', daß ich daheime wär'* entnommen.

Pleyer, Wilhelm: Geb. 1901 im westböhmischen Eisenhammer. Romane: *Der Puchner* (1934), *Die Brüder Tommahans* (1937). Erzählungen: *Lob der Frauen* (1949), *Der Heimweg* (1949), *Spieler in Gottes Hand* (1951), *So tief ist keine Nacht* (1957), *Aus Winkeln und Welten* (1961). Lyriksammelband: *Gedichte vieler Jahre* (1964). Autobiographisches: *Die letzten und die ersten Tage* (1939), *Tal der Kindheit* (1941),

Kämpfen und Lachen (1941), *Aber wir grüßen den Morgen* (1953), *Wege der Jugend* (1959). Die hier abgedruckte Erzählung stellte der Verfasser zur Verfügung.

Rilke, Rainer Maria: Geb. 1875 in Prag, starb 1926 in Val Mont bei Montreux. Sein der Welt bekanntes Werk hängt in der frühen Lyrik (*Larenopfer*, 1893; *Traumgekrönt*, 1897; *Advent*, 1898) wie in der Prosa (*Am Leben hin*, 1898; *Zwei Prager Geschichten*, 1899) mit Prag und Böhmen zusammen. Die beiden Prager Geschichten schildern die Auseinandersetzung beider Nationen um die Jahrhundertwende. Die sechsbändige *Gesamtausgabe* der Werke Rilkes erschien im Insel Verlag, Frankfurt/Main, mit dessen Genehmigung wir dieser Ausgabe den Beitrag entnahmen, den der zwanzigjährige Dichter in Prag schrieb.

Ringler-Keller, Ilse: aus Brünn stammend, geb. 1914 in Sarajewo, ist vor allem Lyrikerin, die auch ihre Erzählungen verraten. Gedichte und Balladen: *Ahnenlandschaft* (1934), *Heimat Südmähren* (1940). Unsere Schilderung ist dem Band *Wege der Liebe* (1936) entnommen.

Schaukal, Richard von: Geb. 1874 in Brünn, starb 1942 in Wien, war im alten Österreich hoher Staatsbeamter. Er ist einer der bedeutendsten österreichischen Lyriker (von *Gedichte*, 1893, bis *Spätlese*, 1943, und *Wie bin ich ganz dein eigen*, 1960) und Essayisten. Seine Erzählkunst ist an der Romantik und französischen Literatur geschult, aus welcher er vielfach übersetzte. *Kindheit in Brünn* aus: *Kindheit und Jugend.*

Scholz, Hugo: Geb. 1896 in Ottendorf in Ostböhmen, hat sein gesamtes Werk, das Romane, Erzählungen und volkskundliche Darstellungen umfaßt, seiner Heimat, dem Braunauer Ländchen, wo er als Bauer lebte, gewidmet. Seine lange Reihe von Prosawerken beginnt mit den Geschichten *Taldorfheimat* (1923) und reicht bis zum *Tal der Väter* (1963) und *Leben im alten lieben Dorf* (1965). Dem Band *Tal der Väter,* Scholle Verlag, Hopferau, wurde unsere Erzählung entnommen.

Skalitzky, Sepp: Geb. 1901 in Rothenbaum im Böhmerwald. In den Erzählungen einiger Bände schildert er seine Heimat und ihre Menschen; die Gedichte eines halben Jahrhunderts sammelt der Band *Es ist so tröstlich, wenn die Blätter fallen.* In seinen Erzählungen fand sein Beruf als Lehrer vielfachen Niederschlag. Aus der Umwelt und Geschichte seines jetzigen Wohnortes entstand die Erzählung *Wallensteinsommer in Memmingen.* Die hier abgedruckte Erzählung entstammt dem Band *Die große Ehrfurcht* (Martin Verlag).

Slezak, Leo: Geb. 1874 in Mährisch-Trübau, starb 1946 in Egern am Tegernsee. Der berühmte Sänger schrieb in einer ihm eigentümlichen humorvoll-nachdenklichen Form einige autobiographische Bücher: *Meine gesammelten Werke* (1921), *Der Wortbruch* (1927), *Rückfall* (1940), *Mein Lebensmärchen* (1948). Diesem Bande wurde der abgedruckte Abschnitt mit Genehmigung des Piper Verlages, München, entnommen.

Spunda, Franz: Geb. 1890 in Olmütz, starb 1963 in Wien. Zahlreiche Bücher über den Orient, Griechenland, den Berg Athos und Konstantinopel. Roman um Kaiser Rudolf II.: *Der Herr vom Hradschin* (1942). Gedichte: *Hymnen* (1919), *Gottesfeuer* (1924), *Eleusinische Sonette* (1933).

STIFTER, Adalbert: Geb. 1805 in Oberplan im Böhmerwald, starb 1868 in Linz. Seine Heimat und die Kindheit und Jugend, die er dort erlebte, formten mit an seinem Werk, das nach längerem Verkanntsein immer mehr zum Bestand der österreichischen und gesamtdeutschen Literatur gehört. Neben seinen Romanen und Erzählungen verfaßte er zahlreiche politische, pädagogische und kunstgeschichtliche Schriften.

STROBACH, Caroline Friederike: Geb. 1915 in Eisenberg an der March, erweist sich als ursprüngliche Erzählerin in ihren Romanen *Das Licht im Fenster* (1953), in den Erzählungen *Anna Jadwiga* (1956) und in zahlreichen, noch nicht in Buchform erschienenen Arbeiten.

STROBL, Karl Hans: Geb. 1877 in Iglau, starb 1946 in Perchtolsdorf bei Wien. Er ist der Verfasser vieler phantastisch-romantischer Romane, die, wie die *Wünschelruten-Trilogie* (1921–27), auch in seiner Heimat handeln. Romane um das deutsche Studentenleben in Prag: *Die Vaclavbude* (1902), *Der Schipkapaß* (1908), *Das Wirtshaus zum König Przemysl* (1913). Die *Bismarck-Trilogie* (1915–19). Bücher der Heimat und Erinnerungen: *Mährische Wanderungen* (1910), *Glückhafte Wanderschaft* (1942), *Die Weltgeschichte und das Igelhaus* (1942). Die Schilderung Iglaus in unserem Band ist dem Band *Heimat im frühen Licht* entnommen.

TIELSCH-FELZMANN, Ilse: Geb. 1929 im südmährischen Auspitz. Lyrik: *In meinem Orangengarten* (1964), *Herbst mein Segel* (1967), *Anrufung des Mondes* (1970). Erzählungen: *Brief ohne Anschrift* (Marburger Bogendruck, 1966), *In einer steirischen Jausenstation* (1974).

WALTERS, Hellmut: Geb. 1930 in Obersekerschan bei Pilsen. Romane: *Plädoyer für Wechselrahmen* (1966), *Der Mann ohne Ausweis* (1969). Erzählungen: *Boschenkas große Reise* (1964), *Pulsschläge* (1965), *Die Kokaschitzer Weihnacht* (1965), *Jeder Mensch hat eine Verwandtschaft* (1969), *So ein kleines Paradies* (1972). Lyrik: *Wind im Sieb* (1964), *Kerbzeichen* (1967), *Farben und Fraktur* (1973). Die hier abgedruckte Erzählung wurde vom Verfasser zur Verfügung gestellt.

WATZLIK, Hans: Geb. 1879 im südböhmischen Unterhaid, starb 1948 in Tremmelshausen bei Regensburg. Sein dichterisches Werk umfaßt mehr als fünfzig Bände. Es beginnt mit den Erzählungen *Im Ring des Ossers* (1913), aus dem Hans Watzliks unverkennbare Eigenart ablesbar ist: eine urwüchsige, dem bajuwarischen Barock verbundene Form und Sprache, die Hinneigung zu geschichtlichen Stoffen und die Liebe zur Heimat des Böhmerwaldes, die er in Romanen, Erzählungen, Legenden und Sagen gestaltet. In *Fuxloh* (1922) schuf er einen prächtigen humoristischen Roman, in dem Roman *O Böhmen* behandelt er den nationalen Kampf. Volkstümliche Romantik kennzeichnet auch seine Lyrik (*Der flammende Garten*, 1921). Unsere Erzählung entnahmen wir dem Band *Einöder*.

WESSELY, Herbert: Geb. 1908 in Znaim, Lyriker und Erzähler: *Mährische Ballade* (1937), *Schmaler Pfad* (1938), *Im Schilf des Maises* (1966), *Kindheit an der Thaya* (1966), *Gläserne Erinnerung* (1968), *Wanderungen* (1968). Diesem Band entnahmen wir die Erzählung *Der Hirte*.

Verzeichnis der Abbildungen

Herausgeber und Verlag danken den Autoren, deren Erben oder Verlagen für die freundlicherweise erteilten Genehmigungen zum Abdruck der in diesem Band enthaltenen Beiträge. Das gilt auch für die eingefügten Graphiken und Illustrationen.